O DUPLO E A METAMORFOSE

Coleção Identidade Brasileira
- *Claros e escuros – Identidade, povo e mídia no Brasil*
  Muniz Sodré
- *Os nàgô e a morte*
  Juana Elbein dos Santos
- *O samba conquista passagem*
  Cristiana Tramonte
- *O Brasil que nós somos*
  Armando S. Pereira
- *A parte e o todo – A diversidade cultural no Brasil-Nação*
  Ruben George Oliven
- *O duplo e a metamorfose – A identidade mítica em comunidades nagô*
  Monique Augras

Dados Internacionais de Catalogação na Publicação (CIP)
(Câmara Brasileira do Livro, SP, Brasil)

Augras, Monique
O duplo e a metamorfose : a identidade mítica em comunidades nagô / Monique Augras. 2. ed. – Petrópolis, RJ : Vozes, 2008. – (Coleção Identidade Brasileira)
Bibliografia.
ISBN 978-85-326-3679-9
1. Negros – Brasil – Religião 2. Brasil – Religião I. Título. II. Série.

08-02880   CDD-299.60981

Índices para catálogo sistemático:
1. Religiões afro-brasileiras   299.60981

Monique Augras

O DUPLO E A METAMORFOSE

A identidade mítica em comunidades nagô

EDITORA VOZES

Petrópolis

© 1983, Editora Vozes Ltda.
Rua Frei Luís, 100
25689-900 Petrópolis, RJ
Internet: http://www.vozes.com.br

Todos os direitos reservados. Nenhuma parte desta obra poderá ser reproduzida ou transmitida por qualquer forma e/ou quaisquer meios (eletrônico ou mecânico, incluindo fotocópia e gravação) ou arquivada em qualquer sistema ou banco de dados sem permissão escrita da Editora.

Diretor editorial
Frei Antônio Moser

Editores
Ana Paula Santos Matos
José Maria da Silva
Lídio Peretti
Marilac Loraine Oleniki

Secretário executivo
João Batista Kreuch

Editoração: Maria da Conceição Borba de Sousa
Projeto gráfico: AG.SR Desenv. Gráfico
Capa: Marta Braiman e Juliana Teresa Hannickel

ISBN 978-85-326-3679-9

Este livro foi composto e impresso pela Editora Vozes Ltda.

*A Bernard e
Georgette*

Como chamar essa forma plural, essa primordialidade proliferante oriunda do paleolítico interior, que bate, grita, soluça nas galerias profundas, irrompe nas paixões e nos sonhos, gera turbilhões de espíritos e de gênios, cristaliza-se de repente em personagens, personalidades, deuses, seres espirituais, para sair ao ar livre?
Edgar Morin. *Le vif du sujet*, p. 160.

SUMÁRIO

Prefácio à 2ª edição, 9

Preâmbulo, 13

1. O sagrado, o mesmo e o outro, 17

2. As religiões de origem africana no contexto brasileiro, 26

3. Estrutura e dinâmica do mundo, 55

4. Os modelos míticos, 89

5. A comunidade, 171

6. Os filhos dos deuses, 199

Conclusão, 265

Referências bibliográficas, 271

PREFÁCIO À 2ª EDIÇÃO

Os últimos vinte e cinco anos marcam o tempo de consolidação dos estudos científicos sobre as religiões afro-brasileiras. Os precursores estão lá nos primórdios do século XX. Nina Rodrigues, com teoria já ultrapassada mas ainda boa fonte etnográfica, ensaiou um começo auspicioso no final do século XIX. Depois, nas décadas de 1930 e 1940, vieram os trabalhos seminais de Edison Carneiro e Artur Ramos, seguidos, a partir de 1950, dos que trariam para essas religiões a moderna interpretação científica: Roger Bastide e Cândido Procópio Ferreira de Camargo, com os quais as religiões de origem negra ganharam *status* científico de religião, deixando de ser tratadas como seitas de negros, como crenças de segunda classe. Nos anos 1950 também surgiu o trabalho de René Ribeiro sobre o xangô do Recife, atualizando a obra dos pioneiros pernambucanos. Pierre Fatumbi Verger, num período de mais de trinta anos, iniciado nos 1950, fez a ponte com a África e contribuiu decididamente para devolver às religiões dos orixás e voduns aclimatadas no Brasil muito do que se perdera em decorrência da escravidão e da recriação da religião num país que lhe era completamente adverso.

A obra de Bastide sobre as religiões afro-brasileiras avançou nos anos 1970 com os trabalhos de, entre outros, Renato Ortiz e Juana Elbein dos Santos. Livros emblemáticos, *A morte branca do feiticeiro negro*, de Ortiz, trata do distanciamento da umbanda em relação à origem africana, enquanto *Os nàgó e a morte*, de Elbein dos Santos, cuida da reaproximação do candomblé com a tradição viva na África. Esses autores descrevem dois movimentos de direções opostas, rumos diferenciados no processo de formação e mudança das religiões afro-brasileiras até os tempos atuais. No começo dessa década teve início a instalação no país dos cursos de pós-graduação conforme o modelo de mestrado e doutorado ainda vigente. Foram criadas linhas de pesquisa integrando projetos relacionados. Agências governamentais de fomento e avaliação da produção científica instituíram a dotação de bolsas e verbas para pesquisa. Foram criados diversos centros e associações que contribuíram para organizar os cientistas brasileiros, promovendo congressos e publicações. Em vinte anos, espaços para a pesquisa da religião – incluindo-se o candomblé, o xangô, a umbanda, o tambor-de-mina, o batuque gaúcho e outras denominações afro-brasileiras – foram abertos nas mais importantes universidades. Isso tudo contribuiu enormemente para a valorização acadêmica das religiões como objeto legítimo de estudo, isto é, importante para o reconhecimento e a compreensão da própria sociedade brasileira e sua cultura. Paralelamente, os estudos promoveram as religiões de origem africana, usualmente tratadas como coisa marginal nos períodos anteriores, colaborando para o aumento de sua legitimidade social e visibilidade. Nessa mesma época, o candomblé se fazia mais conhecido do Brasil através das artes plásticas, do cinema, do teatro e da televisão, da literatura e da música popular, do carnaval e da culinária.

Nesse contexto cultural, os trabalhos publicados na década de 1980 marcaram definitivamente o tratamento do candomblé como objeto privilegiado da investigação científica preocupada em buscar as relações da prática religiosa com a inserção social de comunidades e indivíduos. Destacaram-se as pesquisas de Gisele Binon Cossard, Vivaldo da Costa Lima e Roberto Motta, e o trabalho de editor de Carlos Eugênio Marcondes de Moura. O livro O *duplo e a metamorfose: a identidade mítica em comunidades nagô*, publicado por Monique Augras, em 1983, representou o coroamento dessa longa trajetória de constituição no Brasil do estudo acadêmico da herança religiosa africana. Os estudos se desdobraram depois em aprofundamentos e ampliação temática, mas as bases estavam lançadas. O que veio depois de *O duplo e a metamorfose*, poderíamos dizer, seria conseqüência, consolidando, em dezenas de livros e centenas de artigos e capítulos, além das dissertações e teses, um projeto amadurecido no curso de quase um século. Invertendo os mitos da Criação que explicam por que e como os deuses criaram os homens, cientistas sociais tratam de responder por que e como os homens criaram os deuses.

Realizando o trabalho de campo no Rio de Janeiro, onde o candomblé tradicional, ali implantado pelas mesmas cabeças que o dirigiam na Bahia, se encontra com um candomblé mais próximo das mudanças sociais e culturais impressas nas metrópoles modernas do Sudeste, Monique Augras saiu em busca do homem e da mulher que se espelham nos ancestrais mitos africanos dos orixás, mantidos vivos e modificados no cotidiano da sociedade contemporânea e, por isso mesmo, transformados em mitos afro-brasileiros.

Monique Augras nos mostra o candomblé como uma religião em que os fiéis, ao mesmo tempo, "tornam-se sujeitos de uma busca espiritual, e suportes da manifestação divina". Nos permite compreender que o transe, como elemento essencial para a vivência religiosa, é o veículo que transforma o filho-de-santo no outro, no seu orixá, revelando o duplo inscrito em sua essência, para integrar a ambos, o humano e o orixá, numa pessoa única, que se constrói através dos múltiplos rituais das sucessivas etapas iniciáticas. Ela diz: "É preciso ser duplo para tornar-se Um". Os deuses não estão separados dos humanos num espaço inalcançável, mas são a própria manifestação da alteridade do devoto. O rito, que permite teatralizar e reviver o mito, põe em movimento um tempo circular de renascimentos sucessivos, um tempo de morrer para nascer de novo. A metamorfose, a transformação, o renascimento, o ser o outro, permite a reafirmação das origens, do mito manifestado, da identidade fundada no sagrado. Garante ao humano vivente o gozo da eternidade. A divindade se faz presente em seu corpo, em seus movimentos, em sua dança ritual. Por meio do corpo da filha e do filho-de-santo, os orixás estão fisicamente próximos dos mortais, podem ser festejados entre os humanos, podem ser abraçados e beijados. O candomblé é, antes de mais nada, a possibilidade da convivência, ainda que momentânea e simbólica, dos deuses com seus filhos humanos, reunidos numa mesma dimensão, numa confraternização que inclui a natureza domesticada e a superação dos medos do homem em face dos perigos e tormentos desta vida. A fúria da tempestade, do raio e do trovão, o poder destrutivo do fogo, a força traiçoeira das águas, o perigo que ronda os caminhos e o desconhecido da mata, tudo isso se aquieta e se deixa dominar, ao menos temporariamente, porque se aprende com a religião que tudo está em nós mesmos, matéria-prima de nossa existência, os nossos orixás. A fome, a infertilidade, a indiferença e o abandono, a injustiça, a perda, a guerra, a família desfeita, a doença e a morte, enfim, são aspectos da vida e é possível aprender com o orixá como superá-los, como atenuar a dor e o sofrimento. Porque tudo se repete, e quem viveu tudo na origem dos tempos foram os deuses, que usam nossas vidas precárias para repetir sua saga eterna.

O duplo e a metamorfose nos ensina isso e muito mais. Aprender com este livro de Monique Augras significa despertar para questões que tocam no mais íntimo do ser humano, ao mesmo tempo que impõe, para a construção do conhecimento, a necessidade de se levar sempre em conta a inserção do homem e da mulher no mundo em que vivem, porque a religião não faz sentido sem a realidade da vida, com suas tristezas e alegrias.

O duplo e a metamorfose completa vinte e cinco anos. Nos deu muito em ensinamento, inspiração e vontade de saber. Continuará dando: já é um clássico. Há muito esgotado, circulando em cópias cuidadas como preciosas raridades, propriedade de uns poucos, renasce para todos nesta nova edição. O que mais se pode dizer deste livro senão: vida longa a *O duplo e a metamorfose*.

Reginaldo Prandi
2008

PREÂMBULO

O presente trabalho situa-se no âmbito da psicologia religiosa, no sentido de Mauss, ou seja, visa a "esclarecer o modo como as tradições religiosas atuam no indivíduo", moldando a estrutura do seu mundo e, portanto, da sua personalidade. Muitos pesquisadores já descreveram a vida dos terreiros, os mitos e os rituais. Alguns tentaram utilizar referenciais psicológicos para estudar os fenômenos ligados ao transe. Isolando um aspecto específico, em meio à complexa trama dos rituais, interpretavam-no sob enfoque geralmente psicopatológico ou psicanalítico. Vale dizer: o "estado de santo" era avaliado em função de um referencial situado nitidamente fora dos valores da cultura em estudo.

O nosso propósito é outro. Colocamo-nos numa perspectiva compreensiva, que busca aprender o significado intrínseco que os próprios atores dão ao seu comportamento. Compreender como se definem, vivem, sentem, essas pessoas que são o sangue e a vida da comunidade, tentar entender as modalidades de sua visão do mundo, tal como é construída pela cultura Nagô, reinterpretada no solo brasileiro, eis o nosso intento. Delinear o modo pelo qual essa visão do mundo expressa um modelo dinâmico de personalidade, e, sobretudo, analisar o que nos pareceu o ponto focal dessa vivência, a junção que se opera, no âmago de cada indivíduo, entre os símbolos coletivos e as forças que os mesmos trazem à tona.

A pesquisa de campo foi realizada por uma equipe de três psicólogos, trabalhando por amor à arte em suas horas de lazer. A dedicação de meus colaboradores, Ângela Maria Corrêa e José Lopes Gomes, é deveras notável. Muitas entrevistas foram realizadas em locais longínquos e em horários esdrúxulos. O seu desprendimento somente se iguala à sua amizade, e só tenho que agradecer todo o trabalho que tiveram para que este livro pudesse ser escrito.

Nada teria sido possível, é claro, sem a acolhida dos membros das comunidades religiosas. O trabalho de campo foi realizado em dois tempos: na primeira fase, de junho de 1974 a novembro de 1975, Ângela Maria Corrêa dedicou-se particularmente à observação de um terreiro situado no Município do Rio de Janeiro, dirigido pelo Babalorixá Jerônimo de Souza. Teve então a oportunidade de recolher rico material de mitos e lendas da boca de um informante excepcional, Pai Romeu, babalaô que viria a falecer pouco depois.

A segunda fase de observação de uma comunidade foi realizada pela equipe como um todo, de maio de 1979 a fevereiro de 1980, no Ilé de Omolu e Oxum, dirigido pela Ialorixá Maria Arlete do Nascimento, Mãe Meninazinha, que nos abriu a porta de sua casa com toda a lhaneza de trato que é a marca peculiar das filhas de Oxum. Além da observação sistemática dessas duas comunidades, em outras Casas de Santo do Grande Rio, onde mantemos até hoje preciosas amizades. O grande responsável por esse entrosamento foi José Lopes Gomes, incansável freqüentador das festas de candomblé e membro por sua vez de uma das mais prestigiosas comunidades nagô.

Muito se tem comentado a respeito do "segredo" do candomblé, que dificultaria a participação nos rituais e o entendimento dos mesmos. Parece, no entanto, que o problema está mal colocado. Conhecer o candomblé é antes de mais nada penetrar em espaço sagrado, e, por definição, delimitado. Para tanto, uma aprendizagem é necessária.

Como todos os pesquisadores, encontramos reticências que, na verdade, são muitas vezes justificadas. É preciso reconhecer que ninguém é obrigado a sair dos seus afazeres para contar sua vida a um cientista que nunca viu, cujo interesse se lhe afigura nebuloso, para não dizer suspeito. Já ouve quem escrevesse muitas sandices sobre cultos afro-brasileiros, gente interessada apenas em sensacionalismo barato, ou simplesmente gente que não conviveu suficientemente com o mundo do candomblé.

Algo que o convívio – cada vez mais estreito – com as comunidades nagô vem-me ensinando, é a paciência, a humildade, o respeito dos limites e (Deus queira!) o juízo suficiente para distinguir entre aquilo que convém falar ou não. Penetrar no espaço sagrado requer a obediência a suas leis internas.

Isso não significa a obrigatoriedade da iniciação. Para esclarecer de vez um ponto que parece constituir motivo de preocupação para muitos colegas, devo dizer que, até o momento em que escrevo essas linhas, não fui submetida a nenhum rito iniciático. O meu papel nas comunidades que freqüento foi primeiro de "pesquisadora" e, agora, de "amiga da seita", com direito a tratamento carinhoso mas sem cargo algum. São muitas as modalidades de participação nas comunidades nagô, como veremos adiante.

Em ambas as casas onde se realizou a observação foi preciso jogar os búzios, antes de mais nada. Sem consultar o oráculo, nada se faz. Os orixás testemunharam a pureza de nossas intenções. Disseram quais sacrifícios seriam necessários para o êxito de nossa pesquisa. Fizemos as oferendas prescritas, habilitando-nos deste modo a penetrar no espaço sagrado. Como se vê, foram os próprios deuses que autorizaram os nossos trabalhos, e somos gratos por tudo.

Não pretendo abarcar neste livro toda a complexidade do mundo do candomblé, que sequer consegui alcançar. Deter-me-ei apenas naquilo que diz respeito aos modelos míticos de comportamento e à maneira como tais modelos são integrados na vida de cada um dos iniciados, não somente na sua atuação religiosa propriamente dita, mas na totalidade de sua vida.

Na tentativa de aproximação desse processo, pareceu-nos que a melhor técnica de investigação ainda seria a entrevista. Para saber quem são os iniciados, e como vivem, escutar simplesmente o que eles têm a dizer. Procurar entender as suas mensagens, de acordo com os significados da cultura em que vivem, em vez interpretá-las a partir de sistemas teóricos estabelecidos *a priori*.

Nessa perspectiva, o presente trabalho pretende também trazer subsídios para algo que almejamos há tempos: a abertura da psicologia da personalidade para a diversidade cultural. Num país como o Brasil, com a enorme riqueza de culturas e subculturas que se opõem, se interpenetram, se chocam e se integram, não há muito sentido em aceitar os modelos euro-americanos como fontes exclusivas do saber. Nesse sentido, analisar como se processa a identificação mítica em comunidades nagô representa apenas um primeiro passo, num caminho que se apresenta amplo, fecundo, e sem dúvida fascinante.

Niterói, fevereiro de 1982

1

O SAGRADO, O MESMO E O OUTRO

A relação entre o homem e o sagrado, estabelecida por cada cultura, revela uma dimensão específica da existência humana. Atribuir a qualidade de "sagrado" a um objeto, um sítio, um acontecimento, nada mais é senão estabelecer uma forma de organização do mundo. O mundo é assim interpretado, codificado, transformado em mensagem, mas não se torna sagrado em sua totalidade. Somente é sagrado aquilo que é sentido como poderoso e significativo.

O sagrado é a categoria pela qual a cultura denota sua peculiar interpretação do homem e do mundo. Mircea Eliade afirma, repetidas vezes, que "sagrado" significa "real". Todos os mitos de criação do mundo relatam a transformação do caos em cosmo, por meio da palavra que nomeia os seres, atribuindo-lhes os respectivos lugares e papéis. Ordenar o mundo por meio do sentido é transformá-lo em grande sistema significativo. O mundo torna-se então parte da realidade humana.

Cabe à cultura designar aquilo que é ou não é relevante, apontar os seres carregados de força sagrada, e determinar o que é preciso fazer para entender as mensagens das Potências e responder-lhes[1]. Nessa perspectiva, a *religião* é o conjunto do sistema de significações, incluindo os modelos de comporta-

---

1. "As Potências dirigiram para o homem, desde os tempos primordiais, mensagens que ainda orientam sua vida e seus comportamentos, cujo significado está sempre presente a cada dia. Por seu lado, o homem responde às ofertas das Potências" (HOUIS, 1971: 73).

mento que delas decorrem, enquanto os *fenômenos religiosos* serão a manifestação concreta desse sistema.

Não passaremos aqui em revistas as diversas teorias que a história das religiões ou a antropologia cultural elaboraram para explicar a origem dos mitos e dos ritos. Pretendemos apenas tratar de fenômenos religiosos, tais como se manifestam nas comunidades Nagô no Brasil contemporâneo.

Nesse quadro estudaremos somente um fenômeno específico, o da identificação do "dono da cabeça" e da vivência correlata dos iniciados. No entanto, é preciso esclarecer o método utilizado, e o respectivo respaldo teórico. A compreensão dos fenômenos religiosos implica a elucidação da função do mito e do símbolo como categorias epistemológicas.

A função essencial do simbolismo religioso parece residir em sua "capacidade para exprimir situações paradoxais ou determinadas estruturas da verdade última, que de outro modo seriam impossíveis de expressar", para citar ainda Mircea Eliade (1962: 259).

Em vez de elaborar um sistema abstrato e lógico do mundo, o mito testemunha a presença desse universo estranho, contraditório, regido por Potências cujos desígnios são ambíguos, mas cuja vontade é soberana. Expressar este mundo – e aqui desponta o sentido original da palavra *mythos*, "o dito" – é anunciá-lo em todas suas contradições, em toda sua estranheza.

É a realidade humana que o mito revela. Não descreve apenas as terríveis forças da natureza, mas ainda as tensões violentas e mais estranhas, que residem no coração do homem – ele também é natureza.

É na revelação da condição mortal do homem que, para Morin (1973), nasce o mito. Ao descobrir-se mortal, o *Homo Sapiens* conscientiza a possibilidade de ser e de não ser. É inaceitável o não ser, mas a morte afirma sua realidade. Da necessidade de sobreviver à contradição, de morar nela, surge a palavra, o símbolo, o mito. "Descobrimos que imagem, mito, rito, magia, são fenômenos fundamentais, ligados ao aparecimento do homem imaginário. Mitologia e magia serão doravante complementares, associados a todas as coisas humanas, até às mais biológicas (morte, nascimento) ou mais técnicas (caça, trabalho): vão colonizar a morte e arrancá-la do nada" (1973: 117).

O mito tenta apreender a realidade em toda sua complexidade, sem afastar nada, sem privilegiar um elemento em prejuízo de outro.

Daí provém a proliferação dos significados que nele se descobrem. "Uma característica essencial do simbolismo religioso é a *polivalência*, a capacidade de *expressar simultaneamente várias significações cuja solidariedade não parece evidente no plano da experiência imediata*" (ELIADE, 1962: 256). Na medida em que o mito pretende dar conta da complexidade do real, não pode ser simples. Só pode ser irracional e alógico. Abre-se a todas as possíveis interpretações, até mesmo (e sobretudo) às mais contraditórias. Não pode, portanto, ser explicado mediante um sistema racional. Situa-se em outro registro de aproximação do real.

Cassirer (1972) mostrou, na *Filosofia das formas simbólicas*, que o mito possui sua própria objetividade, e constitui um modo de pensamento tão respeitável quanto aquele que fundamenta o conhecimento científico. Tanto quanto o "dito" mítico, a ciência propõe uma imagem significativa do mundo, a partir de outras premissas, usando outra linguagem. Nem mito, nem ciência podem ser explicados um pelo outro. São modos divergentes de explicitação do mundo. Desse ponto de vista, a compreensão do mito não pode ser realizada mediante uma explicação remetendo a um sistema lógico[2].

Para lidar com o mito, é preciso lembrar que ele é necessário, real, vital. Não esquecer que propõe um objetivo prático, oferecendo um modelo de comportamento para sobreviver

---

2. "Ao invés de explicar a realidade que o elemento mítico pode ter para a consciência, as interpretações fazem tudo para escamoteá-la e negá-la" (CASSIRER, 1972, vol. 2: 19).

no mundo da realidade humana, cheio de tensões. O mito é sempre resposta, mas é uma resposta ambígua.

A aproximação compreensiva, fundamentada na hermenêutica, permite no entanto lidar com os diversos significados do enunciado mítico. A hermenêutica requer a adesão ao mundo mítico, a penetração nos seus valores, a vivência do sagrado. O deciframento só se dá na compreensão interna.

Como, porém, penetrar no universo sagrado? Os componentes de um grupo cultural não costumam receber um ensino sistemático. Ver-se-á mais adiante que o conhecimento dos mitos, dos símbolos, dos ritos, é gradual, e que a aprendizagem do significado não se opera em nível de explicitação intelectual. O saber iniciático adquire-se pela vivência. O conhecimento *experimenta-se*, não vem de fora. Há transformação do iniciado.

Em última análise, todos os mitos são estórias de origem, relatam a criação do mundo, e a compreensão do mito toma também feições de criação, ou, melhor dizendo, de recriação.

Eliade vê na "hermenêutica criadora" uma forma de rito de passagem. Provoca "a transmutação da pessoa que recebe, interpreta e assimila a revelação" (1973: 547). No caso do adepto, essa transformação insere-se necessariamente na experiência religiosa. Para o investigador, porém, o processo hermenêutico reveste-se de perigoso fascínio, pelo que pode revelar de forças internas e estranhas... "Os fenômenos religiosos exprimem situações existenciais. Participas do fenômeno que buscas decifrar: como se fosse um palimpsesto, com tua genealogia e tua própria história. É *tua historia*. E o poder do irracional, de fato, faz-se presente" (1978: 139).

Decifrar o mito é decifrar-se. Abrir-se ao mito é ouvir ressoar dentro de si o eco de antigas provações, reinventar significações esquecidas, reconhecê-las como aspectos do mesmo mundo humano. A compreensão passa a realizar-se com síntese entre o que o mito diz e aquilo que desperta no investigador. Tal hermenêutica é constantemente reavaliada, pois se fundamenta na transformação interna do mitólogo e, por conseguinte, a percepção do objeto de estudo se transforma concomitantemente em processo dialético que progride junto com o conhecimento.

A fenomenologia da religião coloca, de imediato, o problema do conhecimento nos termos da experiência vivida. É legítimo, portanto, que se apóie no modelo gerado pelo seu próprio objeto, isto é, o saber iniciático.

Iniciático quer dizer "do início". Iniciar-se é passar por um conjunto de ritos que levam o fiel de volta aos começos do mundo, às origens do ser. O saber iniciático é o saber das origens, que não se assimila apenas, mas se vive. Tamanha é a transformação do iniciado, que recebe outro nome: tornou-se outro. A iniciação, o recomeço é, portanto, metamorfose: o outro que substitui o neófito, quem é, de onde vem, o que quer dizer?

As grandes religiões – ou seja, as religiões designadas como tais pelo Ocidente –, por mais racional que seja hoje a sua expressão contemporânea, mantêm no entanto o reconhecimento da experiência mística, isto é, o encontro com a divindade, a fusão do indivíduo com a transcendência. Rudolf Otto (1968) descreveu o sentimento de estranheza que acompanha a revelação do *Numinoso*, do "Totalmente Outro".

As religiões cujo culto se organiza em torno da manifestação da divindade no corpo dos fiéis propõem representações concretas dessa fusão. Quando o deus dança com o corpo do adepto, onde começa a divindade? Onde fica o indivíduo?

Essas religiões como que proclamam a existência da divindade no homem e ao mesmo tempo fora dele. A celebração dos ritos de possessão torna manifesta essa dualidade.

Ao lançar as bases da "moral da duplicidade", Morin afirma, em *Lê Vif du Sujet* (1969), que a condição essencial do conhecimento de si e do outro passa necessariamente pela assunção da dualidade do ser. Os processos que costuma descrever sob o nome de identificação consistiriam em constante jogo dialético entre o mesmo e o outro, o semelhante externo e a imagem interna, o estranho e o alheio, estabelecendo deste modo a única relação humana verdadeira: "a autenticidade é o reconhecimento da duplicidade" (1969: 164). Nessa perspectiva, a dualidade constitui "estrutura permanente" do ser. Jogo, dança, teatro, revelação do ser um e múltiplo, manifestação do duplo, da sombra, do estranho fraterno ou do reflexo angustiante, imagem de Deus ou de demônio, proclamação de ambigüidade que fundamenta a relação com a mais profunda realidade interna: "Reencontramos no âmago do problema do eu ou as duas raízes de todas as antropocosmologias mágicas: *o duplo e a metamorfose*. De um lado, a dualidade primeva, a alteridade estruturante, o poder duplicativo; do outro, o poder metamórfico, seja por *mimesis*, seja por *poiesis*" (MORIN, 1969: 157).

Nos cultos de possessão, não existe ruptura entre o duplo e a metamorfose. Manifestando o deus ao qual pertence, o fiel despersonaliza-se, e, deste modo, transforma-se naquilo que ele é realmente. Como será visto mais adiante, a religião Nagô afirma a identidade entre o deus e a natureza da "cabeça" da qual é dono. Nosso propósito é precisamente verificar em que medida essa identidade mítica é vivenciada como modelo apenas social de comportamento, ou se a dança dos deuses permite operar a síntese entre o duplo e o outro.

Os observadores amiúde manifestaram sentimentos de estranheza frente aos ritos de possessão, e suas interpretações buscavam na psicopatologia a justificação de seu espanto. Percebiam apenas a despersonalização e não levam em conta a metamorfose correlata. Nos fenômenos religiosos só viam histeria ou psicose. Em livro recente, *Êxtase religioso*, Ioan M. Lewis fez um levantamento dos cultos de possessão e dos diversos tipos de enfoque que mereceram. Nele pode-se verificar que muitos autores contemporâneos ainda persistem em tratar os fenômenos religiosos sob o enfoque patológico[3]. Conforme Lewis, "o xamanismo é visto regularmente como um manicômio institucionalizado para primitivos" (1971: 223).

---

3. É o caso do psiquiatra P.M. Yap que, em 1969, classifica a possessão pelos espíritos, em Hong-Kong, como "psicose psicogênica"!

Lewis mostra que os cultos de possessão não almejam apenas a transformação do homem em divindade, mas também a vinda dos deuses em meio aos homens. O xamã é o instrumento que permite que o grupo cultural lide com os deuses de igual para igual, falando com eles, e beneficiando toda comunidade com a canalização da força sagrada. O xamã não somente se abstrai na divindade, mas também a torna concreta, palpável. Como diz Lewis, em excelente síntese: "Ambos estão inseparavelmente ligados: *cada um possui o outro*" (1971: 237).

Parece que qualquer interpretação visando exclusivamente à dissociação, sem considerar a metamorfose, corre o risco de não entender nada do fenômeno religioso. No oposto da visão psicopatológica, a compreensão dos ritos de possessão poderia perfeitamente apoiar-se no estudo do teatro – *O teatro e seu duplo*, dizia Arthaud – que visa essencialmente a promover a síntese entre pessoa e personagem.

Dizer que o rito de possessão é teatral não é expressar menosprezo. Não se pretende rebaixar o drama religioso em simples pantomima, ou, pior ainda, insinuar uma identidade entre o caráter falacioso e inautêntico que a palavra "teatral" às vezes sugere, e a dança dos deuses[4].

Quando Louis Mars tenta explicar o significado do vodu para o adepto haitiano, chega a propor o conceito de *etnodrama*, para destacar a originalidade de fenômeno, ao mesmo tempo dramático e religioso, observando: "O ator está a serviço do *outro*. Aliena seu corpo, seus gestos, sua voz, seu pensamento. Aliena-os, várias horas por dia, ao *mesmo ser* que ele contribuiu a criar mas que, a partir do momento em que existe, deixa de ser propriedade dela para impor-lhe seu rosto inalterável. A diferença reside na motivação profunda de um e outro: o possuído, movido pela fé, aliena-se totalmente à divindade; perde-se nela inteiramente para reencontrar-se como instrumento cultural no conjunto cerimonial" (MARS, 1962: 20).

---

4. Ou, para citar Lewis: "Referi-me à possessão desse tipo como um jogo. Mas, assim fazendo, não quis dizer que não se tratava de jogo sério, nem jogo no qual as apostas fossem invariavelmente de pouca monta" (1971: 243).

Mars fala de etnodrama em vez de psicodrama[5], pois é o grupo cultural em sua totalidade que se exprime naquele palco. É a comunidade que, pela mediação do possuído, se comunica com as forças. Os deuses designam as pessoas pelas quais desejam manifestar-se, mas são os ritos, logo, a ação do grupo cultural, que tornam tais pessoas aptas para o serviço divino. Há interação constante entre indivíduo e grupo, em nível dos símbolos e dos atos religiosos. Tal promoção social da metamorfose supõe uma visão do homem, poder-se-ia dizer, uma teoria da personalidade, bem diversa da perspectiva ocidental, para quem a despersonalização é necessariamente patológica, logo, contingente, e a metamorfose só pode manifestar-se no campo estético exclusivamente.

A aproximação fenomenológica parece a única possível, já que tenta delinear a significação a partir da observação do fenômeno, sem valorizar certos aspectos *a priori*. A psicologia da personalidade, tal como é ensinada nas Faculdades, fundamenta-se em etnocentrismo implacável. A psicanálise pretende entender a mensagem do Outro interno. Primeiro, chama-o de inconsciente, já que representa a antítese dessa consciência tão valorizada, desse espelho de racionalidade onde o Ocidente se reconhece. No segundo tempo do pensamento de Freud, o Outro interno torna-se personagem, *Aquilo (das Es)* cuja existência se afirma pelos meios os mais fantásticos. Freud, porém, adverte: "Onde estava Aquilo, deve advir o Eu". A alteridade é apontada para ser anexada, explorada, colonizada em nome do princípio de realidade.

Lacan assegura por fim o triunfo da Deusa Razão: o inconsciente é linguagem, construída conforme estrutura lógico-matemática: "Aquilo fala no Outro", pelo meio de equações[6]. A estranheza inquietante foi escamoteada. A psicologia, submissa aos modelos psicanalíticos a partir do momento em que pretende ser "profunda", não nos ajuda em nosso intento. Pretendemos estudar um grupo cultural cujos ritos expressam

---

5. Interpretação proposta por Bastide.
6. "Aquilo" quer dizer o quê? Ninguém parece mais preocupar-se com isso.

a manifestação da alteridade. Como utilizar uma linguagem e um modelo que reduzam o paradoxo do mesmo e do outro a um código racionalista? O que dissemos da psicologia pode estender-se às demais ciências humanas. No ensaio *Ethnologie et Métaphysique*, G. Gusdorf mostra como a preocupação pelo *status* "científico" levou as ciências humanas a curvar-se ao imperialismo metodológico das ciências da natureza[7]. Propõe então reabilitar a compreensão como meio mais adequado ao deciframento das mensagens individuais e culturais.

Gusdorf vai nesse ponto ao encontro da fenomenologia da religião, de Van Der Leeuw: "Se a experiência vivida, impenetrável, não se deixa nem alcançar, nem subjugar, contudo, ela mostra algo, um rosto, e diz algo, uma palavra" (1970: 661). Essa palavra, devemos ouvi-la com humildade, com o respeito devido a uma mensagem que talvez não cheguemos a decifrar em sua totalidade, mas que nos traz o testemunho de certa dimensão do homem. E esse rosto não poderia também ser o nosso?

---

7. Nossa crítica de recuperação racionalista operada pelo estruturalismo lacaniano pode obviamente ser estendida ao sistema de Levi-Strauss.

2

AS RELIGIÕES DE ORIGEM AFRICANA NO CONTEXTO BRASILEIRO

As comunidades religiosas que conhecemos hoje, por mais que se desejem fiéis às tradições africanas, são parte integrante da realidade brasileira. Seus membros são nossos contemporâneos, nossos vizinhos, nossos amigos. Como bem disse Motta, a respeito dos terreiros de Xangô: "essa religião existe dentro desta sociedade, a sociedade do Recife. Ora, esta sociedade possui sua tradição, seu regime alimentar, suas taxas de emprego e desemprego, etc., etc. Será que passa pela cabeça de alguém que o Xangô poderá deixar de refletir toda essa realidade ao seu redor?" (1980: 30).

Acrescentaríamos que não só refletem a realidade social global como revelam particularmente o funcionamento de sua dinâmica. Até mesmo se considerarmos os terreiros como focos de resistência cultural – a história mostra que freqüentemente os grupos religiosos desempenharam inclusive papel relevante na resistência armada, nas rebeliões e nos quilombos – a própria maneira como se estruturam em oposição à sociedade global denota, obviamente, a sua atuação no meio desta, ainda que no modo da marginalidade.

A história do aparecimento e da consolidação dessas comunidades patenteia claramente as contradições da sociedade global. Nos tempos da economia escravista, em que a autorização para realizar os "batuques" atendia a preocupações políticas, com o fito de manter acesos os conflitos entre "nações" africanas, permitia-se o encontro, para promover a desunião.

Hoje, o reconhecimento dos cultos afro-brasileiros assume às vezes matizes de folclorização, em que a especificidade cultural é transformada em pitoresco, tornando-se, deste modo, apta a ser digerida pela sociedade de consumo. A história dos estudos eruditos constitui obviamente um aspecto específico do tratamento dispensado pela sociedade global. Nos escritos da comunidade acadêmica, encontram-se os mesmos ângulos: negação, africanização, patologização, segregação do contexto. A atual revisão da história brasileira, o destaque concedido aos "figurantes mudos" (QUEIROZ, 1977), e a reavaliação do caráter nacional a partir de novos enfoques, jogam agora outra luz sobre a reinterpretação dos valores africanos, que se operou no decorrer do tempo, criando esse fenômeno genuinamente brasileiro, as casas de candomblé, os terreiros de macumba, os centros de umbanda.

A transformação das religiões africanas

A primeira leva de escravos de que temos notícia segura desembarcou em 1538[1]. Vinha de São Tomé, iniciando assim o tráfico das chamadas "peças de Guiné". A palavra "Guiné" designa uma origem geográfica altamente imprecisa, a ponto de o próprio Vice-Rei, Conde dos Arcos, reclamar dessa dificuldade já em 1758, dizendo não conseguir saber ao certo de que país se tratava[2]. Ao que parece, os primeiros escravos a chegarem em solo brasileiro eram Peules e Mandigas, parcialmente islamizados. No século XVII, Angola tornou-se o grande fornecedor, bem como o Congo, de tal maneira que os "Negros Bantos" se espalharam por toda a costa brasileira. No final do século XVIII, e primeira metade do século XIX, particularmente na

---

1. Informações sobre tráfico negreiro e história da escravidão poderão ser encontradas em Verger (1968), Ribeiro (1978), Moura (1972), Queiroz (1977), e Gama Lima (1981), para citar apenas autores que se situam mais perto de nossa perspectiva.

2. "Não me acerto a resolver quais são os portos da Guiné... porque a palavra Guiné, no sentido em que a tomam alguns autores, compreende não só as Ilhas de São Tomé, mas também muitos dos portos da Costa de Mina: exclui, porém, todos os portos do Reyno de Angola" (apud RIBEIRO, 1978: 16).

época do "contrabando", entraram no Brasil grandes contingentes de "negros da Costa", daomeanos, nagôs, haúças. A chegada relativamente recente (menos de 150 anos) desses povos explica em grande parte o predomínio de seus descendentes na região da Bahia, que gozava de um quase monopólio de importação graças a suas ligações diretas com os reis de Daomé[3]. Dessa concentração do elemento Ioruba, Egbá, Ijexá, Kêto, em particular, provém a importância do "modelo" nagô para a ulterior evolução das religiões africanas no Brasil.

Essas religiões refletiam inicialmente grande variedade, tão diversos eram os grupos culturais a que os escravos pertenciam. Como escreveu Bastide, "a África enviou ao Brasil criadores e agricultores, homens da floresta e da savana, portadores de civilizações de casa redonda e de outras de casas retangulares, de civilizações totêmicas, matrilineares e outras patrilineares, pretos conhecendo vastos reinados, outros não tendo mais que uma organização tribal, negros islamizados e outros 'animistas', africanos possuidores de sistemas religiosos politeístas e outros, sobretudo, adoradores de ancestrais de linhagens. Como essas diversas civilizações não se destruíram mutuamente pelo simples contato?" (1971: 67). Nada sabemos do conforto provavelmente caótico entre as diferentes religiões, ao longo da história da escravidão.

A primeira cristalização é contemporânea das grandes plantações de cana e de tabaco, que exigem farta mão-de-obra, favorecendo deste modo a concentração dos africanos. Em todo o nordeste açucareiro, estima-se que houvesse mais de mil escravos em cada engenho. Os escravos podem então juntar-se em "nações", e celebrar suas festas. A administração da colônia autoriza esses ajuntamentos, não por ser benevolente nem particularmente tolerante, mas para incentivar os conflitos entre grupos de origens diversas.

---

3. Ver a esse respeito o livro de Verger sobre *Fluxo e de todos os santos do século XVIII ao século XIX* (1968), que descreve os pormenores da rota do fumo baiano e dos escravos da Costa.

O Conde dos Arcos escrevia, no fim do século XVIII: "O Governo olha para os batuques como para um ato que obriga os Negros, insensível e machinalmente de oito em oito dias, a renovar as idéias de aversão recíproca que lhes eram naturais desde que nasceram, e que todavia se vão apagando pouco a pouco com a desgraça comum; idéias que podem considerar [...] o Garante mais poderoso da segurança das Grandes Cidades do Brasil, pois que se uma vez as diferentes nações da África se esqueceram totalmente da raiva com que a natureza as desuniu – e então os de Agomés (Daomé) vieram a ser irmãos com os Nagôs, os Gêges com os Aussás, os Tapas com os Sentys (Ashantis), e assim aos demais; – grandíssimo e inevitável perigo então assombrará e desolará o Brasil" (apud NINA RODRIGUES, 1978: 156).

O vice-rei, no entanto, pensava serem profanas as festas cuja realização tanto incentivava. Nunca se falou em permitir o livre exercício dos cultos africanos. A Igreja insistia no batismo de todos. Batizavam os escravos, os senhores eram os padrinhos, e a educação cristã parava por aí mesmo, sobretudo em meio rural. Nas cidades, a Igreja organizava Confrarias de Pretos, que possuíam suas capelas e seus folguedos. Tais confrarias permitiam às vezes reconstruir grandes grupos da mesma origem africana, cujas festas eram devidamente apreciadas: Congo, Congada, Ticumbi, Moçambique, Coração do Rei de Congo, todas, como se vê, com predomínio do elemento banto.

A reunião desses piedosos africanos, cujos idiomas e costumes eram ignorados pelos padres[4], permitiu que celebrassem, debaixo do manto de Nossa Senhora do Rosário, muitas cerimônias que nada tinham de católicas.

No campo, sem tanta organização, os escravos tinham de sujeitar-se, de qualquer maneira, ao modelo católico. Dançavam para São Benedito, ao ritmo do "toque" de Oxumaré.

---

4. A congada não é de origem africana, mas é uma reminiscência da *Chanson de Roland*, sabiamente aproveitada pelo catequista A. Maynard Araújo (In: *Folclore nacional*. São Paulo: Melhoramentos, 1964, p. 216).

Não lhes sendo possível servir os deuses abertamente, substituíam-nos por Santos da Igreja.

Foi a origem do sincretismo, que parece ter sobremodo impressionado os primeiros observadores. Desconfiamos, no entanto, que seja mais aparente que real, e, sobretudo, não seja vivido do mesmo modo pelas diversas religiões de origem africana.

Nas regiões onde dominava a influência indígena, como Norte e Nordeste, o culto dos espíritos dos caboclos, e seus deuses (*encantados*) concorreu para a mistura de crenças. Deu origem ao *candomblé de caboclo*, que tem passado recentemente a integrar os elementos de origem banto, além da influência católica. Não tenho pessoalmente nenhuma vivência desses cultos, que parecem atualmente expandir-se em todo o Nordeste, até mesmo em Salvador, onde são bem mais numerosos que os candomblés tradicionais, que nos interessam aqui.

Em todas as regiões onde o elemento banto predominou, e, particularmente, no Sudeste, dois tipos de cultos desenvolveram-se. O primeiro, mais ligado às raízes africanas, recebeu certa influência posterior dos Nagô; é o *candomblé de Angola* ou *candomblé de Congo*. O segundo, a *macumba*, integra elementos de origem variada.

A macumba está sofrendo atualmente um forte processo de transformação. Passou a integrar uma nova religião que congrega elementos africanos, indígenas, católicos, espíritas e ocultistas, ou seja, a *umbanda*. Essa religião, que para Bastide (1971) constitui fenômeno urbano totalmente novo, nasceu na cidade do Rio de Janeiro na primeira metade deste século e, hoje, alastrou-se para todos os Estados da Federação.

Conforme Cacciatore (1977) "essa nova religião [...] compreende a umbanda esotérica, iniciática ou cabalística, com doutrina de difícil compreensão, e a umbanda popular, com teorias mais simples e acessíveis".

Essa religião é por definição sincrética, pois amalgama deuses e santos já conhecidos com outros que aparecem todo dia. Religião nova, em fase de grande desenvolvimento, a umbanda transforma-se sem cessar, e torna-se, por isso, de difícil alcance para o observador.

Acreditamos que seja possível falar de sincretismo, no caso da umbanda. Nela, as divindades e os ritos não se justapõem apenas. Fundem-se. A fusão opera-se em nível ideológico, pois a doutrina incorpora os diversos valores das demais religiões. Por exemplo, a oposição entre bem e mal é nítida. O deus Ioruba da transformação, a divindade daomeana da comunicação e da procriação foi, por causa de suas características fálicas e do seu comportamento de *trickster*, assimilada ao diabo cristão. Exu é representado como diabo vermelho e preto, que manda numa infinidade de demônios machos e fêmeas organizados em falanges.

Os demais deuses africanos são representados pelas imagens e pelos "santinhos" dos santos católicos, e as estórias de uns e outros confundem-se.

Nas regiões onde a religião Nagô tradicional pode subsistir, e particularmente em Salvador, bem como nos terreiros fundados por sacerdotes vindos da Bahia, é-nos difícil falar em sincretismo. Todas as definições que encontramos da palavra "sincretismo" dão como essencial a *fusão* de vários elementos[5]. No caso do candomblé de rito nagô, parece tratar-se de justaposição mais do que fusão. Sincretismo houve, sem dúvida, nas diversas religiões oriundas da Costa dos Escravos. Deuses daomeanos foram assimilados às divindades ioruba. No Brasil de hoje, são pouquíssimos os templos gege puros, salvo no Maranhão, talvez. As divindades das diversas cidades do país Ioruba misturaram-se. O mesmo mito é encontrado, com nomes diversos.

Quando o observador busca esclarecer a mitologia nagô, chega a tropeçar na multiplicidade dos nomes de cada deus. Ouve-se dizer que são doze Xangô, dezesseis Oxum, nove Ian-

---

5. Por exemplo, definição de Emílio Willems, no *Dicionário de Sociologia* (Porto Alegre: Globo, 1967): "Fusão de dois ou mais elementos culturais antagônicos num único elemento, continuando perceptíveis, no entanto, alguns sinais de suas origens diversas".

sã, e, por baixo, vinte e um Exu. Fazer as contas certas, a partir do trabalho de campo, é contudo impossível. As chamadas "qualidades" de cada orixá parecem atender a certo amálgama de divindades locais, classificadas sob a mesma denominação[6]. Nossa opinião é que ouve fusão real nas divindades africanas, que se operou no decorrer da escravidão, e até mesmo, em solo africano, com as sucessivas invasões fomentadas pelas rivalidades entre cidades e povos da Costa, que acabaram alimentando o comércio escravista[7]. Nossa avaliação é mais reservada em relação ao propalado sincretismo com o catolicismo. Nas ante-salas dos templos de nagô, vêem-se freqüentemente imagens católicas, é verdade. Mas no interior dos "quartos" dos santos, nos altares com os "assentos" sagrados, jamais tivemos a oportunidade de encontrar imagens – de qualquer natureza. Os orixás estão "assentados" nas pedras consagradas, recobertas dos enfeites adequados para cada um, e circundadas por objetos de culto. Dificilmente se vêem representações antropomorfas, quanto mais imagens católicas. Se os membros do candomblé participam, ainda hoje em dia, de confrarias católicas, é porque já tiveram, outrora, de condicionar deste modo sua própria sobrevivência. A devoção aos santos de igreja foi-lhes imposta, por isso praticam-na. Mas cuidam claramente de não misturar os gêneros. "Fui criada na Igreja, fui batizada, acompanhei procissão e carreguei andor. [...] Se existem homens que adoram o santo de madeira feito por eles, eu adoro a pedra, o santo do negro, que é a natureza", declara aos jornalistas a decana das grandes mães-de-santo da Bahia, no dia do seu 84º aniversário[8].

Ser mais explícita, impossível. O tempo consagrou a equivalência entre santos católicos e divindades de contrabando.

---

6. Além do mais, o número de "qualidades" de cada orixá corresponde na realidade ao número que lhe é atribuído no complexo simbolismo do sistema nagô (ver capítulo 4).
7. Uma boa síntese da história dos povos da Costa é encontrada no livro de J. Ki-Zerbo. (In: *História da África Negra*).
8. *Jornal do Brasil*, Rio de Janeiro, 11/02/78, "Candomblé faz festa o dia inteiro no Gantois pelos 84 anos de Mãe Menininha".

Para os fiéis, não há contradição. O povo decidiu que Santa Bárbara, São Jerônimo e Nosso Senhor do Bonfim são a tradução portuguesa dos nomes africanos de Iansã, Xangô e Oxalá, e pronto[9].

Os iniciados de auto grau por sua vez sabem perfeitamente tratar-se de "cobertura". Um de nossos informantes, junto a quem recolhemos vários mitos, costumava acrescentar esse comentário: "Não é santo de igreja não, tem nada a ver".

Pode-se observar que, do mesmo modo, o catolicismo popular que utiliza os santos para resolver os probleminhas particulares de cada um não tem muito a ver com o Evangelho da Salvação. A prática religiosa dos senhores de engenho e dos colonos portugueses não ultrapassava, provavelmente, o nível primário do culto aos santos. Na confusão entre os cânticos dos sonhos e a dança dos orixás, cada qual encontrava o que buscava.

Além disso, é preciso atentar para o fato de que a "contradição" que tanto chocou os observadores é antes de mais nada manifestação do etnocentrismo. Visto sob o ângulo judeu-cristão, pelo qual o Deus de Abraão, de Isaac e de Jacó é um Deus ciumento, é inaceitável que alguém pretenda ser ao mesmo tempo sacerdote dos orixás e bom católico.

Do ponto de vista politeísta, o problema desaparece. Alguns deuses a mais não atrapalham, até melhoram a situação. Nina Rodrigues[10] escandalizava-se ao ver sua amiga Livaldina apressar o culto de Oxalá para não se atrasar na ida à missa do galo. Disse-lhe que Jesus não admitia a partilha com outros deuses. Ela respondeu simplesmente que "não somos obrigados a tomar parte nas brigas entre nossos amigos" (1900: 145).

---

9. As coisas não são tão simples, aliás. Conforme os lugares, as equivalências variam. Ogum, por exemplo, é São Jorge no Rio de Janeiro e Santo Antônio na Bahia. É que Salvador considera Santo Antônio como guerreiro. Foi até nomeado capitão (cujo soldo recebe) por ter defendido a cidade contra os Holandeses.

10. Assim começa o livro de Nina Rodrigues: "Somente a ciência oficial, com seu ensino dogmático e superficial, poderia persistir ainda hoje na afirmação de que a população da Bahia, em seu conjunto, é monoteísta cristã" (1900: 3).

Para o candomblé tradicional, não há fusão, nem síntese entre a ideologia cristã e o sistema nagô. Encontramos, ao contrário, uma nova visão do mundo, modos diferentes de pensar, símbolos originais. Parece que, em última análise, a transmissão dos mitos e dos ritos, a organização dos tempos, objetivaram reconstruir um templo (mítico) e um espaço (sagrado), que recriam a essência da África perdida.

Nas palavras de Bastide, "a religião africana tendeu a reconstruir no novo *habitat* a comunidade aldeã à qual estava ligada e, como não o conseguiu, lançou mão de outros meios; secretou, de algum modo, como um animal vivo, sua própria concha; suscitou grupos originais, ao mesmo tempo semelhantes e todavia diversos dos agrupamentos africanos" (1971: 32).

A tentativa de ressuscitar miticamente a África acabou por criar um modo de ser genuinamente brasileiro. É um aspecto dessa vivência mítica e no entanto cotidiana, que procuramos apreender, pelo meio da observação da vida de membros de casas de candomblé de rito nagô.

As casas de candomblé

Não se sabe ao certo quando o culto começou a organizar-se em "Casas de candomblé". Informações esporádicas foram encontradas nos documentos da Inquisição. Desde o século XVII, a Igreja mostrava preocupação pela persistência das práticas africanas em meio aos negros batizados. Consta que, em Pernambuco, em 1768, houve inquérito aberto contra a existência de casas de cultos organizados por "negros da Costa de Mina".

Na Bahia, a primeira informação consistente, devida a Nina Rodrigues (1978: 48), indica que em 1826, "nas matas do Urubu, em Pirajá, tinha-se constituído um quilombo, que se mantinha com o auxílio de uma casa fetiche da vizinhança, chamada a *casa do candomblé*" (o grifo é do autor). Até hoje, ignora-se a origem da palavra "candomblé". A etimologia mais provável propõe o significado de "lugar de dança". Em 1900, Nina Rodrigues escrevia que "chamam de candomblés às grandes festas públicas do culto iorubano, qualquer que seja o motivo" (1900: 109). Nem todos gostam dessa denominação, mas é a mais comum em todas as áreas de influência baiana.

A associação da casa de candomblé com o quilombo não deve surpreender-nos. Diversos autores afirmam que as seitas desempenharam papel constante nas insurreições negras. Nina Rodrigues (1978) pôs em relevo a importância do islã nas grandes insurreições baianas no início do século XIX. Costa Lima (1981) adianta que a sociedade secreta *Ogboni* teve participação na revolta de 1809 na Bahia. Moura transcreve parte dos Autos relativos à insurreição de 1844, em Salvador: o "Juiz mandou fazer uma escavação no pavimento térreo da dita caza [...] e foi achado huma panella nova de barro vidrada coberta com hum testo contendo elle diversos embrulhos todos eles com couzas que se diziam próprias de feitiçaria ou malefícios" [sic] (1972: 265). Pela descrição, os tais embrulhos sugerem tratar-se dos objetos que servem para "plantar" as fundações sagradas do terreiro.

Em todo caso, todas essas referências apontam para acontecimentos ocorridos na primeira metade do século XIX. Parece que foi realmente nessa época que surgiram as grandes casas tradicionais que conhecemos até hoje. A cidade de Oyo, capital do país Ioruba, foi vencida e arrasada em 1835. Talvez haja mais do que coincidência nas datas. É provável que muitos sacerdotes de altas funções, muitos príncipes, tenham sido vendidos como escravos, aportando na Bahia, e tentado reconstruir o seu mundo em solo brasileiro.

Outro fator não deve passar despercebido, na fundação dos primeiros grandes templos. Eles nasceram em solo urbano. Os exemplos citados a respeito das rebeliões referem-se a casas estabelecidas na periferia da cidade de Salvador. O primeiro grande templo baiano começou a funcionar em pleno centro, perto da igreja da Barroquinha.

"Várias mulheres enérgicas e voluntariosas, originárias de Kêto, antigas escravas libertas, pertencentes à Irmandade de

Nossa Senhora da Boa Morte da Igreja da Barroquinha, teriam tomado a iniciativa de criar um terreiro de candomblé chamado *Iyá Omí Asè Aira Intilé"* (VERGER, 1981, 28). É o primeiro templo do qual tenhamos a história completa até nossos dias, pois não se trata de nada menos do que da primeira fundação da casa que depois tomaria o nome de *Ilê Axé Iyá Nassô*, ao ser transportada para os subúrbios de Salvador, no Engenho Velho, e que existe até hoje, venerada como a grande *Casa Mater* de todos os candomblés tradicionais.

Verifica-se que, além de ser "plantado" na cidade de Salvador, o primeiro templo fora fundado por escravas *libertas*, pertencentes a uma das irmandades religiosas, cujo papel, bem voluntário, de aglutinadoras e mantenedoras das tradições africanas, já foi assinalado. O fato de serem as ilustres fundadoras – Iyá Detá, Iyá Kalá, Iyá Nassô, para usar apenas seus nomes lendários – todas elas pretas forras é também de suma importância. Somente a paulatina libertação da escravidão poderia permitir o funcionamento das casas de santo. Por mais encantadoras que sejam as versões românticas que atribuem perto de 350 anos aos grandes templos da Bahia, é forçoso reconhecer que o culto organizado necessita de um corpo constante de fiéis e de sacerdotes, que possam dedicar a maior parte do seu tempo aos afazeres rituais.

A fundação e o desenvolvimento das Grandes Casas tradicionais acompanha *pari passu* o declínio da escravidão, e os templos vão mesmo proliferar apenas no final do século XIX. Os meados do século passado foram também o palco de grande intercâmbio sistemático entre a Bahia e a Costa. Verger (1968), Olinto (1969), Seljam (1978) descreveram pormenorizadamente as viagens dos brasileiros de volta ao país Ioruba. Sacerdotes e sacerdotisas iniciaram também um movimento de ida e volta para a África, aprofundando seus conhecimentos religiosos, e trazendo objetos necessários ao culto.

Foi o caso de Iyá Nassô e de uma de suas filhas-de-santo, Marcelina da Silva, que lhe sucedeu. A sucessão de Iyá Nassô deu ensejo ao início de uma das "guerras de santo" que costumam acontecer quando se trata de designar quem deve presidir aos destinos do templo.

Espera-se que a "Mãe-Pequena" (Iyá Kekerê), ajudante da Mãe-de-Santo, lhe suceda. Mas o oráculo deve confirmar sua nominação, e isso nem sempre acontece. Diversas facções se formam, põem em dúvida o modo como os adivinhos interpretaram o oráculo, e a "guerra" começa.

Foi isso que aconteceu em meados do século XIX, na Casa de Mãe Nassô. As dissidentes desligaram-se, e foram "plantar o axé" em outro subúrbio de Salvador, no lugar chamado Gantois, dando origem a outra casa ilustre, a Sociedade São Jorge do Gantois, em Iombá, *Ilê Iyá Omì Axé Iyá Massê*[11]. Nessa casa, a transmissão do cargo de Ialorixá passou doravante a ser feita por via dinástica. A neta da fundadora, Pulquéria, parece ter sido uma personalidade notável, que muito impressionou os contemporâneos. As mais antigas fotografias que possuímos de um terreiro foram tiradas no Gantois por Manoel Querino, que destaca a beleza e a nobreza do porte de Pulquéria. Desde 1922, é a sobrinha-neta de Pulquéria, Escolástica Maria de Nazaré, mais conhecida como Mãe Menininha, que dirige o Gantois. Nascida em 1894, é atualmente a decana das mães-de-santo da Bahia, e a mais alta autoridade em matéria religiosa.

Enquanto isso, a Casa de Iyá Nassô seguiu igualmente um rumo prestigioso, em que se destaca a figura quase lendária de Tia Massi, que faleceu centenária, em 1962. Do Engenho Velho, saiu ainda outro rebento ilustre, que veio a chamar-se o *Ilê Axé Opô Afonjá*, que significa mais ou menos "Casa cuja força vem de Xangô". Fundado na cidade de Salvador por Eugênia Ana Santos, Mãe Aninha, acabou fixando-se também nos subúrbios, em São Gonçalo do Retiro. Mãe Aninha foi, em seu tempo de reino (1910-1938), a mais destacada figura dos candomblés da Bahia. Uma de suas sucessoras, Mãe Se-

---

11. O nome significa aproximadamente "Casa da Mãe d'Água templo de Iyá Massé", sendo que Iyá Massé é uma "qualidade" de Iemanjá. O protetor da casa é, no entanto, Oxossi, como indica o nome de São Jorge, da Sociedade Civil.

nhora, Maria Bibiana do Espírito Santo, que por sua vez era descendente direta de Marcelina da Silva, a segunda mãe-de-santo do Engenho Velho, foi, até sua morte, em 1967, a maior autoridade do culto nagô.

Embora seja grande a tentação de contar detalhadamente a história das grandes figuras dos candomblés da Bahia, em que se misturam as informações objetivas, as transformações lendárias e as interpretações controvertidas, deter-me-ei por aqui. Pareceu útil, no entanto, dar uma leve amostra da história dos três maiores templos da Bahia, que permite evidenciar diversos pontos importantes.

Em primeiro lugar, são relativamente recentes: primeira metade do século XIX para Engenho Velho, segunda metade para Gantois, 1910 para o Axé Opô Afonjá. Em segundo lugar, como já foi dito, verifica-se a origem urbana, a expansão corolária do declínio da escravatura. Um terceiro ponto merece agora ser destacado: a sobrevivência dos templos, o seu prestígio não depende apenas de motivos religiosos, mas parece ligado, antes de mais nada, à atuação dessas figuras indomáveis, verdadeiras líderes de sua comunidade, que foram – e continuam sendo – as grandes mães-de-santo.

Não se pode esquecer que a vida das comunidades sofreu muitas vicissitudes, quando o exercício do culto era reprimido pela ação da polícia, os sacerdotes e os fiéis eram constantemente perseguidos. Para manter a Casa incólume no meio das perseguições, eram necessárias fortes personalidades, sendo inevitáveis os conflitos, de cunho dinástico ou outros.

Hoje as perseguições acabaram. É preciso, no entanto, perguntar se a religião nagô goza, em nossos dias, do mesmo respeito e do mesmo *status* que o catolicismo ou as diversas seitas protestantes. Bem sabemos que a resposta é negativa[12].

A partir da abolição, nenhuma razão podia ser invocada para não considerar os negros como cidadãos comuns. A

---

12. Como Vivaldo Costa Lima costuma observar: jamais se vêem as notícias de candomblé incluídas, nos jornais, na rubrica "Notícias Religiosas".

Constituição de 1891 assegurava claramente "a brasileiros e estrangeiros residentes no país a inviolabilidade dos direitos concernentes à liberdade, à segurança individual e à propriedade [...]. § 3 – Todos os indivíduos e confissões religiosas podem exercer o seu culto, associando-se para esse fim, e adquirindo bens, observando as disposições do direito comum".

O que aconteceu foi que os cultos africanos deixaram simplesmente de ser considerados como religião. Aos olhos dos cidadãos honrados, era um amálgama de superstições tolas, cujas cerimônias, verdadeiras orgias, ameaçavam a segurança das famílias decentes.

Nina Rodrigues escrevia em 1906: "No Brasil, na Bahia (as religiões negras), são consideradas práticas de feitiçarias, sem proteção das leis, condenadas pela religião dominante e pelo desprezo, muitas vezes apenas aparente, é verdade, das classes influentes que, apesar de tudo, as temem. Durante a escravidão, não há ainda vinte anos portanto, sofriam elas todas as violências por parte dos senhores de escravos, de todo prepotentes, entregues os negros, nas fazendas e plantações, à jurisdição e ao arbítrio quase ilimitados de administradores, de feitores tão brutais e cruéis quanto ignorantes.

Hoje, cessada a escravidão, passaram elas à prepotência e ao arbítrio da polícia não mais esclarecida do que os antigos senhores e aos reclamos da opinião pública que, pretendendo fazer de espírito forte e culto, revela a toda hora a mais supina ignorância do fenômeno sociológico" (1978: 238).

O material coletado por Nina Rodrigues mostra que as batidas policiais eram exibidas pelos jornais, com todo estardalhaço. Tal situação perdurou, com altos e baixos, com fases de calmaria – sobretudo quando certos políticos descobriram a utilidade dos terreiros para fins eleitoreiros – e fases de cruel repressão.

No Rio de Janeiro, a situação não era melhor.

Não dispomos de informações acerca da existência de terreiros de candomblé na capital federal antes do último quarto do século XIX. Naquela época, um lugar parece ter desempenhado um papel privilegiado para a criação e posterior expansão do candomblé no Rio de Janeiro. É a *Pedra do Sal*, situada no Morro da Conceição, portanto, mais uma vez, bem no centro da cidade.

Os bairros da zona portuária constituíam pólo de atração para os africanos recém-chegados, como também para os escravos libertos que abandonavam as plantações de cana e de café do Estado do Rio para tentar a sorte na capital federal. O que provavelmente funcionou como catalisador foi o estabelecimento, no bairro da Saúde, e precisamente no Morro da Conceição, de importante núcleo de famílias baianas. A contribuição genuinamente baiana parece ter sido decisiva, não só para a expansão do candomblé como para o desenvolvimento daquilo que se tornaria sinônimo do Rio de Janeiro: o samba.

Afirmava H. Vianna que "o samba nasceu na Bahia mas se criou no Rio de Janeiro. Foi levado pelos baianos que para lá se mudaram em fins do século XIX. Gente nossa [...] indo para o Rio, carregou consigo o costume de sambar e bater candomblé" (1973: 53).

Sodré descreve o processo mais especificamente: "Famílias baianas, desde as últimas décadas do século XIX, habitavam o bairro da Saúde, espalhando-se mais tarde pela zona chamada Cidade Nova, com ramificações no Mata-Cavalos (Riachuelo) e Lapa. Naquela região, famosos chefes de cultos (ialorixás, babalorixás, babalaôs) conhecidos como *tios e tias*, promoviam encontros de danças (samba), à parte dos rituais religiosos (candomblé)" (1979: 19). Os primeiros ranchos do Rio desceram do Morro da Conceição, a famosa Tia Ciata em cuja casa da Praça Onze se deu o nascimento oficial do samba carioca, era mulata, e *tia* de candomblé.

Verdade é que o samba gozava então de péssima reputação. Era coisa de marginal. Os nomes das ruas e dos bairros evocados por Sodré são todos eles associados, na memória carioca, a coisas pouco recomendáveis. O mesmo estigma acompanhava o candomblé.

Nesse ponto, dispomos do testemunho de um contemporâneo, jornalista, que escreveu no início deste século uma série de reportagens sobre as religiões do Rio. As cerimônias que descreve, as palavras que anota, mostram tratar-se claramente de candomblés de rito nagô. Mas João do Rio não parece preocupar-se com eventuais pormenores de precisão histórica. As informações que oferece são, no entanto, relevantes. Mais nítido ainda é o retrato, que involuntariamente nos fornece, da atitude dos setores cultos da sociedade da capital da República, no início do século XX: "Os transeuntes honestos, que passeiam na rua com indiferença, não imaginaram sequer cenas de Salpêtrière africana passadas por trás das rótulas sujas. [...] As Yauô são as demoníacas e as grandes farsistas da raça preta, as obcecadas e as delirantes. A história de cada uma delas, quando não é uma sinistra pantomima de álcool e mancebia, é um tecido de fatos cruéis, anormais, inéditos, feitos de invisível, de sangue e de morte. Nas yauô está a base do culto africano" (JOÃO DO RIO, 1951: 24).

João do Rio fala em cinqüenta sacerdotisas, e o dobro, talvez, de sacerdotes, mas parece confundir babalorixás e babalaôs, que ocupam no entanto cargos bem distintos. Descreve as técnicas de adivinhação, retrata diversas cerimônias, e mostra ter alcançado, apesar de toda sua repulsa, grau razoável de conhecimento das "práticas fetichistas".

As casas de santo que descreve em suas reportagens são todas situadas no centro da cidade do Rio de Janeiro: Rua da Alfândega, Rua do Hospício, da Conceição, dos Andradas – onde morava famoso "feiticeiro" que tinha suas entradas nos palacetes de Botafogo e da Tijuca – e rua Senhor dos Passos. Casas havia, perto da "praia de Santa Luzia" e na rua do Rezende, que se dedicavam ao culto dos antepassados (*Egun*). Toda a zona portuária congregava também inúmeras "casas de feitiçarias".

Não possuímos informações precisas acerca da evolução ulterior desses terreiros. Tudo deixa supor que foram aos poucos misturando-se com outras tradições, em que predominava o elemento banto, dando origem à nova variedade, à macumba urbana, já bem diferente das tradições nagô.

Por volta dos anos trinta, nova leva de baianos chegou ao Rio de Janeiro. Muitas vezes eram sacerdotes que, fugindo de mais uma perseguição, vinham fundar novas casas, desta vez nos subúrbios da Capital da República. Na década seguinte, aumenta consideravelmente o número de nordestinos, que acabam instalando-se nas zonas limítrofes do então Distrito Federal. Inicia-se a grande fase de povoamento da Baixada Fluminense. Multiplicam-se os templos dos mais variados cultos, de umbanda a maioria.

Há também casas de candomblé, fundadas algumas por eminentes figuras de tradições baianas. Hoje, deram vários rebentos, mas o seu número total não parece exceder uma centena, falando-se apenas das casas que pretendem manter a ortodoxia da nação Kêto. O seu *status*, em relação aos demais templos de origem afro-brasileira, é extremamente elevado. Ainda hoje, os candomblés do Grande Rio são avaliados em relação à filiação, real ou pretendida, com as casas tradicionais da Bahia[13].

Na sociedade global, seu *status* permanece marginal, como marginal é a própria localização. Parece que a única modalidade de reconhecimento, aceita por todos, ainda passa pela folclorização.

Nos restaurantes de Salvador, os turistas têm de assistir, regularmente, a um espetáculo de "candomblé estilizado" [sic]. No Rio, a "criação do mundo segundo os Nagô" foi tema de samba-enredo da Beija-Flor, e nos anos 70 tornou-se rotineiro ver figuras inspiradas no candomblé desfilarem em meio aos demais destaques[14].

---

13. Pesquisadora nossa conhecida, que passou anos entrevistando pais e mães-de-santo do Estado do Rio, assegura que Mãe Menininha deveria viver mais noventa anos, para dar conta da iniciação de todos aqueles que pretendem ter sido "feitos" por sua mão.

14. Na mesma época, a utilização do tema Círio de Nazaré para o enredo de determinada Escola de Samba provocou a ira das autoridades eclesiásticas, revoltadas pela falta de respeito a uma festa religiosa católica. Os altos dignitários da religião nagô também acham que colocar figuras de orixás na Marquês de Sapucaí é falta de respeito. Mas, onde está a imprensa, para publicar, com o mesmo destaque, as suas preocupações?

Mas a folclorização do candomblé não ocorreu apenas no nível dos costumes. Até pouco tempo atrás, era sancionada pela lei. No Estado da Bahia, a Lei n. 3.097, de 29/12/72, incluía as casas de culto na denominação de "sociedades afro-brasileiras organizadas para atos folclóricos", e regulamentava os detalhes do necessário registro policial. Este trecho foi suprimido em janeiro de 1976, pelo Decreto n. 25.095 que declara excluir da lei acima "as sociedades que pratiquem o culto afro-brasileiro como forma exterior da religião que professam, que assim podem exercitar o seu culto, independentemente de registro, pagamento de taxa e obtenção de licença junto a autoridades policiais".

No estado de Pernambuco, lei semelhante foi promulgada em junho de 1978. No Recife, embora sem o prestígio da Bahia, são inúmeras as casas de santo, lá chamadas de "terreiros de Xangô". Começaram, ao que tudo indica, por volta do meio do século XIX. Como na Bahia, o primeiro templo de que se tem notícia surgiu no centro da cidade, no Pátio do Terço (MOTTA, 1980). Lá também, foram alvo de perseguições constantes, a tal ponto que foi saudada com gratidão a iniciativa de Ulysses Pernambucano, que conseguiu, em meio dos anos trinta, uma "solução conciliatória".

Antes de receberem a licença de funcionamento da Secretaria de Segurança Pública, os terreiros teriam de inscrever-se no Serviço de Higiene Mental de Assistência a Psicopatas [sic]. Ser enquadrado como psicopata, pelo visto, ainda era melhor do que ser tratado como marginal. Por isso se pode intuir o *status* real dos terreiros de Xangô em Recife nos anos trinta. A iniciativa do ilustre psiquiatra pernambucano não teve um efeito dos mais felizes. Com o advento do Estado Novo, recomeçaram as perseguições, desta vez matizadas de acusações de cunho político. René Ribeiro (1978) data de 1937 a última das grandes perseguições no Recife[15].

---

15. Algo parecido deve ter acontecido na Bahia, conforme se pode inferir do testemunho de Ruth Landes (1947).

No Rio de Janeiro, até onde pudemos verificar, não parece haver decreto estadual garantindo especificamente o livre exercício das religiões de origem africana. Os templos inscrevem-se junto a uma das diversas confederações de cultos umbandistas [sic] que existem no Rio, e essas agremiações encarregam-se de providenciar o respectivo alvará. Ainda falta, no Rio, um movimento de opinião semelhante àquele que congregou intelectuais e políticos, na Bahia e em Pernambuco[16].

Sem dúvida, o *status* ambíguo de que desfrutam as religiões de origem africana provém de um problema mais amplo. Na perspectiva teórica que orienta o presente trabalho, a etnologia foi definida como tentativa de conhecer o Outro. Para conhecer o Outro externo, é preciso, antes de mais nada, integrar a alteridade que cada um carrega dentro de si.

No caso da memória brasileira, aceitar a presença, dentro de si, do português, do imigrante europeu, do índio dizimado, do negro escravo, é reconhecer que se é ao mesmo tempo explorador e explorado, carrasco e vítima, rico e miserável, justo e injusto. Isto não é fácil como a evolução dos estudos antropológicos ainda vai mostrar.

Os estudos antropológicos

Antes de Raimundo Nina Rodrigues (1862-1906) só temos relatos de viajantes preocupados com aspectos "pitorescos". Pode-se dizer que os estudos de antropologia cultural, na área que nos interessam, começam com ele. Nascido no Maranhão, fixa-se na Bahia. Médico e Catedrático de Medicina Legal da Universidade da Bahia, publicou numerosos artigos sobre sua especialidade. Seu primeiro livro, redigido em português em 1896, acaba sendo publicado em francês. É *L'Animisme fètischiste des nègres de Bahia* (1900). Nina Rodrigues trabalhava na obra monumental *O problema da raça negra na América Portuguesa*, quando morreu de repente, em Paris,

---

16. Basta esclarecer que objetos antigos de cultos fazem parte, ainda hoje, do Museu da Polícia.

aos 44 anos. Fragmentos desse trabalho foram mais tarde, em 1931, organizados em publicação, sob o título de *Os africanos no Brasil*.

Ambas as obras constituem soma de observações e informações que ainda hoje são válidas. Recolheu importante material etnográfico. Lutou constantemente para que a liberdade religiosa fosse assegurada aos "africanos", por reconhecer tratar-se de verdadeira religião, e não feitiçaria vulgar. Suas brilhantes descrições, no entanto, vêm precedidas desta advertência:

"A raça negra no Brasil, por maiores que tenham sido os seus incontestáveis serviços à nossa civilização, por mais justificadas que sejam as simpatias de que a cercou o revoltante abuso da escravidão, por maiores que se revelem os generosos exageros dos seus turiferários, há de constituir sempre um dos fatores da nossa inferioridade como povo" (1978: 7). Para Nina Rodrigues, a investigação das culturas negras atende precipuamente à necessidade de saber exatamente que tipo de cidadãos são esses, para limitar os estragos, por assim dizer.

Erudito, cita constantemente os autores europeus. Admira Tylor. Faz freqüentes referências a Lang e Frazer. Exulta ao descobrir os escritos de Ellis sobre os Ioruba, pois encontra neles, palavra por palavra, os mitos que ele próprio recolheu da boca dos velhos Nagô da Bahia.

No tocante aos aspectos psicológicos do comportamento ritual, não vacila em interpretar a possessão como "estado de sonambulismo provocado, com cisão e substituição da personalidade" (1900: 81). Julga que é algo parecido com histeria, e recebe elogios, por isso, em Roma e Paris.

Não podemos esquecer que, na mesma época, Le Bon aplica o modelo patológico ao comportamento social, e fala em "histeria das multidões". Não tem sentido criticar Nina Rodrigues pelo patologismo e pelo evolucionismo, que é a marca de todos os autores da época. Lendo hoje os seus trabalhos, ficamos impressionados pela acuidade das observações e a seriedade da postura.

Manoel Querino (1851-1932) é, sob todos os aspectos, o oposto de Nina Rodrigues. É negro e pobre. Nascido em Santo Amaro da Purificação, órfão desde pequeno, tem a sorte de ser criado por um professor da Escola Normal, que lhe ensina o básico. Trabalha como pintor e decorador, e estuda sozinho. Ajuda a fundar a Escola de Belas Artes da Bahia, bem como o Liceu de Artes e Ofícios. Engaja-se na campanha abolicionista, e, em seguida, milita entre os republicanos. Participa ativamente da vida política de Salvador, defendendo os humildes, os artesãos, os operários, de tal maneira que acaba sendo aposentado sumariamente.

Seus livros demonstram o empenho em reatar as artes da Bahia, desde as Belas-Artes até a arte culinária, mas se dedicam sobretudo a defender os homens de cor, sublinhando a importância da contribuição dos negros e mulatos na cultura brasileira. Parte dos seus ensaios, reunidos em 1938 sob o título de *Costumes africanos no Brasil*, incluem vários capítulos sobre o que chama o "culto feiticista".

Suas observações completam e corroboram as de Nina Rodrigues (pelo que nutre pouca simpatia). Não há dúvida de que, por ser descendente de africanos, o acesso aos mistérios lhe foi mais fácil do que ao médico branco e rico. Querino consegue inclusive tirar retrato fotográfico de "candomblezeiros" e de santuários.

Quando tenta explicar as coisas que viu, no entanto, mostra-se legítimo representante do fim do século XIX. Atribui a crença religiosa à auto-sugestão. A respeito do transe ritual, escreve textualmente: "Tanto quanto nos permite a penetração nesses segredos, essa exaltação de sentidos é o resultado de uma idéia fixa determinada pela conversação sobre a espécie com pessoas entendidas, ou por ter assistido aos atos feiticistas; tudo isso a influir no temperamento nervoso, auxiliado pelo histerismo, desde que esse fenômeno é peculiar ao sexo feminino, sempre impressionável" (1955: 73). Como se vê, em Querino, a inferioridade natural da mulher justifica aquilo que Nina Rodrigues explicava pela inferioridade natural do negro. Mudam-se os termos, mas o racismo permanece[17].

A segunda geração de antropólogos é denominada pela personalidade de Arthur Ramos (1903-1949). Baiano como Querino, médico como Nina Rodrigues, dedica-se ao estudo da antropologia e da psicologia social. Médico legista do Instituto Nina Rodrigues – a filiação é patente – entrega-se cada vez mais à pesquisa e acaba professor de Antropologia na então Universidade do Brasil, no Rio. Como seu patrono ainda, morre cedo demais em Paris, onde participava dos trabalhos da Unesco. Interessava-se por todas as etnias que formaram o Brasil, mas, do ponto de vista de culturas negras, publicou especificamente *O negro brasileiro* (1934), *O folclore negro no Brasil* (1935) e *Introdução à antropologia brasileira*. São antes de mais nada obras de erudição, que buscam comparar estudos realizados no Brasil com os trabalhos dos africanistas.

Nos dois primeiros livros, Arthur Ramos introduz novo ângulo interpretativo. Entregando-se à sedução da mitologia comparada e da psicanálise, interpreta uma série de mitos nigerianos pelo modelo freudiano. Mais tarde, ele próprio reconheceu que tinha escrito coisas melhores. Quando redigiu o livro sobre as *Culturas negras*, que constitui o segundo volume da *Introdução à antropologia brasileira*, cuidou de omitir qualquer referência a esse tipo de interpretação.

O uso do modelo psicanalítico parece inscrever-se na mesma linha do evolucionismo de Nina Rodrigues. Em ambos os casos, a cultura dos pensadores europeus é tomada como referência, e a cultura brasileira lhes é comparada. A cultura estrangeira é considerada como estado ideal, e seus sistemas são vistos como modelo absoluto da ciência.

A interpretação psicanalítica dos mitos é corolária da dificuldade em reconhecer os valores específicos das religiões de

---

17. Utilizamos aqui o conceito de racismo, no sentido lato, ou seja, de "valorização, generalizada e definitiva, de diferenças, reais ou imaginárias", geralmente fundamentadas em critérios biológicos, que têm por objetivo justificar e manter o poder de um grupo sobre outro. Ver MEMMI, A. In: TORT & DESALMAND, *Sciencies humaines et philosophie en Afrique*. Paris: Hatier, 1978, p. 172-174.

origem africana. Quarenta anos após Nina Rodrigues, Ramos pensa que o transe não revela necessariamente a personalidade histeróide, mas pode manifestar-se em pessoas que apresentam outros tipos de neuroses. De qualquer maneira, permanece o referencial patológico.

O grande mérito de Arthur Ramos é, sobretudo, ter introduzido a antropologia moderna, e despertado o interesse de nova geração de pesquisadores. Pouco antes da guerra, de 1934 a 1938, importantes congressos são realizados em Recife e Salvador, que mostram a importância da contribuição negra na cultura brasileira.

São seus discípulos Edison Carneiro, na Bahia, Gonçalves Fernandes, em Recife, que elaboram as primeiras monografias completas sobre a vida de comunidades religiosas afro-brasileiras.

Chega então Melville J. Herskovits, interessado em tudo quanto é culto africano nas Américas. Estudou a história dos "Antigos Reinos da África Ocidental". Conhece Cuba e a *santeria*. Logo mais, vai dedicar-se ao vodu haitiano, e às comunidades negras das Guianas. Passa alguns meses na Bahia, e, junto, com sua esposa, recolhe material original. O mais importante, contudo, é que introduz aqui o funcionalismo. Mostra que todos os ritos, os detalhes do culto, têm sua razão de ser em relação ao sistema total do grupo que os efetua, e que, por conseguinte, só podem ser explicados mediante o confronto com o conjunto dos significados culturais. Afirma que o transe ritual, por ser institucional, é um fenômeno normal. Trata-se de culto organizado, em vez da patologia individual.

Herskovits passou poucos meses no Brasil, mas sua herança foi considerável. Não somente mostrou a vacuidade das interpretações que, no candomblé, só viam o transe, reduzido a um estado patológico, mas também chamou a atenção dos pesquisadores para outros aspectos da cultura de origem africana, tais como organização social, infra-estrutura econômica das comunidades.

Os trabalhos realizados, nessa perspectiva, por Octavio da Costa Eduardo, no Maranhão, ou por René Ribeiro, no Recife, evidenciam a importância dessa nova orientação. Pode-se pensar, no entanto, que a contribuição funcionalista introduzida por Herskovits não era senão para substituir modelos europeus ultrapassados pelo sistema euro-americano, então no furor da moda. É esta a opinião de Bastide que julga ter sido a introdução do funcionalismo mais um avatar da "sociologia consular", reformando a expressão cunhada por Guerreiro Ramos. Ainda falta muito para "que os negros tomem consciência da necessidade de criarem eles próprios uma ciência afro-brasileira, baseada em suas próprias experiências, e rejeitem apelos para teorias exógenas que falsificam o verdadeiro significado dos fenômenos" (1975: 6).

Na mesma época em que são desenvolvidas pesquisas inspiradas por Herskovits, um antropólogo maranhense redige, em 1942, monografia dedicada às sobrevivências Gege no Brasil. Além do seu valor intrínseco, *A Casa das Minas* constitui o primeiro testemunho de observador que pertença à cultura objeto de estudo. Nunes Pereira é mestiço, e sua mãe era sacerdotisa em templo vodu de São Luís do Maranhão. Ele é o primeiro a dar testemunho de uma verdade interior, que pertence ao seu patrimônio pessoal:

"Na minha meninice abri olhos inquietos e maravilhados para as danças e as cerimônias religiosas desenrolando-se no tradicional terreiro da *Casa Grande das Minas*, e meus ouvidos, rudes e frágeis – como conchas bivalvas à margem do Oceano –, ressoaram com as vozes dos tambores e das gargantas enchendo as noites de melodias e frases que nenhuma boca humana pode conspurcar" (1947: 16). Suas dúvidas de adolescente serão expressas em relação à religião Gege. Aprofundar-se-á nos mistérios do culto, com sua mãe e sua tia. Consagrado, desde pequeno, a Badé – da família de Keviosso, o equivalente Gege de Xangô –, é-lhe difícil levar a sério as interpretações euro-americanas. Nega que haja sincretismo com os santos católicos[18]. Tenta definir a natureza específica das divindades do panteão vodu, e propõe a resposta que, certo dia,

---

18. Foi criticado por Arthur Ramos por isso, o que bem ilustra o valor atribuído às teorias exógenas. O cientista que conhece a bibliografia contesta a validade das colocações do sábio que vive o culto concreto.

recebeu de Mãe Andresa Maria, a sumo-sacerdotisa: "Só os *voduns* sabem se eles são *voduns*" (1947: 32).

O exemplo de Nunes Pereira, no entanto, permanece isolado durante decênios. É preciso chegar aos anos sessenta, para encontrar novamente observadores que se situam no plano da fé, e descrevem as religiões de origem africana a partir da experiência pessoal.

Os principais trabalhos da escola de Arthur Ramos e da de Herskovits foram publicados entre 1940 e 1955. Permitem melhor informação sobre as diversas variedades do culto. Nenhuma monografia, no entanto, contribui para a maior compreensão da religião. A renovação aparece com dois pesquisadores franceses, Pierre Verger e Roger Bastide.

Bastide (1898-1974) já era professor de sociologia na Universidade de São Paulo quando entrou pessoalmente em contato com o mundo dos candomblés. Suas pesquisas, realizadas de 1944 a 1953, foram sintetizadas em três grandes trabalhos: *Estudos afro-brasileiros* (1953), que reúnem as monografias publicadas ao longo daqueles anos; *Le candomblé de Bahia – rite nagô* (1948), que foi a "pequena tese" de seu doutorado, e a tese monumental, *Les religions africaines au Brésil* (1960), que situa tais religiões nas perspectivas histórica e sociológica globais. Por ser exaustiva, essa última obra constitui, ainda hoje, a iniciação imprescindível do pesquisador.

No que diz respeito ao candomblé nagô, Bastide procura decifrar a mensagem essencial, através da descrição das comunidades de Salvador. Sensível de imediato à sutileza e à complexidade do pensamento nagô, pressente uma epistemologia original, que os autores clássicos não haviam conseguido – ou não podiam – identificar. Antes de visitar a Bahia, já lera tais autores, e, no entanto, nada lhe parecia fiel à realidade. Eles haviam captado a forma, não o espírito. "Se eram verídicas quanto ao que afirmavam, silenciavam estranhamente sobre aquilo que logo me pareceu essencial" (1973: XII).

Em vez de utilizar todos os recursos oferecidos pelo racionalismo francês para defender-se contra a "inquietante estranheza", Bastide não hesita em confessar seu fascínio pelo Outro, esse estranho fraterno que vive também dentro dele: "Posso, por conseguinte, dizer no princípio desta tese, *africanus sum*, na medida em que fui aceito por uma dessas seitas religiosas, considerado por ela como um irmão na fé, com os mesmos deveres e os mesmos privilégios que os outros do mesmo grau" (1971: 44).

Bastide procura a compreensão interna dos fenômenos. Embora seja pormenorizada, sua monografia não alcança, contudo, a totalidade do saber iniciático. Ele mesmo, com humildade, reconhece isso. Entre a descrição modesta de um fragmento de realidade e o risco de ceder às generalizações "brilhantes" que se fundamentam em reinterpretações européias, Bastide escolhe a primeira solução.

Tal atitude, além de expressar honestidade intelectual e respeito pela realidade, é corajosa para o pesquisador principiante. Tem-se freqüentemente a impressão, ao percorrer as monografias que falam do candomblé, que tudo já foi dito. Bastide no entanto adverte que "em verdade, até hoje só se descreveram os aspectos externos, a verdadeira investigação está apenas começando, e quase tudo está por fazer e por dizer" (1973: XII). Essas palavras, escritas pouco tempo antes de Bastide falecer, são para nós como que um testamento.

Por sua vez, Pierre Verger divide seu tempo entre a Bahia e a antiga Costa dos Escravos, repetindo o intercâmbio que descreve no admirável *Flux et reflux de la traite des nègres entre le Golfe du Bénin et Bahia de Todos os Santos* (1968). É ele o historiador das trocas entre o Brasil e aquela região africana, intercâmbio de homens, de mercadorias, de línguas e de deuses.

As poucas monografias que publicou sobre mitos e ritos são preciosas. O álbum *Dieux d'Afrique* (1954) mostrou a fidelidade baiana às fontes africanas. O artigo que publicou em 1955, sobre o *Bóri*, primeira cerimônia de iniciação no candomblé, é até hoje único no gênero.

Verger é detentor de alto cargo num dos grandes templos da Bahia, e afirma abertamente tratar-se de uma escolha existencial. Basta ler sua comunicação *Les religions traditionelles africaines sont-elles compatibles avec les formes actuelles de l'existence?*, apresentada nos colóquios de Bouaké, em 1964. Discutindo com um dos participantes, que fazia absoluta questão de comparar (mais uma vez!) a histeria ocidental com a possessão africana, Verger encerrou o debate com palavras definitivas: "No terreno da histeria, não o posso acompanhar, eu não sou médico, sou fetichista!" (1965: 108).

Percorremos longo caminho desde Nina Rodrigues. A descrição de estranheza acaba esclarecendo o mundo dos valores do observador, em vez do observado. Somente a visão *de dentro para fora* pode garantir a compreensão.

Quando Herskovits comentava, em *Man and his works*, como é difícil para o antropólogo estrangeiro aprender os valores profundos de uma cultura, julgava que a única solução correta fosse formar antropólogos dentro da cultura em questão. Os membros de cada grupo cultural são os únicos capacitados a alcançar os mais profundos valores, sem correr o risco da adulteração. Os estudos sobre comunicação nagô entraram recentemente em nova fase, graças aos trabalhos de Deoscóredes Maximiliano dos Santos e de sua esposa, Juana Elbein dos Santos.

D.M. dos Santos, mais conhecido na Bahia pelo apelido de Mestre Didi, pertence às antigas linhagens de Oyo e Kêto. É descendente de Marcelina da Silva, que foi a segunda mãe-de-santo do templo Ilê Iyá Nassô. Sua mãe, Senhora, foi, em vida, a líder inconteste dos candomblés de Salvador. Iniciado desde os oito anos de idade no culto dos Egun, entronizado aos quinze anos como sacerdote de Obaluaê, guardião da Casa de Ossaim, está profundamente convencido da necessidade de preservar as tradições nagô.

Trabalhando primeiro como artesão, preparando os objetos do culto e, particularmente, os emblemas dos deuses, Mestre Didi desenvolveu uma técnica original de escultura, que recria a partir das estruturas tradicionais. Publicou vários livros, *Contos negros da Bahia* (1961), *Contos de Nagô (1963)* e *Contos crioulos da Bahia* (1976), que reproduzem o estilo eminentemente oral dos contos e das lendas nagôs. A maior parte desses contos não são meras estórias recreativas, mas sim fragmentos de textos oraculares (*Itan Ifá*) que resumem os mitos ligados a cada uma das configurações do sistema divinatório. Vários mitos que serão citados mais adiante provêm desses textos. Mestre Didi publicou também a preciosa monografia *Axé Opô Afonjá* (1962), que retrata a história dessa casa e descreve os principais rituais.

D.M. dos Santos não procura interpretar o material. Transcreve apenas as tradições do seu povo. É J.E. dos Santos, sua esposa, que se vem dedicando à sistematização da visão nagô do mundo. De origem argentina, estudou primeiro a medicina, passando em seguida à psicanálise. Mas abandonou completamente esse rumo, para dedicar-se à antropologia, sancionada pela tese de doutorado de 1972, sobre *Os Nàgô e a Morte*. Discípula de Bastide, J.E. dos Santos procura antes de mais nada desvendar uma realidade simbólica original. Em que pesem as controvérsias que saudaram a publicação de sua tese, em 1976, não há dúvida de que abriu nova era de pesquisa. Seu enfoque sistêmico, a importância que dá à simbólica das cores e à dinâmica total do conjunto, abrem fecundas perspectivas para a investigação.

Agora, no início dos anos oitenta, observa-se uma intensificação do interesse pelo mundo do candomblé. O pintor Carybé, possuidor de alto cargo no Axé Opô Afonjá, publica sua monumental *Iconografia dos deuses africanos no candomblé da Bahia* (1980) enriquecida ainda por dois textos informativos, da autoria de Waldeloir Rego e Pierre Verger, respectivamente. Em 1981, o mesmo Verger apresenta uma versão totalmente nova, quanto ao texto, do seu antigo álbum *Dieux d'Afrique*, intitulado *Orixás – deuses iorubás na África e no novo mundo*. No mesmo ano, vem a lume coletânea de artigos há muito tempo esgotados de Bastide, Verger, Costa Lima, Santos, junto com os trabalhos de pesquisadores novos, sob o título de *Olóòriṣa – Escritos sobre a religião dos orixás* (1981).

Esse súbito interesse editorial parece corolário de movimento mais amplo, iniciado na década precedente, que visa a recuperar a memória negra brasileira.

Opondo-se frontalmente à ideologia oficial ainda vigente, conforme a qual o Brasil apresentaria um modelo quase idílico de democracia racial, esse movimento propõe avaliar o papel real do negro na história do país. Multiplicam-se os trabalhos sobre escravidão e abolição (QUEIRÓS, 1977, GAMA LIMA, 1981, *Revista Vozes,* 1979), quilombos e rebeliões (MOURA, 1972 e 1981, FREITAS, 1978), e marginalização contemporânea do negro (NASCIMENTO, 1980). Nessa perspectiva, os terreiros deixam de ser enfocados exclusivamente como palcos de fenômenos religiosos e passam a ser vistos como focos de resistência cultural. O enfoque sociológico e ideológico de tais estudos é, portanto, evidente.

O presente trabalho, como foi dito, atende a outro tipo de interesse, ou seja, tenta apreender visão de si e do mundo das pessoas que vivem em comunidades nagô. Como psicólogos que somos, vamos enfocar exclusivamente o indivíduo. Não esquecemos, porém, que as pessoas reais com quem lidamos estão inseridas na sociedade global, e seus conflitos internos não podem deixar de expressar, também, as tensões de todo o sistema social. Deste modo, embora o nosso ofício requeira que privilegiemos o psicólogo, a realidade histórica e sociológica estará sempre atuante na urdidura de nosso discurso.

3

ESTRUTURA E DINÂMICA DO MUNDO

Do complexo sistema da religião nagô, conservada e reinterpretada em solo brasileiro, vamos reter e expor apenas aquilo que nos pareceu essencial para compreender a dinâmica da integração entre o indivíduo e a transcendência. Serão particularmente enfocadas as idéias a respeito da estrutura da personalidade, do microcosmo condensando toda a imagem do universo, e do jogo das forças que animam o sistema. Desse ponto de vista, o ritual será descrito em relação à sua função de manutenção e ampliação do sistema global, e, particularmente, os ritos que cercam o indivíduo, assegurando o desempenho do seu papel como elemento integrante da representação mítica.

A forma do homem e do mundo

Na religião nagô, o universo é ao mesmo tempo sagrado e concreto. Compõe-se de dois mundos, *orun* e *aiê*, mundo sobrenatural e mundo físico. Traduzir esses conceitos é difícil[1].

---

1. Procurei transcrever as palavras de origem ioruba, seguindo a grafia mais usual. Ao citar os diversos autores, é óbvio que respeitarei a grafia de cada um. Não vejo sentido em usar a grafia oficial da língua ioruba, por ser a mesma pouco praticada pelos filhos e filhas-de-santo. Lembramos que, nos tempos em que a missa era rezada em latim, os devotos sabiam de cor toda a liturgia, mas isso não os capacitavam a falar latim, nem sequer, muitas vezes, a traduzir corretamente o que cantavam. Do mesmo modo, os fiéis cantam em ioruba, mas sabem apenas vagamente de que se trata. Somente altos dignitários e mães-de-santo de grandes casas tradicionais dominam a língua. Os demais usam termos específicos que se incorporam no falar cotidiano.
É nesse mesmo nível da fala comum a todos que me situarei. Em todo caso, o leitor poderá com grande proveito consultar o *Dicionário de Cultos Afro-brasileiros* (1977), fruto de uma extensa pesquisa de campo, realizada durante quatro anos por Olga Gudolle Cacciatore.

Na Nigéria, os missionários costumam traduzir *orum* por céu, e *aiê* por terra, mas a equivalência é muito aproximativa.

Aiê é o mundo físico, concreto, a vida de todos os seres que povoam a terra. Os escravos falavam da África como sendo *Ilú aiê*, a "terra da vida". Aiê será, portanto, traduzido aqui, daí para diante, como "terra" ou "vida terrestre".

Orun é todo o resto, o mundo sobrenatural, que inclui a terra, envolvendo-a. Será traduzido, de modo aproximado, por "além", ou "outro mundo".

Segundo alguns autores, o outro mundo é constituído por nove espaços superpostos, unidos por uma coluna central, ou por uma corrente. Quatro espaços estariam situados acima da terra, quatro abaixo, e o do meio incluiria a vida terrestre no seu bojo. O que importa saber, sobretudo, é que tudo o que existe no mundo concreto, existe também no além. O mundo concreto é a manifestação física do outro mundo. Os deuses participam da vida na terra, os sacrifícios levam-lhes os pedidos dos homens. Os mortos são filhos da terra mas se transformam em manes e voltam para aconselhar os seus descendentes.

É constante o vaivém entre a terra e o além. São mais do que espaços, são dimensões da existência, que se completam e se interpenetram. Dizem os mitos que, antigamente, nem sequer estavam separados. A cisão entre este mundo e o outro foi provocada pela transgressão de determinada proibição.

Contam os mitos a história de um homem que trabalhava no campo[2]. Seus domínios eram limítrofes da terra e do céu. A mulher dele não podia conceber filhos, mas tanto implorou Oxalá, o deus da criação dos homens, que acabou ganhando. Foi-lhe dado conceber um menino, à condição que este jamais ultrapassasse os limites da terra.

À medida que ia crescendo, o menino insistia junto ao pai para ir com ele no campo, mas o pai se fazia de surdo. O rapaz acabou fazendo um furinho no saco que o pai levava cada dia,

---

2. Ver o detalhe desse mito em SANTOS, J.E., 1976: 55.

colocou cinzas e, no dia seguinte, só teve o trabalho de seguir o rastro de cinzas para encontrar o caminho do outro mundo.

Ultrapassou os limites, percorrendo os demais espaços, gritando e desafiando os deuses. Oxalá, irritado, jogou seu cajado que, atravessando os nove espaços, veio cravar-se na terra, separando-a para sempre do mundo dos deuses.

O hálito de Olorum, o deus supremo, preencheu o espaço vazio, formando a atmosfera. É, portanto, o sopro de Deus que une os dois mundos. Todos os ritos, desde a fundação do templo até a iniciação individual, todas as celebrações objetivam manter e ampliar a comunicação entre este mundo e o outro, assegurar a passagem das mensagens de um para o outro, aumentar as trocas, enfim, instaurar e desenvolver o numinoso. Isso se faz pela condensação e distribuição de energia, da força sagrada (*axé*) presente em todos os seres.

Somente os deuses possuem todos os poderes. Olorum, como seu nome indica, é o dono do outro mundo (*oló orun*: senhor do *orun*), senhor da existência (*iwa*), da força sagrada (*axé*) e da permanência (*abá*)[3].

As divindades contemporâneas dos tempos primordiais são inúmeras. São invocadas em todos os momentos do ritual, como os "quatrocentos deuses" (*irunmalé*) e os "duzentos deuses" (*igbamalé*). Não é bem um recenseamento, é antes um modo de dizer que são inúmeros. No Brasil, salvo Olorum, de quem se fala muito pouco, todas as divindades são indistintamente chamadas de orixás[4]. Conforme os autores, seu número varia, mas hoje o panteão parece geralmente reduzido a 16 grandes deuses. No entanto, esse número está longe de representar uma referência absoluta. As divindades mudam conforme as comunidades. Deste modo, o que se observa no campo nem sempre coincide com as informações dos autores. Mais de uma vez pudemos verificar que determinado orixá, tido ge-

---

3. Ou, melhor dizendo, com Moraes Moreira, em *Pensamento Iorubá*: "Para tudo ser tem que ter iwá / para vir a ser tem que ter axé / para o sempre ser tem que ter abá".
4. Para os diversos conceitos de divindades, *imolé, eborá, orişá*, consultar SANTOS, J.E., 1976.

ralmente como desaparecido no Brasil, ainda era cultuado em certos templos.

É, portanto, difícil fazer um levantamento correto do panteão atual. É, aliás, mais prudente, e mais de acordo com a realidade, falar dos orixás de cada comunidade, em vez de pretender a generalização. Como exemplo disso, segue a lista dos orixás esculpidos por Carybé, no magnífico mural que talvez seja a sua obra-prima: Exu, Ogun, Oxossi, Omulu, Nanã, Iyami Oxorongá, Ibualama, Logunedê, Ossaim, Rôko, Xangô, Baiani, Oxumaré, Oxum, Iansã, Euá, Iemanjá, Onilé, Oxaguiã, Oxalufá, Otin, Obá, Ibeji, Ifá, Orixá Okô e Axabô. Essa enumeração, seguindo a ordem dos painéis, reflete ao mesmo tempo as peculiaridades da casa à qual pertence o artista, bem como sua filiação mítica.

Com efeito, Ibualama e Otim são "qualidades" de Oxossi, de quem Carybé é filho. Baiani e Axabô são orixás da família de Xangô, de quem o artista é ministro (Otun Oba Onãxocum) no Axé Opô Afonjá. É bastante próprio dessa casa, também, o culto de Onilé (o "dono do chão") ou de Orixá Okô, um deus da agricultura. No entanto, há outros orixás, cultuados em São Gonçalo do Retiro, que não constam dessa lista. Na comunicação de informações, ou nas representações estéticas, entram em jogo muitos preceitos. Há "qualidades" de orixás das quais não se pronuncia o nome, mas existem, e são servidas como os demais. A esse respeito, a obra de Carybé apresenta notável exceção, ao retratar a temível Iyami Oxorongá, da qual geralmente se evita falar, de tão poderosa e terrível que é. Imagem da Grande Mãe arcaica, dona dos pássaros da noite, é a padroeira das feiticeiras, e se manifesta em diversas figuras assustadoras[5]. Iyami Oxorongá parece ter concentrado em sua imagem todos os aspectos aterradores do poder feminino. Já tive a oportunidade de ver-lhe o "assento", numa casa da Bahia, mas no Rio de Janeiro jamais ouvi a me-

---

5. Ver a esse respeito Rego (1980) que enumera todas as figuras terríveis em que se transforma Iyami Oxorongá, assim como os meios para dela se proteger.

nor referência, o que, como sabemos, não significa que não seja cultuada também.

No Rio de Janeiro, excetuando-se algumas poucas casas fundadas por grandes figuras da Bahia, e, por isso mesmo, adotando as mesmas peculiaridades de culto, o panteão parece de fato ter-se reduzido.

Além de Exu, que representa como veremos uma categoria *sui géneris*, costumamos encontrar sobretudo: Oxalá, Iemanjá, Ogun, Oxossi, Logunedê, Ossaim, Iroko, Nanã, Omolu, Oxumaré, Xangô, Iansã, Obá, Euá, Ibeji e Ifá. Alguns não se incorporam, é o caso de Ibeji, protetores das crianças. Ifá tampouco se encarna, pois fala exclusivamente através do oráculo. Outros são raros no Rio, como Iroko e Euá.

Oxalá representa o poder genitor masculino. Deus da água fecundante, das origens do mundo, da cor branca (orixá *funfun*), preside a todos os começos. É o deus criador de todos os seres vivos. Os mitos de Oxalá serão descritos mais adiante. Por enquanto, basta assinalar que é a grande figura do Pai.

As divindades femininas são geralmente designadas pelo nome genérico de *Aibás*, ou seja, as Rainhas[6]. O símbolo que lhes corresponde é uma cabaça com um pássaro dentro, representando o ventre fecundado. São as poderosas depositárias dos mistérios da gestação.

As demais divindades masculinas são "descendentes", ou seja, deuses-filhos, como os mitos mostrarão mais adiante. Segundo J.E. dos Santos (1976), as mães e os descendentes seriam considerados como *igbamalé oju Kosi*, divindades do lado esquerdo, isto é, fecundadas, ao passo que Oxalá, o pai, seria o representante dos *irunmalé oju Kotun*, deuses do lado direito, fecundantes.

Em relação aos homens, deuses e deusas desempenham um papel de pais divinos, e são chamados, conforme o sexo,

---

6. Achei mais conveniente usar essa grafia, que corresponde ao mesmo tempo à etimologia ioruba (*Ayaba*: rainha) e ao uso comum nas casas de santo, em vez de escrever *iaba*, como fazem autores, provocando confusões desnecessárias com outros conceitos.

"meu pai" (*Baba mi*) ou "minha mãe" (*Iyá mi*). Cada um deles é o *eledá*, criador de cada indivíduo específico, pois há uma estreita identidade entre a divindade e seu "filho" humano. Com efeito, uma parte de cada ser humano provém da mesma substância de que são feitos os deuses.

"Pegam uma porção de palmeira para criar alguém. Gente assim, criada a partir da palmeira, deverá venerar Ifá quando vir a nascer na terra. Pegam da pedra para criar outro tipo de gente. Quando vier à terra, gente assim deverá venerar Ogun. A tal ponto que Ogun será seu senhor no mundo.

Pegam lodo para criar outro tipo de gente. Gente assim não poderá ser mentirosa, porque *Ogboni, Iyá waa* (nossa mãe ancestral) e *Oro Molé* são seus progenitores e serão seus protetores na terra. Serão seu *Oké Ipori*, sua origem divina.

Pegam água para criar outro tipo de gente, *Osun, Yémónjá, Erinlé, Oya, Aje, Olókun*, e todos, assim por diante, serão seu *Oke Ipori*, seus senhores.

Usam vento para criar outro tipo de gente. Isso fará com que *Oranfé, Sangó, Oyá* ou outros parecidos, serão o *Oké Ipori*, o senhor dessa gente" (SANTOS, D.M. & SANTOS, J.E., 1971: 51-52).

Cada pessoa tem, portanto, uma origem divina, que a liga a uma divindade específica. Essa parte divina é situada dentro da cabeça. Na religião nagô, a cabeça (*ori*) é a parte mais importante da pessoa, é o próprio sítio da individualidade, sua síntese.

A individualidade não reside apenas o interior da cabeça concreta (*ori inu*), ela existe também em nível transcendente, pois, no outro mundo, lhe corresponde um duplo espiritual. Cada aspecto da personalidade – como tudo que vive – existe ao mesmo tempo no plano concreto e no plano espiritual.

O ser humano, ao nascer, propicia a atualização das forças míticas, que vão poder agir concretamente, através dele. A substância de origem divina (*Ipori*) torna manifesta a filiação a um deus específico, o *Eledá*, por isso chamado o "dono da cabeça" (*Olóri*).

Eledá é um princípio coletivo, imagem que representa uma potência, uma força da natureza, um símbolo social, um modelo de comportamento. *Ipori* representa o aspecto pessoal, a manifestação individual dessa potência e desse princípio.

Estabelecendo a junção do individual e do coletivo, a cabeça é o ponto de interseção onde se concentram as forças sagradas e a possibilidade de realização pessoal. Todos os ritos de passagem, desde o primeiro grau da iniciação até a incorporação definitiva entre os filhos dos deuses, apóiam-se no culto da cabeça. Antes mesmo de oferecer um sacrifício aos deuses, é preciso que cada um faça oferenda à sua própria cabeça. Esse sacrifício só será aceito se for levado pelo princípio individual de transformação, ou seja, como se verá mais adiante, pelo Exu pessoal. Exu é o princípio dinâmico que permite estabelecer trocas entre os diversos aspectos do mundo, e, nesse caso específico, entre o coletivo e o individual.

Cada ser no mundo expressa, de modo único, a rede de relações que se estabelecem em volta dele e, a partir dele, entre os diversos níveis da existência. Mundo concreto da vida terrestre e mundo do além organizam-se em torno da individualidade.

O corpo humano em si é microcosmo. Os pés apóiam-se no concreto, no barro de onde saiu para onde voltará, na terra que os antepassados pisaram e à qual retornaram. O pé direito corresponde à herança dos antepassados masculinos, e o pé esquerdo, à herança feminina.

As mãos, direita e esquerda, atuam sobre o mundo e transformam as coisas. A cabeça, que reproduz as quatro dimensões do espaço, contém, na interseção dos pontos cardeais, o centro da individualidade, *ori-inu*, manifestação do duplo sagrado, que provém de substância divina, da qual os próprios deuses são tributários.

A pessoa é, portanto, um feixe de linhas convergentes e divergentes, estrutura que tem papel específico no equilíbrio do mundo. Cabe ao oráculo dizer qual é o papel de cada um, e como deverá ser desempenhado, para o benefício de todos.

O deus que preside à modelação de cada cabeça é ajudado por dezesseis entidades, os *Odu*, que acompanham o seu trabalho. Esses *Odu* são as configurações do oráculo, e participam ativamente à feitura de cada cabeça. São por isso capacitados a dizer, na hora da consulta oracular, que substância foi utilizada para fazer tal cabeça.

Em outras palavras, cada homem tem o dever de saber quem é realmente, quem é seu pai espiritual (*Eledá*), e que afinidades é preciso respeitar, para viver de acordo com sua natureza profunda.

"Ifá dirá qual o deus a quem deves servir, que coisas te são proibidas, que não deves comer, pois não deves comer da mesma substância da qual tua cabeça foi construída, para que não venhas a enlouquecer, suicidar-te ou levar uma vida miserável" (SANTOS, D.M. & SANTOS, J.E., 1971: 53).

A tradição afirma que cada ser humano, no momento em que é criado, escolhe livremente sua cabeça (*ori*), e seu destino (*Odu*). Mas ele vai esquecer tudo isso, na hora do nascimento. Será preciso recorrer ao oráculo, para saber quem ele é e como deve conduzir a sua vida.

Deste modo, o mal provém da ignorância. Os homens não se conformam com aquilo que realmente são, ou ignoram o que são, e, por conseguinte, transgridem as interdições próprias a cada tipo de cabeça. Essas proibições têm por sua vez um caráter profilático, para proteger o indivíduo de seus próprios descuidos.

Tal visão do mundo não parece, portanto, expressar estrito determinismo. Não se trata de obedecer cegamente a leis impostas. Pelo contrário, cada um só tem o dever de conformar-se com sua natureza verdadeira. Encontramos aqui a mesma recomendação do oráculo délfico: para viver harmoniosamente entre os deuses e os homens, basta conhecer-se a si próprio. Ou, para retomar os conceitos pelos quais já foi descrito o processo de integração subjacente a cada religião, *transformar o outro em si mesmo*.

A procura constante do oráculo será, portanto, um dos meios utilizados para conhecer a natureza do outro interno, mas servirá também para identificar a natureza dos demais seres. Para saber como conduzir-se, é preciso reconhecer também a verdade dos demais.

Todas as cerimônias do culto atenderão ao duplo fim de celebrar a verdade daquilo que é, e assegurar que as coisas seguem o seu rumo natural, ou seja, que as trocas entre deuses, homens e antepassados, se processam da maneira mais fidedigna e mais correta.

Os ancestrais celebram um culto distinto. Na verdade, são dois tipos de culto. O primeiro, celebrado nos templos dos orixás, mantém viva a lembrança das sacerdotisas já falecidas, que são, mediante um ritual apropriado, o *axexê*, incorporadas no patrimônio espiritual do templo. O segundo é totalmente diverso, e assegura a participação dos grandes espíritos ancestrais, mais ou menos míticos, na vida das comunidades. Esses Manes, os *Egun*, possuem seus templos específicos. Os terreiros de maior prestígio foram fundados em meados do século passado na Ilha de Itaparica, onde até hoje algumas casas permanecem[7].

O culto dos *Egun* cerca-se de mistérios, e o acesso é restrito. Poucas descrições são encontradas na bibliografia. *O culto dos ancestrais na Bahia: o culto dos Egun*, de Santos, D.M. e Santos, J.E., foi recentemente reeditado (1981), e apresenta as informações básicas, assim como *Os nàgô e a morte* (1976). Uma descrição mais literária, nem por isso menos fidedigna, pode ser encontrada no livro de Vasconcelos Maia, *O leque de Oxum* (1977). Nenhum membro de nossa equipe tem experiência de cerimônia realizada "ao pé dos ancestrais" (*lessé Egun*), pois esse culto foge ao interesse específico desta pesquisa.

---

7. Ver, a esse respeito, Santos, D.M. e Santos, J.E., 1981. Existe pelos menos um terreiro de Egun no Grande Rio, em Vilar dos Teles, mas é de implantação extremamente recente, e, por conseguinte, sua ortodoxia é constantemente posta em dúvida pelas casas mais tradicionais. Em 1981, Juana Elbein dos Santos orientou a filmagem de um longa-metragem, *Egùngún*, dedicado ao culto em Itaparica.

A função dos espíritos ancestrais parece ser essencialmente de regulamentar as relações entre os membros do grupo formado por seus descendentes, dando-lhes orientação moral e religiosa, julgando às vezes as contendas. Os *Egun* voltam à terra para beneficiar a comunidade com sua experiência e sabedoria.

O dogma afirma que os Manes aparecem, eles próprios, debaixo das roupagens preparadas, ou seja, se manifestam diretamente atrás das máscaras, ao passo que os orixás se encarnam em indivíduos específicos. Parece que, nesse ponto, fica nítido o caráter de despersonalização da morte. O *Egun* se reconhece pelas vestes, comunica-se por voz cavernosa, ou de falsete, dança em meio à comunidade, mas à distância. Há perigo de vida em tocá-lo, a tal ponto que categoria específica de sacerdotes tem o encargo de manter os vivos afastados, conservados à distância por varas consagradas. A morte é algo terrível, longínquo, intocável. Nela, a individualidade desaparece. O culto dos orixás, pelo contrário, manifesta-se por meio de indivíduos específicos, cuja cabeça tem dono, mas permanece sendo a *sua* cabeça, sempre homenageada como tal. Individuação e despersonalização são vividas como partes de rituais diferentes. Mas são complementares, duas faces da mesma realidade. A morte é necessária à vida, a comunidade precisa dos ancestrais, os orixás precisam da comunidade, para que se estabeleça e se mantenha a corrente de energia que assegura a continuidade do vir a ser, *axé*.

A força

Axé é a força mágico-sagrada, a energia que flui entre todos os seres, todos os componentes da natureza. Ao designar aquilo que, no mundo, é significativo e poderoso, a religião aponta para seres e objetos que mais força possuem. A intensidade dessa energia varia. Pode aumentar ou diminuir. Como tudo no mundo, é sujeita à erosão do tempo. Os ritos objetivavam adquirir, manter, transferir e aumentar a força. Pode-se dizer que a essência dos rituais é precisamente a fixação e o desenvolvimento do *axé*.

Por exemplo, no jargão próprio dos terreiros, jargão esse que vamos ter de usar de vez em quando, fundar um templo diz-se "plantar o axé". Em escavação praticada no solo do barracão são enterrados objetos, substâncias animais e vegetais, que vão fixar a força sagrada no próprio chão do templo. Qual semente, o *axé* vai crescer e desenvolver-se, graças aos sacrifícios, às festas, à participação constante dos deuses e dos homens.

O princípio do *axé*, a quintessência da energia que se encontra na natureza, é obtida a partir de uma química específica[8]. Os elementos fundamentais são tirados de fontes minerais, vegetais e animais. Conforme J.E. dos Santos (1976), tais elementos obedeceriam a uma simbólica precisa, ligada ao significado das cores vermelha, branca e preta.

O elemento vermelho está presente no sangue dos animais sacrificados, dos homens e das mulheres. O "sangue" vegetal é fornecido pelo azeite de dendê (amarelo e cor-de-abóbora são considerados como variedades de vermelho); também o mel de abelhas, pelo mesmo motivo; e, sobretudo, um pó vermelho, *ossum*, extraído do urucum. Os metais portadores desse poder são evidentemente cobre, latão, bronze e ouro.

O elemento branco encontra-se nas secreções do corpo, esperma, leite, saliva, e também no plasma do caracol comestível (*igbin*), que constitui a alimentação favorita de Oxalá. Quanto ao branco de origem vegetal, está presente na seiva das árvores, e nos derivados alcoólicos (*oti*); está contido também na manteiga vegetal (*ori*), na noz-de-cola branca (*obi*), no algodão, no inhame, na farinha de mandioca. Os metais que correspondem ao elemento são prata, chumbo, estanho. Um dos componentes mais destacados é o giz (*efun*), que marca os noviços durante a iniciação. A água, por fim, é o próprio "sangue" branco.

Quanto ao elemento preto, é tirado das cinzas dos animais sacrificados e calcinados. Todos os sucos vegetais escuros en-

---

8. Essa química lembra por demais a alquimia, e a tentação é grande de citar a *Tabula Smaragdina* para falar do *axé*, "a força grande de toda Força".

tram nessa categoria, pois o verde é considerado como uma variedade da cor preta. O azul também, por isso o índigo (*ilu*) é o representante típico do componente preto no mundo vegetal. Entre os minerais, carvão e ferro são portadores do elemento preto, e a terra, da mesma forma.

"Tudo o que existe, para poder realizar-se, deve receber *àṣe*, as três categorias de elementos do branco, do vermelho e do preto que, em combinações particulares, conferem significado funcional às unidades que compõem o sistema" (SANTOS, J.E., 1976: 42).

Cada combinação faz-se de modo único, pois corresponde à especificidade da situação concreta, e à originalidade de cada indivíduo em questão. Apenas o oráculo poderá indicar como se deve fazer a mistura dos elementos, quais os componentes a serem utilizados e em que proporções.

Tal alquimia, além de complexa, é perigosa, pelos poderes que entram em ação. Sacerdotes antigos, de grande sabedoria, podem manipular essas forças, mas somente após consultar o oráculo. Todas as etapas da iniciação consistem em absorção de *axé*, cada vez mais intensa. A força sagrada não é recebida apenas pela química que descrevemos. A própria transmissão do saber iniciático é, por si só, considerada como troca de *axé*.

É por isso que só pode ser realizada oralmente. Quando a sacerdotisa fala ao postulante, seu hálito lhe transmite *axé*. O conteúdo das informações é sem dúvida relevante, mas a interação entre duas pessoas concretas também é. O intercâmbio não se produz em nível intelectual apenas. É toda a situação, um momento existencial específico, que se condensa e se expressa na transmissão.

Falar em transmissão oral é um tanto inadequado. O conceito parece por demais limitado. A transmissão do saber iniciático faz-se por meio do canto, dos gestos, da dança, da percussão dos instrumentos, do ritmo, da entonação de certas palavras, da emoção que o som exprime.

"Recebe-se o *àṣe* das mãos e do hálito dos mais antigos, de pessoa a pessoa, numa relação interpessoal dinâmica e viva.

Recebe-se através do corpo e em todos os níveis da personalidade, atingindo os planos mais profundos pelo sangue, os frutos, as ervas, as oferendas rituais, e as palavras pronunciadas" (SANTOS, J.E., 1976: 46). Quando a sacerdotisa deseja aumentar a força das palavras, mastiga especiarias que lhe reforçam o poder.

Além disso, não se pode dissociar palavras e textos rituais da dinâmica dos gestos que os acompanham. É por esse motivo que não existem textos escritos. O escrito perde a força, seu significado dilui-se, pois ele se transforma em coleção de símbolos abstratos, alijados do contexto existencial.

São os membros mais velhos do grupo que conservam os textos sagrados na memória. Houis (1971) mostrou claramente que as civilizações da oralidade colocam o problema específico da memorização. Os mais velhos são verdadeiros arquivos vivos. Conferem uma força da idade avançada e do alto posto que ocupam na comunidade.

Além das cantigas que acompanham os rituais, os textos sagrados são, em sua maioria, o enunciado dos mitos associados a cada uma das configurações do oráculo. Quase todos os mitos que relataremos aqui são ligados aos temas oraculares. Quando resumidos (e será este o caso), perdem todo o valor sagrado, para substituir apenas como informações.

Assim é que D.M. dos Santos pôde contar, em três livros citados no capítulo precedente, muitas estórias tiradas dos textos oraculares. Separados do contexto, são simples contos.

No início da pesquisa, causava-me certo espanto verificar que tantos mitos que as sacerdotisas não devem contar, tantos nomes que é proibido pronunciar, fossem transcritos, com todas as palavras, em muitos livros que não eram nada sagrados, como os dos antropólogos. Levei certo tempo para, acostumando-me aos poucos com os valores nagô, compreender que não havia nisso a menor contradição.

A forma pela qual devolvemos os mitos é de tal maneira afastada do contexto que perdem o significado sagrado. Sem a dança, nem os cantos, nem a vida presente de toda a comunidade, os símbolos não são mais poderosos, nem perigosos. Não são mais reais.

O ritmo, conforme escreveu L.S. Senghor, "é arquitetura do ser, dinamismo interno que lhe dá forma, pura expressão da força vital [...]. É o ritmo que dá à Palavra sua plenitude eficaz, que a transforma em Verbo" (apud HOUIS, 1971: 63). Sem o ritmo nem a presença da comunidade viva, o Verbo torna-se lenda. Lenda quer dizer, etimologicamente, "aquilo que deve ser lido", não mais proferido.

É preciso, portanto, insistir na necessidade de sempre levar em conta a totalidade do comportamento ritual. O significado de cada rito só pode ser apreendido em relação com essa totalidade. É ainda freqüente privilegiar-se determinados comportamentos, ou certos aspectos do culto. Assim é que todo o candomblé foi amiúde interpretado em função da possessão pelos orixás. Do mesmo modo, falou-se muito nos sacrifícios sangrentos, e pouco na cozinha sagrada. Antes dos trabalhos de J.E. e D.M. dos Santos, dava-se pouca importância às cores simbólicas e ao preparo dos objetos do culto.

Quando se descreve o conjunto dos ritos e dos comportamentos litúrgicos como vasta rede de distribuição e armazenamento da força sagrada, passa-se contudo a compreender que qualquer modificação, por mínima que seja, afeta a totalidade do sistema, e que, portanto, cada elemento só pode ser apreendido em função do conjunto.

Cada vez que novos membros recebem a força sagrada na iniciação, aumenta o potencial energético de toda a comunidade. O templo cresce, fortifica-se, tornando-se cada vez mais poderoso, e, por conseguinte, confere mais *axé* a seus membros que, em troca, vão, pela sua própria força, amplificar o potencial de energia sagrada do terreiro.

A força do templo, como vimos, vem primeiro das fundações, em que provavelmente estão presentes os elementos branco, vermelho e preto. Não é por acaso que tudo aquilo que tem mais valor sagrado, e de que não se deve falar, é dito ser "de fundamento". O alicerce essencial do terreiro reside no seu próprio *axé*. A essa força fundamental vem acrescentar-se a dos deuses que nele são venerados.

A força dos deuses

Ao que parece, o culto não comporta estátuas, nem representações antropomorfas. O que se venera é a pedra (*otá*) de cada divindade, conservada em recipiente apropriado. A pedra consagrada não é símbolo, nem representação da divindade. É o próprio orixá[9].

Recebe comida, e, conforme a divindade, é regada em azeite-de-dendê, água, mel, sangue ou qualquer outro líquido que lhe corresponda. Cabe às sacerdotisas cuidar que jamais falte o líquido prescrito, que é renovado semanalmente, no dia consagrado ao orixá. Nesse dia, procede-se a uma limpeza ritual dos altares (*ossé*) e a comida predileta do deus é-lhe oferecida.

Descreveremos mais adiante os pratos específicos de cada orixá. Basta assinalar agora que toda a culinária baiana, tão saborosa e tão rica, é basicamente comida de santo. R. Lody (1979), em livro delicioso (em vários sentidos), mostrou que *Santo também come*[10]. Os orixás alimentam-se de duas maneiras, de partes dos animais sacrificados, e dos pratos, em que todos os temperos obedecem a preceitos específicos. Pode-se supor que, talvez, a culinária baiana tenha conservado o requinte e os sabores, ao longo do tempo, por serem os procedimentos ligados a ritos rigorosos.

---

9. "O Santo, ou orisa, é a própria pedra, onde, como dizia uma negra, o Santo está encantado" (NINA RODRIGUES, 1900: 29).
10. Acrescentaríamos que come muito bem. Quem nunca viu a mesa posta frente a Oxum no dia de sua grande festa não sabe o que é culinária baiana. Não tenho pejo em confessar que a participação no banquete dos deuses é para mim algo muito atraente. Bastide, ao escrever um pequeno ensaio sobre a "*cozinha dos deuses*", compartilha desse entusiasmo: "Ir a candomblé para comer bem é humano, pois os pratos são tão suculentos!" (1952: 21).

Além da refeição semanal, os deuses recebem um ou mais banquetes anuais, de acordo com suas grandes festas. Nos terreiros tradicionais são verdadeiros ciclos festivos. A essas celebrações anuais, acrescentam-se as "obrigações" que cada sacerdotisa deve oferecer ao dono de sua cabeça, um ano, três anos e sete anos depois da iniciação.

A força dos deuses não se alimenta apenas das comidas consagradas. Todos os ritos em que estão presentes, iniciação, adivinhação, e, particularmente, as cerimônias em que dançam, captam e distribuem o *axé*. Pois os deuses também precisam dos homens. Necessitam manifestar-se na realidade viva da comunidade.

A chegada ritual dos orixás em meio à festa apresenta um caráter espetacular. "Ópera fabulosa", conforme disse Bastide, é a representação dramática da história dos deuses, que transporta a vida da comunidade no plano mítico. Qualquer que seja o templo, a cerimônia segue um roteiro mais ou menos constante.

O culto público é precedido de diversos ritos restritos aos iniciados. Quando a data da festa se aproxima, é preciso consultar o oráculo, para saber quais as oferendas mais propícias, que folhas deverão ser colhidas e trituradas, que animais serão oferecidos sem sacrifício.

É necessário também, em cerimônia extremamente fechada, informar os antepassados da iminência da festa, e pedir seu apoio para o êxito da cerimônia.

Passa-se então aos preparativos. Os membros da comunidade cujo dono da cabeça será festejado nesse dia submetem-se ao rito do *bori* ("oferecer um sacrifício à cabeça") que será descrito mais adiante. Na véspera da festa, procede-se à limpeza ritual (*ossé*) dos altares.

No dia da festa, é geralmente de manhã que se faz a "matança", ou seja, o sacrifício dos animais. Conforme a divindade, são ofertados animais de duas ou quatro patas. O sacrificador (*axogum*) é um sacerdote iniciado para esse fim específico, mediante ritos que lhe conferem a "mão de faca".

Assistem à matança o corpo dos altos dignitários do templo, e as sacerdotisas mais graduadas, assim como a mãe-de-santo[11]. Para simplificar a exposição, falaremos aqui de mãe (e não de pai)-de-santo, e de sacerdotisas em vez de sacerdotes, por ser a presença feminina bem mais significativa, nos templos tradicionais, do que a masculina.

Antes do sacrifício, pede-se o apoio de Exu. Como será mostrado mais adiante, Exu é o próprio princípio da comunicação e da transformação. É ele quem faz passar o *axé* em todos os elementos do sistema. Nada se realiza sem sua participação. É preciso honrá-lo antes de qualquer um dos deuses, e pedir-lhe a autorização antes de iniciar qualquer coisa que seja.

O sacrificador verte um pouco de água no chão, recriando o lodo do estado caótico que precedeu a criação do mundo, invocando em seguida todos os orixás.

Dirige-se à divindade à qual se destina a oferenda, perguntando se vai aceitá-la. A resposta é dada pelo oráculo das nozes de cola (*obi*). Se for afirmativa, o sacrificador prossegue.

As pessoas presentes tocam com a mão o chão, a própria cabeça, e por fim a cabeça do animal de quatro patas a ser sacrificado em primeiro lugar. Tocar o chão é geralmente sinal de respeito frente ao sagrado. Tocar a própria cabeça, e em seguida a do animal, é transferir qualidades e poderes. O animal passa a representar toda a comunidade e vai ser sacrificado em seu lugar[12]. Por isso, a última pessoa a tocar-lhe a cabeça é a mãe-de-santo, que representa a totalidade da comunidade. Expressa os votos de todos, que o animal levará para o orixá.

O sacrificador degola a vítima de um só golpe. O sangue deverá primeiro regar a terra. O resto é recolhido numa cuia,

---

11. A exposição que segue sintetiza dados dos autores e particularmente J.E. dos Santos, 1976, e descrições de informantes, já que, por motivos óbvios, jamais assisti pessoalmente à matança.

12. O preceito requer que o animal, por exemplo, um carneiro, aceite voluntariamente o sacrifício. Dão-lhe folhas para comer. Se as aceita, é sinal de aquiescência. A mais elementar prudência recomenda que se deixe o animal jejuar de véspera.

e, diluído em água, será vertido nas pedras sagradas. Algumas gotas de sangue marcarão também a testa dos oficiantes.

A cabeça da vítima é apresentada sucessivamente aos quatro pontos cardeais e, em seguida, depositada ao pé do altar. Os animais de duas patas, galos, galinhas, galinhas-d'angola, pombos, são sacrificados depois e suas cabeças colocadas em volta da do quadrúpede, assim como grande quantidade de plumas. Ao terminar a matança, o *axogun* declara que o sacrificador não foi ele, foi o próprio orixá.

As demais partes dos animais serão levadas para a cozinha, para serem utilizadas na confecção das comidas de preceito. Tais comidas ainda serão oferecidas ao orixá antes de iniciar-se a celebração pública.

As festas costumam começar depois do pôr-do-sol. Antes ainda, procede-se ao *padê* (reunião), rito indispensável, já que é destinado a Exu.

No chão do templo, no lugar onde foram assentadas as funções sagradas, quando se "plantou o axé", duas sacerdotisas depositam um prato cheio de farofa de dendê, e uma quartinha d'água (elementos branco e vermelho). Exu é invocado em cantigas sucessivas, que falam do seu papel de protetor da casa, de mensageiro, de portador de oferendas. No fim das cantigas, a sacerdotisa mais velha (*dagã*) pega as oferendas, e sai correndo para depositá-las lá fora, geralmente em encruzilhada vizinha do templo, para que Exu as receba.

Os deuses podem chegar à terra, dançar em meio ao seu povo. As sacerdotisas formam a roda. Ressoam os atabaques.

Os tambores são personagens importantes na vida do candomblé. São considerados como seres vivos. São iniciados, e, periodicamente, recebem alimentos para reforçar o seu *axé*. Cada um deles é filho de um orixá, como os fiéis. Nos dias de festa, é cingido por uma echarpe (*ojá*), nas cores do seu orixá patrono. No barracão, os atabaques estão bem em evidência, no lugar de honra. Quando visitantes penetram no barracão, em dia de cerimônia, vão primeiro saudá-los, antes mesmo de inclinar-se frente à mãe-de-santo. Do mesmo modo, os próprios orixás, ao manifestar-se, vão reverenciá-los.

São três os atabaques, do menor ao maior, *rum, rumpi* e *lê*. O tamanho pode variar, de um metro a um metro e meio para *rum*, e no máximo 50cm no caso de *lê*. São apoiados verticalmente e a percussão é feita com varetas de goiabeira (*oguidavi*). Na noite que precede a festa, as mesmas são colocadas no altar do deus ao qual pertence o atabaque. Os músicos recebem iniciação específica, pois sua responsabilidade é grande. É o som dos tambores que chama os deuses. Cada orixá tem seus "toques" específicos, aos quais responde. As cantigas entoadas pela assembléia são variações melódicas sobre temas e rítmicos próprios a cada divindade. Mas somente os atabaques têm o poder de fazer os deuses "baixarem"[13].

Via de regra, costuma-se cantar um mínimo de três cantigas para cada orixá. Se, passado algum tempo, nenhum dos deuses se manifesta, pode acontecer que seja então executado o toque *adarrum*, extremamente violento e rápido, que possui propriedade de fazer baixar todos os orixás de uma vez.

Os atabaques são ajudados em sua tarefa pelas sinetas (*adjá*) que a mãe-de-santo sacode no ouvido da "filha" que não consegue cair no transe. Agita-se também *aguê*, cabaça coberta com uma rede trançada com sementes de lágrimas de Nossa Senhora, e se toca *agogô*, campainha de metal.

Não há ordem imutável para chamar os deuses. No entanto, sempre se começa por Exu e Ogun, e acaba-se em Oxalá.

A ordem pela qual serão apresentadas as divindades, no próximo capítulo, corresponde a uma das seqüências mais freqüentes de se observar: Exu (transformação), Ogum, Oxossi, Ossaim (mato, floresta, plantas), Obaluaê, Oxumaré, Nanã (deuses da terra), Xangô, Iansã (fogo celeste, trovão e tempestade), Oxum, Iemanjá, Oxalá (deuses da água).

---

13. Nina Rodrigues e Manuel Querino relatam que a importação de certo tambor africano teria sido proibida na Bahia, porque sua voz excitava os escravos a rebelar-se.

A possessão pelos deuses tem sido freqüentemente descrita, por atrair primeiro a atenção dos observadores. Chocavam-se, mas eram fascinados. Mesmo sabendo dos preconceitos de tantos autores, fica hoje difícil entender como puderam descrever as cerimônias sob forma de orgias abomináveis, e apresentar a possessão como comportamento de algo pitiático, quiçá epilético.

As festas às quais venho assistindo há tantos anos sempre me deram, pelo contrário, impressão de algo extremamente controlado, e cuidadosamente organizado.

Ao ritmo dos atabaques, vê-se de repente uma sacerdotisa vacilar, fechar os olhos, oscilar feito pêndulo, com movimentos espasmódicos do corpo todo. A mãe-de-santo fica próxima e comanda a situação. Modera os espasmos de uma "filha", agita o *adjá* no ouvido de outra, dirige a atuação das acólitas (*ekedi*) que vão ajudar a possuída a levá-la para o "quarto do santo". A mãe-de-santo faz-se presente em todas as manifestações dos deuses e controla o comportamento de suas "filhas". Cuida de manter a organização do conjunto, de tal maneira que os deuses, finalmente incorporados e revestidos dos seus paramentos, possam dançar em meio aos fiéis, expressando cada um a coreografia que lhe é própria.

A sumo-sacerdotisa pode frear ou estimar a intensidade dos movimentos, ordenando até mesmo as figuras de dança, mas não determina a possessão em si. Não há possessão voluntária. Nem a filha do deus, nem a mãe-de-santo, tem condições de obrigar o orixá a manifestar-se. É o deus quem manda, quando quer e como quer. O papel de suma sacerdotisa é assegurar a representação institucional da divindade, enquanto a iniciada deve emprestar o corpo ao senhor de sua cabeça.

Ninguém até hoje conseguiu explicar o que aconteceu realmente no "estado de santo". Gisèle Cossard-Binon, filha-de-santo do falecido Joãozinho da Goméia, famoso sacerdote de candomblé angola, fala em condicionamento. Haveria treinamento progressivo, durante o progresso iniciatório: "A iniciação tem por objetivo condicionar a pessoa escolhida –

em geral uma mulher – de modo que ela entre em transe no momento desejado e em circunstâncias precisas e muito controladas. Por ocasião da reclusão, treinamentos metódicos estabelecem condicionamentos que são desencadeados por um certo número de sensações definidas" (COSSARD-BINON, 1981: 129). Herskovits já havia, outrora, adiantado a hipótese de condicionamento. No entanto, pareceu-nos que esse tipo de explicação nada esclarece. Não há dúvida de que condicionamentos sociais mais amplos e aprendizagem específica de sinais e de comportamentos desempenham importante papel no "estado de santo". Mas o fenômeno religioso e existencial ultrapassa amplamente esse aspecto.

O campo do sagrado é um espaço peculiar da vivência humana. Por que reduzi-lo a um conjunto de leis mecânicas? Nem a interpretação em termo de descarga psicodramática de tensões (BASTIDE, 1956) nem a explicação pelo condicionamento dão conta da especificidade da experiência religiosa. O estado atual das pesquisas sobre o candomblé não nos habilita a compreender o que acontece no transe. Ocorre que os grupos culturais que propõem tais modelos de explicação psicológica são os mesmos que, escolhendo um caminho do racionalismo, por isso mesmo excluem a tentativa de compreender o que a possessão significa dentro do grupo cultural que acredita em sua realidade. Achamos mais correto, por enquanto, "suspender nosso julgamento", tal como propunha Oesterreich no fim do estudo sobre os "Possuídos"[14].

As sacerdotisas não sabem dizer o que acontece no transe: o corpo treme todo, a cabeça gira, tem-se a impressão de estar à beira de um grande fosso escuro. Depois, a inconsciência.

Verger afirma que uma das dificuldades que impedem de fotografar sacerdotisas em "estado de santo" é a repugnância que os responsáveis pelo culto sentem ao pensar que uma Iyawo poderia ver "o outro" (1954: 171).

---

14. OESTERREICH, T.K., *Les possédés*, Paris, Payot, 1927.

A inconsciência é, portanto, um dos requisitos para o aparecimento desse Outro profundo. Nesse sentido, a alteridade, embora institucionalmente integrada, continua sendo estranheza, o que parece fechar o acesso à penetração do fenômeno.

Nina Rodrigues (1900) concluíra que o transe era uma espécie de estado sonambúlico provocado, e resolveu, certo dia, tentar uma experiência bastante original. Trouxe ao consultório uma filha de Oxalá. Pela hipnose, convenceu-a de que se encontrava em meio a uma cerimônia, no terreiro. Aceita a sugestão, Oxalá se manifestou. Quando Nina Rodrigues, contudo, tentou persuadi-lo de que havia atabaques batendo para ele dançar, Oxalá recusou, afirmando que não estavam em situação aproximada. Nina Rodrigues não consegue chegar a uma explicação satisfatória, e, prudentemente, abstém-se de concluir. Parece que o quadro institucional e social se afirma como mais decisivo do que fatores circunstanciais e individuais.

No templo, o orixá dança ao chegar. Logo mais, é conduzido para um quarto afastado, onde será revestido dos parâmetros litúrgicos. Nas casas mais pobres receberá apenas uma echarpe com suas cores favoritas, e um emblema, espada ou leque conforme o orixá. Nos grandes terreiros tradicionais, apresentam-se suntuosamente paramentado. Volta para o barracão, e dança. "Não são mais costureirinhas, cozinheiras, lavadeiras que rodopiam ao som dos tambores nas noites baianas; eis Omulu recoberto de palha, Xangô vestido de vermelho e branco, Iemanjá penteando seus cabelos de alga. Os rostos se metamorfosearam em máscaras, perderam as rugas do trabalho cotidiano, desaparecidos os estigmas dessa vida de todos os dias, feita de preocupações e de miséria: Ogun guerreiro brilha no jogo da cólera, Oxum é toda feita de volúpia carnal. Por um momento, confundiram-se Brasil e África; aboliu-se o oceano, apagou-se o tempo da escravidão" (BASTIDE, 1978: 26).

Os deuses dançam, saúdam-se, recebem as homenagens dos presentes. Às vezes cumprimentam alguns fiéis, que abraçam longamente. Curvam-se frente à sumo-sacerdotisa, que, conforme a etimologia da palavra Iyalorixá (a mãe que possui, ou que faz, o deus) é mãe de todos. É soberana em seu terreiro, e até mesmo os deuses se prosternam a sua frente.

A festa prolonga-se noite adentro. A dança dos orixás consagra a alegria de todos, pois o nome da celebração é *xiré*, festa, regozijo.

Termina com cantigas, entoadas seguindo a ordem inversa de chamada dos orixás, começando dessa vez com Oxalá. À medida que ouvem as cantigas de partida (*aunló*), os orixás vão se retirando, e a sumo-sacerdotisa declara a festa encerrada.

Conforme a obrigação do dia, pode ser que, no decorrer da festa, os presentes tenham sido chamados a participar do banquete dos deuses. Em todo caso, é de uso oferecer aos participantes, no final da função, uma lauta refeição de comida profana[15].

Acabou a festa. Daqui a algum tempo, haverá outra obrigação, para outro orixá. Mais uma vez o oráculo será consultado, Exu, requisitado, e as oferendas voltarão a guarnecer o pé dos altares. Os deuses retornam para dançar em meio ao seu povo, renovando e redistribuindo a energia espiritual da comunidade.

O *axé* não é, contudo, privilégio dos deuses. Os homens podem adquiri-lo, já que todos os graus de acesso ao templo constituem cerimônias da absorção e distribuição da força sagrada.

A força dos homens

Ao que parece, o primeiro grau de participação é a "lavagem de contas". As pessoas que freqüentam o terreiro sabem, via de regra, quem é o dono de sua cabeça. Mais dia menos dia, tiveram de consultar o oráculo, que o identificou, esclarecendo as obrigações correspondentes. A obrigação mínima, por assim dizer, é o uso do colar de contas próprio de cada orixá. Tais colares (ou "guias") podem ser comprados nas lojas do comércio

---

15. A comida profana é chamada geralmente de "comida de branco", ou "comida seca" (porque não entra nela a carne dos animais sacrificados), enquanto os alimentos sagrados são designados por "comida de santo".

especializado, mas não possuem valor religioso algum antes da consagração, ou seja, antes de serem "lavados".

A "lavagem" consiste essencialmente em estabelecer um vínculo concreto entre o deus, o indivíduo e as contas. Para tanto, o colar será consagrado junto com a pedra do orixá. Ambos receberão o sangue dos animais sacrificados, o banho de folhas, a lavação com água cristalina. Reencontramos aqui os três elementos fundamentais: vermelho (sangue), preto (suco das folhas) e branco (água).

A cabeça da pessoa a quem se destina o colar será também lavada nas mesmas águas. A ligação mágica entre cabeça, colar e orixá fica assim assentada, mediante a transmissão da força sagrada de um para outro.

O colar será conservado pelo possuidor, dentro de recipiente próprio, e, nos dias de obrigação, será usado em volta do pescoço. Se por acaso o perder, e outra pessoa vier usá-lo, nada acontecerá ao novo portador. Simplesmente, o colar não terá nenhum valor mágico, nenhuma força para quem o usar.

O colar tem valor para o possuidor apenas, pois somente este participou da cerimônia de vinculação sagrada da pedra e das contas.

Do mesmo modo, a lavagem das contas estabeleceu, obviamente, uma ligação específica entre o fiel e o terreiro. O possuidor do colar terá de sujeitar-se a certas obrigações e respeitar certas proibições. Todos os graus da iniciação correspondem a um aumento progressivo de deveres e interdições. Se o fiel esquecer disso, pior para ele. Ao desobedecer às exigências de sua natureza profunda, sem lembrar a substância a partir da qual foi constituída sua cabeça, tornar-se-á inimigo de si próprio. E as conseqüências poderão ser catastróficas.

A força sagrada do colar desgasta-se com o tempo. É preciso renová-la, por meio de "lavagens" periódicas. O oráculo dirá quando isso será necessário.

A segunda etapa do engajamento na vida religiosa é o *bori*, ao qual já aludimos. *Bori* vem do iorubá *bó*, oferecer um sacrifício, e de *ori*, cabeça. É geralmente traduzido por "venerar a cabeça", embora, a nosso ver, essa tradução perca a referência essencial ao sacrifício[16]. Mas, no jargão próprio dos terreiros, diz-se, mais prosaicamente, "dar de comer à cabeça". De fato, a cabeça "come", já que os orixás também "comem" os animais sacrificados.

Encontram-se descrições de *bori* em Querino (1955), mas é Verger (1981) quem nos fornece o relato mais pormenorizado da cerimônia. Importa em ritual mais demorado e mais complexo que a lavagem das contas, que aliás inclui. É preciso assinalar, na verdade, que, em nossa observação, parece mais freqüente fazer-se o *bori* diretamente, em vez de restringir-se à simples lavagem do colar.

Na véspera do dia consagrado ao orixá dono da cabeça que vai receber o sacrifício, o postulante se recolhe. Vestido de branco, sentado em cima de esteira recoberta por paus brancos, é rodeado pelas oferendas, que variam conforme o orixá e conforme as instruções dadas pelo oráculo: água, azeite de dendê, mel, sal, *obi*, acarajé, acaçá, dinheiro, galinha-d'angola e pombos, no caso descrito por Verger.

Após apresentar as oferendas à cabeça, o oficiante consulta o oráculo da noz-de-cola (*obi*) para verificar se o sacrifício será bem recebido. Em seguida, os animais são sacrificados, cuidando-se que o sangue, misturado aos demais líquidos presentes, numa cuia, molhe também a cabeça do iniciando. "Os corpos dos animais sacrificados são levados para a cozinha e preparados, com exceção da cabeça e dos pés, os quais, por se tratar de oferendas à cabeça, não são cozidos, mas servirão, uma vez secos e triturados, para fazer *işé*, talismãs e trabalhos" (VERGER, 1981: 42). Dos alimentos cozidos, o oficiante tira pequenas porções que coloca na cuia e na cabeça do postulante. Todos comem, logo mais, em "refeição comunitária com a cabeça" (VERGER, 1981).

---

16. Bascon (1980), por exemplo, traduz constantemente *bó ori* por (to) "*sacrifice to head*".

Em seguida, o sacerdote saúda a cabeça, pronunciando três vezes o nome do iniciando, e todos se retiram.

No dia seguinte, procede-se à lavagem das contas, e são oferecidos novos sacrifícios, desta vez, aos orixás.

A pessoa que se submeteu ao *bori* já passa a ser considerada como *abiá*, que pode ser traduzido por noviço, noviça. A sujeição às autoridades do templo é doravante mais estreita. Os deveres e as interdições aumentam, para impedir a dilapidação da força sagrada.

Com efeito, nas exigências rituais não têm por objetivo garantir o poder absoluto da sumo-sacerdotisa. São, antes, precauções que visam proteger a noviça, pois a energia sagrada é, por natureza, perigosa. Ninguém pode expor-se impunemente. Os ritos profiláticos, portanto, garantem que o *axé* não será desperdiçado.

Tanto é que a pessoa que deu de comer à cabeça, pela primeira vez, tem de consultar o oráculo para saber se pode sair do templo. Conforme a resposta, sairá logo, mas deverá observar interditos alimentares e sexuais em casa, por três dias, ou uma semana, ou mais; ou então terá de permanecer reclusa no templo, por um prazo estipulado.

Sua cabeça, sede da individualidade, absorveu parte da energia sagrada que alimenta o sistema total. Por isso, tem de ser resguardada. Qualquer dilapidação do *axé* afetaria a totalidade da comunidade.

O *bori* será constantemente repetido por todos aqueles que se submeteram à iniciação, até mesmo os altos dignitários e sacerdotisas. Já vimos que o *bori* é dado por todos os sacerdotes e sacerdotisas, antes de cada festa. Deve ser, portanto, considerado como cerimônia de regeneração periódica do *axé*.

A terceira etapa de participação religiosa é a iniciação propriamente dita. É raro que esse passo seja dado, deliberadamente, pela simples motivação individual de "fazer o santo". Como o estudo de casos mostrará mais adiante, é o deus que exige mais uma sacerdotisa. Informa a noviça de várias maneiras, dando diversos sinais que serão interpretados pela mãe-de-santo.

São raros os casos em que uma pessoa que não tem maiores ligações com candomblé venha a cair no transe em meio a uma cerimônia, sem mais nem menos. Mais freqüentemente é ver um fiel já pertencente à religião nagô passar por uma série de dificuldades em sua vida, doença, acidentes, perda de emprego, etc., e chegar à conclusão de que o infortúnio tem causas mágico-religiosas. Ao consultar o oráculo, a resposta pode confirmar essa impressão, dizendo que o orixá quer sua sacerdotisa. Ou, como se diz no jargão próprio, "o santo quer ser raspado". Se a mãe-de-santo julgar o momento oportuno, se a noviça se encontrar em condições de levar adiante a iniciação, marcar-se-à, então, o início do processo.

As condições de que falamos aqui não são apenas pessoais, dizem respeito também à disponibilidade pecuniária, pois "fazer o santo" sai caro.

O leitor terá observado quantos animais e quantas oferendas diversas são necessárias a cada momento. Toda a comunidade tem de participar nos gastos. No caso de iniciação, os sacrifícios são múltiplos, o empenho da mãe-de-santo e das sacerdotisas mais graduadas é constante, o tempo de internação relativamente longo (implicando ausentar-se do emprego). Além do mais, cada noviça tem de preparar o enxoval, costurar as roupas próprias do seu orixá, mandar fazer os emblemas e os diversos colares que usará. Todas fazem questão de honrar seu orixá com os paramentos mais ricos, as mais finas rendas. Muitas vezes, faz-se primeiro o *bori*, em vez da iniciação, para apaziguar o orixá, mas ele acaba exigindo a consagração da noviça de tal maneira[17], que não é mais possível procrastinar a entrada na "camarinha".

Costuma-se juntar várias noviças para fazer a iniciação em grupo, que se chama então "barco de *iaô*", composto por um número que vai, no Rio, de duas a cinco ou seis postulantes[18].

---

17. No último capítulo, serão encontrados vários exemplos dessa barganha com o orixá, em que o mesmo acaba sempre vencendo.
18. Às vezes, leva-se muito tempo para reunir um número suficiente de postulantes. No consenso geral, é muito trabalhoso para a mãe-de-santo e suas ajudantes dedicar-se às iniciandas.

O que segue aplica-se, portanto, a cada uma das pessoas que compõe o "barco". Ao longo da vida, manterão ligação extremamente estreita, sendo consideradas "irmãs de esteira", já que foram "feitas" juntas. Preferimos falar de *noviça*, por ser a iniciação de mulheres muito mais freqüente, e bem mais importante numericamente, do que a dos homens. Hoje em dia, encontramos *iaôs* do sexo masculino em todos os templos, até mesmo os mais tradicionais. Nosso intuito aqui é mais de simplificar a exposição.

A descrição que segue é necessariamente sucinta. Temos de apoiar-nos, sobretudo, em fontes bibliográficas, pois se supõe que as *iaôs* permaneçam inconscientes, sendo impossível, portanto, obter informações das sacerdotisas a esse respeito. Cossard-Binon (1981), filha-de-santo, é a única autora a fornecer dados mais detalhados, mas mesmo assim mantém-se reservada acerca dos procedimentos rituais.

A iniciação não dispensa o *bori*, muito pelo contrário. O mesmo será realizado ("dado", como se diz) repetidas vezes ao longo do processo, para reforçar o poder de cada cabeça, de modo a tornar suportáveis as terríveis transformações que vão ocorrer.

A entrada da postulante no templo começa com banho na fonte consagrada. As roupas da vida profana são deixadas de lado. Após o banho, a noviça é vestida de branco, cor de Oxalá, símbolo de criação, de começo. Ela penetra em seguida em aposento do templo, reservado para esse uso, que chamam de "camarinha", ou, em ioruba, *roncó*, que significa "caminho". É lá que passará todo o tempo da iniciação, junto com as companheiras de "barco".

Observa-se que o nome de "barco" parece expressar apropriadamente a essência do rito de passagem, que é a iniciação. Trata-se, com efeito, de encostar em outra margem a vida mística.

Tal passagem procede por etapas. Cada etapa segue o roteiro já descrito: invocação de Exu, sacrifícios e oferendas aos deuses, à cabeça, à pedra.

A pedra, já presente na cerimônia do *bori*, toma importância ainda maior no processo iniciatório. Cada noviça receberá potes contendo respectivamente os símbolos do seu destino pessoal, em que Exu e o oráculo desempenharão importante papel. Em todos os momentos da iniciação, a consagração desses potes acompanhará a transformação da noviça em sacerdotisa.

Nos intervalos entre as cerimônias, a postulante faz sua aprendizagem. Faz tempo que freqüenta o terreiro, conhece muitos ritos, mas tem de aprender os preceitos, os comportamentos adequados, as obrigações e as proibições. Muito pouca coisa é-lhe ensinada verbalmente, de maneira ordenada. Na verdade, a noviça tem de ir descobrindo, sozinha, aquilo que se deve fazer, ou não. Essa aprendizagem continuará, muito tempo depois de sair da camarinha. É que, mais uma vez, os ensinamentos são, antes de mais nada, troca de *axé*. É preciso não dilapidá-lo. Não se pode falar à-toa.

"Depositária da força divina, (a noviça) deve cuidar de mantê-la intacta, evitando tudo aquilo que puder prejudicá-la ou quebrá-la [...]. É por isso que deve observar um grande número de preceitos a ela ensinados pela mãe pequena, mas que ela deve aprender, sobretudo, observando as outras, *sem nunca fazer perguntas*" (COSSARD-BINON, 1981: 133 – o grifo é nosso).

No decorrer da iniciação há, portanto, aprendizagem de gestos, de posturas, mas sobretudo assimilação implícita, realizada de modo não-verbal e quase inconsciente dos valores sagrados.

Entre as diversas cerimônias, a "fixação" do deus constitui etapa importante. A cabeça da noviça é raspada, daí a expressão comum "raspar o santo" para designar a iniciação. Toma um banho em que diversas plantas foram maceradas[19]; certos autores pensam que seriam tóxicas, e provocariam a inconsciência da noviça. No alto do crânio, no ponto correspondente à localização da "substância de origem divina", é praticada uma incisão, abrindo assim a cabeça para a penetração do orixá. Nessa incisão, será colocada um pequeno cone feito de

---

19. Segundo os autores, nesse banho entrariam 21 plantas, utilizando-se 16 folhas de cada erva. 21 é o número simbólico da transformação (Exu) e 16, o número do destino (Odu) da origem (Oxalá) e dos *Irunmalé* em geral.

substâncias com alto poder mágico, *oxu*, incorporando mais força sagrada no corpo da noviça.

Mais tarde, cabeça, ombros e braços da postulante serão pintados com pasta de giz (*efun*), desenhando pontos e traços cujo simbolismo nos permanece obscuro. Como sabemos, o giz faz parte do "elemento" branco, consagrado a Oxalá; é portanto símbolo de origem, de começo, o que, aliás, corresponde ao sentido etimológico da palavra iniciação, de *iniciar*, começar. Em outra cerimônia, será pintada com pasta azul (elemento preto) e *ossum* (elemento vermelho), marcando seu corpo nas cores do *axé*.

Após o ritual de "fixação" do orixá, a noviça passa a chamar-se *iaô*, ou seja, "esposa mais nova" (*iyá wò*), o que, daí para adiante, traduziremos como "sacerdotisa". O processo iniciatório será concluído, mais tarde, com apresentação solene da nova sacerdotisa para a comunidade, no dia de "saída de *iaô*".

Essa festa é muito apreciada pelos freqüentadores de terreiros. Em nossa experiência, parece criar uma espécie de ligação entre as *iaôs* novas e os presentes. É motivo de grande satisfação poder dizer: "eu estava lá, no dia em que deu o Nome"; pois a cerimônia de apresentação pública é ainda uma etapa da iniciação, marcada pela proclamação, feita pelo próprio deus, na frente de todos, de sua identidade. É antes de mais nada a festa do *orunkó*, o dia de dar o nome.

Todos estão reunidos no barracão. Chegam as *iaôs*, curvadas para frente, dançando com gestos parecidos à dança de Oxalá. Todas são vestidas de branco, tendo na cabeça um turbante, com uma pena vermelha amarrada na testa[20]. Aos poucos, os orixás vão-se incorporando, dançam, e são levados de volta para o interior do templo. Logo mais reaparecem, já vestidas com roupas nas cores emblemáticas de cada um. Dançam e novamente se recolhem. Na terceira apresentação, compareçem com todos os paramentos litúrgicos, geralmente riquíssimos. O costume requer que uma sacerdotisa antiga, membro

---

20. Ver o significado simbólico dessa pena (*ekodidé*) nos mitos de Oxum, no capítulo seguinte.

de outro terreiro, geralmente uma das visitas mais ilustres desse dia, se dirija sucessivamente a cada um dos orixás incorporados. Pega o primeiro (seguindo a ordem do *xiré*, que descrevemos acima) pelo braço, dá com ele umas voltas pelo barracão, agitando o *adjá*. Pede que o orixá diga o seu nome. Por duas vezes, este lhe segreda ao ouvido. Na terceira vez, leva o orixá de frente aos atabaques e solicita que, desta vez, fale bem alto o seu nome, para todos ouvirem. De repente, o deus gira sobre si mesmo, pula, e grita o seu nome. Todos aplaudem, gritando a saudação ritual. Espocam fogos. Os presentes, comovidos e alegres, cumprimentam-se. Mais um deus está participando da vida da comunidade.

Esse ritual é repetido, sucessivamente, para o orixá de cada uma das *iaôs* do "barco". Em muitos terreiros, é a primeira e última vez que fala o orixá, pela boca de sua nova esposa.

Enuncia seu próprio nome. Daí a importância da cerimônia como consagração da etapa final de individualização da divindade. O nome compõe-se geralmente de duas partes[21], primeiro a denominação genérica do orixá, e depois um adjetivo que especifica a ligação entre este e sua filha. Pode-se dar como exemplo o nome de santo da ilustre Mãe Aninha, *Oba biyi*, ou seja, "concebida por Xangô".

O nome por sua vez é carregado de energia, a tal ponto que alguns dos nossos informantes juraram tê-lo esquecido. Diziam que bastaria soprá-lo no ouvido da sacerdotisa, para o orixá chegar. Pudemos observar, no entanto, que o uso do nome consagrado é comum, em muitos templos tradicionais, e que altos dignitários costumam se dirigir uns aos outros deste

---

21. Bastide (1978) afirma que o nome seria composto por três elementos: nome genérico do deus, "variedade" peculiar do orixá, e mais o adjetivo específico do indivíduo. Como exemplo, indica "Xangô Atará Mazambi", o que nos causa perplexidade. Além de nunca termos encontrados três nomes, só dois, temos por certo que, nas casas tradicionais de nagô, o nome genérico das filhas de Xangô é *Obá* (ou seja, Rei), como por exemplo *Obá Tossi* (Marcelina da Silva), ou, no caso de filhas de uma "qualidade" específica de Xangô, Airá (por exemplo, Airá Tolá).
João do Rio descreveu corretamente o momento de "dar o nome": de repente, porém, ela estacou, caiu de joelhos, deu um grande grito – *Emin oiá bomin*, bradou.
– "É o nome dela, o santo disse pela sua boca o nome que vai ter" (1951: 33). O nome é facilmente identificável. Hoje, escreveríamos: "Emi Oyá Bomin", "eu sou Oyá Bomin", ou seja, uma "qualidade" de Iansã.

modo. Nesse caso, parece que a identidade mítica redunda em identidade social. O princípio coletivo (orixá) particularizou-se no indivíduo, dando-lhe nova identidade, que passa a desempenhar um papel específico dentro da comunidade. Deste modo, estabelecem-se vários níveis de integração pessoal e social. O Outro interno, identificado como símbolo coletivo, é reconhecido como fazendo parte do indivíduo, que, por sua vez, se torna peça significativa nos valores da comunidade.

Nessa perspectiva, a circulação do *axé*, em todo o sistema, pode ser vista como a própria dinâmica desse processo, e a iniciação, como o ponto culminante da fusão entre conteúdos individuais e símbolos coletivos.

A cerimônia de apresentação pública – em que a presença do divino passa a ser sancionada pelo testemunho da comunidade – não se encerra com a proclamação do nome. Todo mito de passagem supõe a abertura de uma comunicação entre dois mundos.

No presente caso, ao abrir-se a passagem entre este mundo e o além, libertam-se correntes de energia poderosas e perigosas. Antes de encerrar a cerimônia, ainda é preciso livrar-se dos restos das oferendas, das sobras dos sacrifícios, dos cabelos e das roupas das noviças, que compõem o "carrego". São os próprios orixás que vão fazê-lo. Despojam-se das roupas vistosas, e cada um recebe um enorme embrulho contendo todas as coisas perigosas que serviram de sustentáculo às trocas de energia sagrada durante o período de reclusão. O "carrego" deve ser despejado em lugar ermo e afastado, rio, praia, clareira na floresta. É rigorosamente proibido sair do terreiro antes da volta dos orixás. Saem eles em procissão, levando sua carga na cabeça, guiados por sacerdotisas e altos dignitários. Todos os presentes procedem a um "sacudimento", isto é, fazem gestos de limpar-se, jogando assim todas as coisas ruins que porventura pudessem circular por aí, para cima das cargas que vão ser despejadas ao longe. Deste modo, ao "levar o carrego", os orixás permitem também que a comunidade proceda a uma "limpeza" geral, uma regeneração do mundo. Através da iniciação de suas filhas, é a própria comunidade que renasce, mais poderosa e mais sagrada.

Quando os orixás retornam, as portas do templo se fecham de novo, um ciclo se encerra, os limites entre este mundo e o outro são restaurados. Pode-se voltar à vida cotidiana. Os orixás despedem-se. As sacerdotisas, porém, não recuperam ainda a identidade profana. Costumam passar por um estado intermediário, semi-inconsciente, o *erê*. Falam e brincam como criancinhas. Bastide (1978) pensa que o estado de *erê* acompanha obrigatoriamente a manifestação da divindade, sendo parte integrante daquilo que chama "a estrutura do êxtase". Considera que constitui uma espécie de regressão.

Cossard-Binon afirma, no entanto, que o *erê* ocorre ao longo do processo iniciatório, propiciando inclusive o relaxamento das tensões psíquicas e musculares que acompanham o transe. Em todo caso, são freqüentes situações desse tipo em ritos de passagem, e, mais uma vez, parece tratar-se mais de papel social do que propriamente regressão individual. A *iaô* é considerada pela comunidade como criança pequena, recém-nascida, até, que não sabe de nada, que deve reaprender tudo.

Uma festa específica, o *Panã*, realizada na semana seguinte ao dia do Nome, objetiva a dramatização dessa "reaprendizagem". A *iaô* representa as atividades cotidianas, brinca de varrer, cozinhar, lavar roupa, etc. Deita-se numa esteira junto com um garotinho, que põe a perna sobre a dela; assim é simbolicamente representada a reaprendizagem da vida sexual. A *iaô* brinca também de vender coisas, objetos doados ou fabricados por ela. Os membros da comunidade compram-nos, mas, simbolicamente, além das mercadorias, é a própria sacerdotisa que se compra. Esse costume parece constituir um eco longínquo das tradições africanas da compra das esposas. No terreiro é a família da sacerdotisa, os amigos, que assim pagam ao templo para tê-la de volta.

No começo da iniciação, a noviça recebe um colar, *kelê*, que expressa sua sujeição absoluta à sacerdotisa que a está iniciando. Diz-se, na verdade, "à mãe de santo que a fez". Trata-se realmente de uma recriação do indivíduo, efetuada em termos místicos. Do mesmo modo, chamam-se todas as sacerdotisas pelo nome genérico de "feitas". Pelos ritos, elas foram "feitas", refeitas, recriadas, como servas dos deuses, depositárias e transmissoras do *axé*.

À medida que as sacerdotisas se elevam na hierarquia o templo, tem cada vez mais deveres e proibições, pois a cada grau corresponde mais responsabilidade e mais capacidade para manipular a força sagrada. O poder ultimo será alcançado, de outra maneira, quando da transformação da sacerdotisa em ancestral, depois de sua morte. A morte inscreve-se necessariamente na trajetória vital. O homem que viveu de acordo com sua realidade interna está maduro para a morte, que lhe permitirá passar deste mundo para o outro. Mas, quando falece uma pessoa iniciada, é preciso reestruturar todas as relações dentro do sistema, para assegurar a correta redistribuição da força sagrada. Quanto mais importante a posição da falecida na comunidade, mais complexo e imprescindível é o ritual.

J.E. dos Santos consagra parte importante do seu livro *Os Nàgô e a Morte* (1976) à descrição dos rituais funerários, que compõe o *axexê*.

O primeiro objetivo desses ritos é separar a defunta da comunidade, facilitar sua passagem para o outro mundo, conforme aquilo que Van Gennep (1969) chamou muito apropriadamente de ritos de segregação. Mas se trata também de reintegrar o *axé* da sacerdotisa falecida, incorporando-o ao potencial dos poderosos antepassados do terreiro.

Enquanto os ritos de iniciação tinham a função de individualizar o coletivo, fixando o orixá na cabeça do iniciando, o *axexê*, em impressionante ritual, destrói os potes dos assentos individuais, rasga as roupas litúrgicas e rompe os colares. Uma das primeiras coisas que se faz, quando falece uma "feita", é, mediante nova incisão, retirar o *oxu* de sua cabeça. Fecha-se deste modo a ligação que fora estabelecida entre as Potências e a sede da individualidade. A junção desaparece. O *axé* da falecida é reincorporado ao potencial coletivo. Afirma-se a função despersonalizadora da morte.

J.E. dos Santos observa que, em ioruba, *axexê* significa *origem*. Os ritos funerários são, portanto, cerimônias de reintegração às origens do indivíduo, da comunidade e do mundo.

4
OS MODELOS MÍTICOS

A religião nagô ensina que cada "cabeça" é feita da mesma substância dos deuses. A identificação dessa origem divina tem de apoiar-se em *corpus* mitológico, que descreve o temperamento de cada divindade, sua linhagem, a força da natureza que lhe corresponde, o seu papel na comunidade e no mundo. Seguindo a ordem da celebração (*xirê*), vamos agora relatar os mitos dos principais orixás. Nossas fontes são várias. Diversas lendas foram encontradas nos trabalhos clássicos dos antropólogos. Restringimo-nos a obras que expõem tradições essencialmente brasileiras, de acordo com a posição que assumimos, conforme a qual o candomblé não representa uma cristalização das religiões africanas, mas sim uma reinterpretação, uma elaboração original. Nessa perspectiva, a referência aos mitos africanos só aparecerá ao citar autores que, embora apoiados em material predominantemente africano, residem no Brasil e participam da vida do candomblé, como é o caso de J.E. dos Santos ou de P. Verger.

A necessidade de coerência leva-nos, portanto, a deixarmos de lado citações de autores que tratam exclusivamente da África, como, por exemplo, W. Bascom, ou das Antilhas (Métraux, Cabrera, Ortiz). Nosso intento é apenas mostrar como os fiéis dos terreiros vivem sua identificação mítica, pois não tencionamos redigir um tratado de mitologia comparada.

Usamos também, como fontes, contribuições de romancistas brasileiros que não disfarçam suas ligações com o mundo do candomblé, como Vasconcelos Maia, Antônio Olinto, Zora Seljam e, particularmente, Jorge Amado. Como todos sabem, este último, qual Homero, gosta, em seus escritos, de mostrar os orixás participando de todos os momentos da vida do povo baiano.

Via de regra, contudo, preferimos utilizar o material que recolhemos da boca de nossos informantes. Lêem-se e ouvem-se muitas versões da mesma estória, mais ou menos clássica. Julgamos mais de acordo com o nosso propósito relatar aquelas que nos foram contadas diretamente por nossos amigos das casas de santo do Rio e da Bahia.

Foi possível gravar diretamente algumas lendas, ou anotá-las na hora. Outras foram reconstituídas depois. Transcrevemos as primeiras *in extenso*, resumindo as demais.

Nem todos os orixás serão aqui descritos. Como vimos, nem todos se manifestam em todos os templos. Ficaremos com os deuses que são mais freqüentemente presentes nos terreiros do Rio de Janeiro.

Começaremos por Exu, já que não se pode fazer nada sem citá-lo, em primeiro lugar. Em seguida virão Ogun, o ferreiro; Oxossi, o caçador da floresta; Ossaim, o dono da flora sagrada e medicinal; Obaluaê, senhor das epidemias; Oxumaré, a serpente arco-íris; Nanã, a terra dos grãos e dos mistérios; Xangô, rei do trovão; Iansã, rainha dos mortos e das tempestades; Oxum, fecunda rainha da água doce; Iemanjá, senhora de todas as águas do mundo; e Oxalá, o Pai, criador de todos os seres.

Os mitos que recolhemos misturam-se, às vezes. Organizá-los em conjunto coerente não é muito fácil. Certos deuses são mais populares, com repertório lendário mais rico. Agrupamos os mitos na medida em que permitiam destacar o caráter e a natureza de cada divindade, sublinhando-lhe a especificidade. Na medida do possível, procuramos apreender também as peculiaridades de cada "subtipo", para retomar a expressão de Bastide (1978). A identificação de cada "qualidade" de orixá, no entanto, varia conforme as fontes, e os subtipos serão aqui descritos mais como elementos de um fio condutor que permita integrar aspectos às vezes contraditórios de uma mesma divindade.

Exu

A rigor, Exu não é orixá, mas sim a personificação do princípio da transformação. Participa de tudo o que existe. Quando o mundo começou, da lama e das águas primordiais surgiu um montículo de laterita vermelha. O sopro de Olorum conferiu-lhe a vida. Assim nasceu Exu Yangi, "rei e pai de todos os Exus"[1].

"Primogênito do universo", na feliz expressão de J.E. dos Santos (1976: 134), Exu é preexistente à ordem do mundo. É múltiplo e indômito. Concede o seu apoio a quem lhe oferece sacrifícios, mas a aliança tem de ser constantemente renovada. Como a própria vida, transforma-se sem parar, e assim faz o universo funcionar. Esse funcionamento, porém, não é uniforme. Exu muda o jogo a seu bel-prazer. Enreda e desenreda os caminhos do mundo. É um *trickster*.

São inúmeras as peças que prega. Não expressam malignidade, antes resultam dessa pluralidade, essa polivalência, essa capacidade de ser um e múltiplo, imutável e cambiante, que faz a essência de Exu.

Um mito clássico mostra como e por que se tornou dono do mundo.

Orumilá, que é o deus supremo em sua função de senhor do destino, foi pedir um filho a Oxalá[2]. *Isso ocorreu nas primeiras épocas do mundo, quando Oxalá ainda não tinha criado os seres. Exu Yangi, o monte de laterita, já estava lá, bem vivinho, tomando conta da porta da casa de Oxalá.*

A mulher de Orumilá fazia absoluta questão de ganhar logo um filho. Oxalá disse que a hora ainda não tinha chegado.

---

1. *Eṣù Yangi Oba baba Eṣù* (REGO, 1980).
2. Ver o mito na íntegra em J.E. dos Santos, 1976: 135s.

Orumilá espantou-se: "E aquele que está sentado, lá fora, à esquerda de tua porta?"

O criador respondeu que aquele não era bem o encantador rebento com que sonhavam. Mas Orumilá insistiu tanto que Oxalá lhe concedeu tornar-se pai de Exu. Voltou para casa, deitou com a mulher, e depois de doze meses (preparar o renascimento de Exu levara mais tempo do que o normal), ela deu à luz um menino que foi chamado Elegbara, ou seja, "senhor do poder de transformação".

Ao nascer, já fala e pede comida. Engole tudo que lhe vem pela frente. Come todos os animais que havia na terra, os pássaros, os peixes. Acaba engolindo a própria mãe.

Orumilá não gostou.

Quando Exu aproximou-se dele, pois pretendia comer também o próprio pai, este o esperava, de espada em punho. Exu fugiu, mas Orumilá o alcançou, cortando e recortando-o em duzentos e um pedaços. O ducentésimo primeiro pedaço, contudo, virou Exu inteirinho, e saiu fugindo. Orumilá alcançou-o, já no segundo "céu", de novo o retalhou em duzentos e um pedaços, e o ducentésimo primeiro fugiu, e assim por diante, até chegarem no nono "céu". Não tinham mais para onde ir, e resolveram entrar em acordo.

Exu devolveria a sua mãe, e todos aqueles que engolira. É por isso que todos os seres vivos no mundo têm a ver com Exu, cada um de nós tem seu próprio Exu, cada bicho, cada peixe, cada pássaro, cada orixá tem seu Exu particular.

Ele transforma tudo, por ter engolido e devolvido tudo. Ficou com o encargo de receber as oferendas e distribuir os dons. Chama-se o "senhor do sacrifício", *Elebó*.

É chamado e servido antes do deus que ele acompanha. Vimos, no precedente capítulo, que não há rito sem prévia invocação de Exu.

Filho de Orumilá, ele fala no oráculo. Cada pedaço retalhado era Exu inteirinho, e todos se tornaram servidores de

Orumilá, que manda no oráculo de Ifá. Cada configuração do oráculo possui seu Exu particular. Ifá, o adivinho, que é o coco do dendezeiro, revela ao consulente como fazer para servir o seu Exu pessoal, de maneira a cumprir corretamente o destino que lhe cabe.

Um mito recolhido na Nigéria por J.E. dos Santos (1976: 139s) ressalta a importância de Exu no funcionamento do oráculo. Relata como o deus criador ensinou às dezesseis figuras do oráculo, *Odu*, o que deviam fazer para que o mundo seguisse o rumo correto.

Embora fizessem tudo aquilo que fora prescrito, nada funcionava:

> Se dissessem a alguém que não fosse morrer, morria.
> Se dissessem que alguém não fosse sobreviver, essa pessoa sobrevivia.
> Se dissessem que uma pessoa fosse dar à luz, ela ficava estéril.

Orumilá, perplexo, vai procurar Olorum. No caminho, encontra Exu, que dá a explicação:

> aquilo que estava estragando o trabalho deles na terra era o fato de eles não terem convidado a pessoa que constitui a décima sétima entre eles. Por essa razão, ela estragava tudo.

Os Dezesseis convidaram então Oxum, que relutou bastante. Concordou em encontrar-se com eles sob a condição de dar à luz um filho. Se tivesse uma filha, seria sinal de desacordo.

Os Dezesseis juntaram toda sua força sagrada (*axé*) para conseguir que Oxum tivesse um menino, *Oxetuá*. Quando nasceu, viu-se que era, na verdade, uma encarnação de Exu que, deste modo, passou a tornar parte nos trabalhos do oráculo.

Tudo voltou ao normal. A terra, que padecia de grande seca, foi fecundada pela chuva:

> O inhame brotava,
> o milho amadurecia,
> a chuva continuava a cair, todos os rios transbordavam.
> Todo mundo era feliz.

Oxetuá representa, portanto, Exu no aspecto benfazejo de transportador de oferendas, aquele que restitui a fecundidade do mundo.

Observar-se-á que o mito afirma a necessidade de integrar a décima sétima pessoa, para que o mundo se transforme para melhor. Do mesmo modo, no mito precedente, Exu é o ducentésimo primeiro pedaço, que lhe permite regenerar-se por completo. Esse simbolismo é uma constante. Exu é a unidade que se multiplica até o infinito, ou, mais precisamente, é a unidade que, acrescentada aos números pares, transforma o estático em dinâmico.

Ele é o primeiro ser que aparece na criação do mundo. Quando renasce como filho de Orumilá, ele é a terceira pessoa, que devora o mundo. Cortado em pedaços, é o ducentésimo primeiro, a partir do qual o mundo é reconstituído.

Renasce ainda como filho de Oxum, para tornar-se a décima sétima figura do oráculo, ineficaz sem a sua participação.

Durante a iniciação, cada noviça recebe um pote, colocado sob a invocação de Exu Bara, o "rei do corpo". Esse pote contém vinte e um búzios, que simbolizam os elementos do destino que cada cabeça escolhe antes de vir nascer na terra.

Dezesseis cauris representam o oráculo (*erindilogun*); quatro pertencem ao oráculo simples, usado diariamente; o último representa Exu Oxetuá, aquele que dá significação ao conjunto.

Ao longo da sua vida, a sacerdotisa terá de consultar o seu *Bara*, cada vez que tiver que tomar uma decisão. Para tanto, poderá consultar apenas quatro búzios, ou o jogo completo de dezesseis cauris. O vigésimo primeiro fica de lado, é o "guardião" que permite a estruturação da mensagem. Em outras palavras, ele representa a própria individualidade da sacerdotisa, o significado de sua vida.

Nos ritos do candomblé, vinte e um é o número que corresponde a Exu, e diz-se vulgarmente que existem 21 Exus.

Quando *Elegbara* engoliu e restituiu tudo, mostrou que é a boca que organiza o mundo, através da fala. É a palavra proferida que recria o mundo, percebido (engolido) e devolvido com significado próprio[3]. Se os antigos podem falar, revelando os mistérios do rito, é graças a Exu, que transmite a força sagrada das palavras. Exu é o princípio que possibilita transportar e distribuir o *axé*.

A "abertura da fala", realizada durante a iniciação, para permitir que o orixá venha a se manifestar no dia do nome, é também regida por Exu.

Ele é o deus de todas as aberturas, orifícios do corpo ou portas das casas, guardião dos ritos, "Boca Coletiva" que proclama as significações da cultura nagô.

É o mediador entre todos os elementos do sistema intermediário pelo qual se cultuam os deuses e se chamam os mortos, grande mensageiro, grande transportador de *axé*.

Além de receber as oferendas e distribuí-las a quem de direito, encarrega-se de levar o perigoso pacote formado pelos despojos nos rituais fúnebres. Chama-se então *Eleru*, "senhor do carrego".

Lembramos que se diz popularmente "despachar Exu". O "despacho" pertence a Exu, a encruzilhada também, por ser ele o senhor de todas as direções do espaço e do tempo:

"Ele matou um pássaro ontem, com uma pedra que somente hoje atirou" (VERGER, 1981: 78).

É ele Exu *Lonã*, "Senhor do caminho", ou *Baba Onã*, "Pai do caminho", dono de todas as redes de comunicação no tempo e no espaço.

O primeiro dia da semana lhe pertence. Sua casa localiza-se à entrada do templo, do lado esquerdo, por ser ele um dos *ogbamalé ojú kosi*.

---

[3]. Como deixar de citar agora o livro de Ptah: *O órgão da criação é a boca, que nomeia todas as coisas?* (VAN DER LEEUW, 1970: 413).

Deve-se saudá-lo antes de entrar mais adiante no terreiro. Pois fecha portas e caminhos com a mesma facilidade com que abre. Sendo um *trickster*, atar e desatar as redes de comunicação constitui seu passatempo favorito. Grande parte dos contos nagô relata o que acontece com as pessoas que esqueceram de homenageá-lo primeiro. Em compensação, dá toda ajuda àqueles que sabem tratá-lo como convém.

A atividade sexual é comunicação e multiplicação, liga-se, portanto, a Exu. Um dos seus emblemas é o bastão (*ogô*) que possui interessante propriedade de transportá-lo onde quiser, em um instante. Esse bastão apresenta características nitidamente fálicas. Ao que parece, Exu é representado, no Daomé (hoje Benim), por portentosos falos erguidos nas encruzilhadas e na entrada dos templos[4]. Na Bahia, a arte popular elaborou estatuetas de ferro, com falo bem saliente.

A "saliência", com todos os sentidos populares da palavra, parece ser mesmo a marca registrada de Exu. É um compadre engraçado, reinador, sem o mínimo traço de vergonha. Nas brincadeiras pelas estradas, tem a constante companhia de Ogun, o seu irmão, primogênito dos deuses.

O símbolo de Exu é um montinho de barro com ferros fincados. A faca sacrifical, de ferro, pertence por metade a Ogun e metade a Exu. Parece que houve certa disputa entre eles a esse respeito. Desde que Orumilá o retalhou em nove vezes em duzentos e um pedaços, Exu é o deus de tudo aquilo que é separado, dividido, chamando-se, nesse aspecto, *Olobe*, "Senhor da faca". Além do mais, cabe-lhe indicar os sacrifícios que serão realizados. No entanto, é Ogun quem forja a faca, por ser ele o grande ferreiro. Ambos tinham fortes razões, portanto, para pretender o domínio da faca. Acabaram decidindo dividir igualmente entre si as primícias dos sacrifícios.

---

4. As estátuas de Hermes que protegiam as encruzilhadas na Grécia Antiga possuíam idêntica função, e atributo semelhante. Talvez estejamos frente a um símbolo universal, que une procriação e comunicação. A infância de Hermes demonstra claramente seu caráter de *trickster*.

É freqüente consagrar a Ogun os filhos de Exu. Julga-se que entidade tão poderosa e tão múltipla pode dificilmente encerrar-se em uma só cabeça. A tal ponto que não se diz que alguém está possuído por Exu, mas sim que tem "carrego" de Exu. Esse "carrego", via de regra, não dura a vida toda, pois a carga pesaria demais.

Quando Exu responde, pelo oráculo, que o consulente lhe pertence, costuma-se pedir-lhe a autorização para "fixar" Ogum em seu lugar. Suspeita-se que muitos iniciados consagrados a Ogum sejam na verdade filhos de Exu. Como ambos possuem gênio difícil, na vida prática, não se tem muita possibilidade de distingui-los um do outro.

Apesar disso tudo, conhecemos um filho de Exu, que dirige um templo no Grande Rio. A história que nos contaram é típica:

Ele nascera filho de Oxossi, mas, durante o processo iniciatório, o pai-de-santo esqueceu de solicitar a autorização do Exu que acompanha o deus da caça. Fora esse detalhe, o ritual foi cumprido corretamente. No dia de dar o Nome, na hora em que o deus vai falar pela boca do iaô, Exu, que ficara quieto, até então, adiantou-se na frente de Oxossi e gritou, bem alto: "Exu lalú!" Espanto geral. Mas o nome estava dado, e bem dado. O iniciado doravante pertencia a Exu. É dele ainda hoje, e, sem dúvida, para sempre. São coisas que acontecem quando se esquece de homenagear Exu primeiro.

Sabemos que, nos terreiros que receberam forte influência católica, Exu foi confundido com o Diabo. Dois fatores principais parecem ter facilitado essa assimilação: primeiro, seu caráter fálico, sua safadeza, que fazem dele uma criatura pecaminosa aos olhos puritanos; depois, o papel de Senhor da Oferenda, que exige sua presença em todos os "trabalhos" do sacrifício e, por degradação, da magia. A magia do negro escravo por conseguinte, como coisa diabólica. Essa imagem de Exu como equivalente do Diabo predomina hoje em todas as áreas de tendência umbandista, Rio, São Paulo, e, seguindo a expansão desta nova religião, em todo o país.

Os candomblés ortodoxos, no entanto, recusam veementemente tal assimilação. O Exu dos terreiros nagô em nada lembra a encarnação do mal. É perigoso, mas é por ser muito poderoso. Deve ser conhecido, e tratado como convém. Pois nada se faz sem Exu, senhor da transformação.

Exu se manifesta em tudo aquilo que vem em primeiro lugar, primeiro dia da semana, primeira oferenda, primeira cantiga. É ele o primogênito do mundo, o primeiro rei de Keto. Suas cores representam os três elementos simbólicos do *axé*, branco, vermelho e preto. Seu colar é vermelho e preto, mas pode dançar com vestes brancas. Usa também um colar com contas azuis muito escuras. Exu come galo e bode pretos. Gosta de farofa de dendê, tem predileção por carnes assadas na brasa, bem tostadas. Água, cachaça, farinha e azeite-de-dendê são constantes em suas ofendas.

Uma estória muito comum de ser lida e ouvida ressalta a importância do branco e do vermelho como cores simbólicas de Exu. Eis a versão de Pai Romeu, babalaô a quem devemos muitas lendas, como se verá mais adiante:

Havia dois irmãos, que fizeram uma jura: nós nunca vamos brigar. Exu ouviu e disse: Espera aí que eu vou fazer você brigar. Pegou um capacete com um lado vermelho e outro branco, chegou no meio dos dois, estavam conversando, passou e não pediu permissão. Aí disse:

Meu irmão, viu que homem estúpido, esse homem com chapéu branco! Passou entre nós, não pediu licença!

Chapéu branco não, meu irmão, o chapéu é vermelho. Ficaram a discutir. Quando eles já estavam a se unhar, aí então ouviu-se a gargalhada.

Era Exu. Vocês não disseram que não brigavam?

Essa anedota é freqüentemente contada como exemplo do gênio contrariante de Exu. Não devemos esquecer, porém, que o conto provém de um contexto sagrado, revelando outro significado: aquele que interpreta a realidade de modo parcial, percebendo apenas *um* aspecto, somente encontrará contradição e conflito. É preciso considerar a totalidade, o vermelho e o branco, dos quais Exu permite fazer a síntese.

A cerimônia que lhe é dedicada, celebrada antes do começo de qualquer culto, privado ou público, chama-se *padê*, o que quer dizer *re-união*.

Exu Elegbara, senhor do poder de transformação, foi cortado em pedaços para poder em seguida regenerar-se e reunir simbolicamente o universo inteiro pela força da palavra. Exu provoca o conflito, para promover a síntese. As interpretações que enfocam um aspecto parcial são tão fúteis como a briga dos dois irmãos.

Tudo o que se une, se multiplica, se separa, se transforma, tudo isso, é Exu.

Exu é a vida, com todas as suas contradições e sínteses.

Ogun

Na África, Ogun é o deus do ferro. Todos os que manejam ferramentas são seus protegidos: guerreiros, ferreiros, barbeiros, tatuadores, e, hoje em dia, mecânicos, motoristas de caminhões e maquinistas. No Rio de Janeiro, onde recebe o culto fervoroso, sobretudo nos templos umbandistas, foi geralmente assimilado com São Jorge, cuja efígie enfeita tantos dosséis de motoristas de ônibus.

No entanto, é mais visto sob o aspecto de guerreiro do que como patrono da tecnologia. Bastide (1978) julga encontrar nisso a herança da escravidão. Na revolta dos negros contra o senhor branco, onde encontrar apoio, senão em Ogun (a guerra) e Exu (a magia)?

Ogun, ainda hoje, defende seus fiéis, pela força das armas e das imprecações. Jorge Amado, em *Tenda dos milagres*, conta como a força de Ogun derrotou os soldados que vinham para destruir um templo, no tempo das perseguições.

"Avançaram os soldados contra Ogun, as armas levantadas. Ogun Kapê dan megi, dan pelú oniban. Ogun chamou as

cobras e as cobras se ergueram diante dos soldados. *Ogun avisou: quem quiser brigar terá briga, quem quiser guerra terá guerra, as cobras morderão e matarão, não vai ficar nem um soldado vivo. As cobras avançaram as línguas venenosas e aos gritos de socorro os soldados saltaram nos cavalos e fugiram, depressa foram embora, porque em sua dança sem parar Ogun chamou as duas cobras,* Ogun Kapê dan megi, dan pelú oniban (AMADO, 1977a: 242).

Os soldados são afugentados pela força dessa imprecação terrível, mais do que pelo perigo das serpentes. Ogun é sempre violento. Protege os assassinos. Nina Rodrigues (1900) fala de um rochedo, chamado "Pedra de Ogun, nos arredores de Salvador, contando que certo dia encontrou lá um facão novinho. Rápido inquérito levou-o a concluir que acabara de, com ele, trucidar a esposa.

Uma invocação africana, recolhida por Verger, é bem explícita a esse respeito:

Tendo água em casa, lava-se com sangue.
Ogun que leva a criança a matar-se com ferro (brincando).
Trazendo água, ele mata sete.
O homem treme como alguém que abre a porta.
Ele mata à direita e destrói à direita.
Mata à esquerda e destrói à esquerda.
O dia em que Ogun pegou o marido e a mulher, nesse dia, tive medo que Ogun me apanhasse.
Bebemos o vinho de palmeira do pavor (VERGER, 1966: 244).

Lê-se a mesma violência no rosto de seus filhos, quando se manifesta. Ergue a espada, a fisionomia expressa a ferocidade, olhos esbugalhados, nariz franzido. É fácil ao observador identificar a presença de Ogun nessa mímica.

No entanto, Ogun não é apenas a violência, o santo padroeiro dos assassinos. Seus aspectos terríveis expressam todo o complexo tradicionalmente ligado às artes do fogo e da metalurgia. Em *Ferreiros e Alquimistas* (1977), Mircea Eliade descreve os tabus que cercam o trabalho do ferreiro. Mauss

(1967: 38) insistiu também no papel: "sagrado/terrível" desses técnicos: "os ferreiros, os homens que possuem o segredo do fogo da transmutação dos metais, são freqüentemente feiticeiros e mágicos, ocupando, por conseguinte, um lugar à parte na sociedade".

Certos mitos apresentam Ogun como herói civilizador. Inventa a metalurgia. Abre os caminhos. Cabe-lhes cortar os cipós e os matos para abrir picadas na floresta. Exu o acompanha. Nas cerimônias, os atabaques chamam Ogun logo depois de Exu.

Ogun é, portanto, antes de mais nada, o pioneiro. Vem das florestas, inventa o ferro, fabrica as armas de caça e de guerra, a enxada que trabalha a terra, as serras e os formões que entalham a madeira, transformando-a em objetos usuais, desde o pilão até a canoa. Prepara também os objetos sagrados: forja a faca dos sacrifícios, as campainhas que chamam os deuses na festa.

Ele é deus da técnica. Seu emblema resume suas atividades: é uma penca de sete ferramentas em miniatura. Sete é o número simbólico de Ogun. A pedra que o representa em seu aspecto essencial é minério de ferro.

Mas ele tem a ver com a madeira também, que transforma em objetos úteis. No episódio relatado por Jorge Amado, quando Ogun fica sabedor da aproximação dos soldados, ele vai logo na floresta, de onde traz as cobras. Ele é "o verdadeiro dono de todas as florestas selvagens e respeitadas" (SANTOS, D.M., 1963: 103).

É filho da palmeira, e várias cantigas o representam vestido de franjas de dendezeiro (*mariuô*). Nos terreiros tradicionais, as palmas do dendezeiro são um dos emblemas de Ogun, como bem mostra a lenda contada por D.M. dos Santos, em *Contos de Nagô* (1963):

Um pobre homem vivia mal em sua aldeia. Os vizinhos desrespeitavam-no, e ele tinha de buscar o sustento na floresta. Encontrou Ogun, que se interessou por ele. Disse que os maus vizinhos mereciam castigo. Mandou que o pobre homem mar-

casse as casas dos seus poucos amigos com palmas de dendezeiro. De noite, Ogun passou, e arrasou (não faz por menos) todas as casas que não levavam mariuô. Matou todos os inimigos do pobre homem, que ficou rico com a derrota dos demais.

Outra lenda, que nos foi contada por uma mãe-de-santo "feita" na Bahia, mas residindo hoje no Rio de Janeiro, dá conta de todos os aspectos de Ogun:

"Olodumaré, quando criou o mundo, chamou os filhos dele para dividir os bens. Cada um pegou jóias, dinheiro, coisas assim. Para Ogun sobrou uma espada e um saco de terra preta. Botou a espada na sacola, e foi andar. Andou, andou, sentou no pé do dendezeiro, aí resolveu dormir e subiu na copa do dendezeiro. Aí pegou umas tiras de mariuô *para se vestir*. É por isso que a gente canta:

> Ogun ajó ê mariuô.
> Ogun ajó ê mariuô.

Começou a chover. Choveu, choveu e nunca mais parou.

Ogun abriu o saco, caiu o pozinho, era a terra que foi se espalhando. Era Nanã, do laguinho saiu uma mulher, que Olodumaré mandou. Era a terra.

Saíram por aí para criar o mundo (Nanã e Ogun). A espada dele era mágica porque Olodumaré benzeu, tinha o *axé* dele.

Ogun fez uma canoa, fizeram cabanas, plantações. Os irmãos ouviram falar que Ogun tinha fundado um reino. Vieram para saber das coisas e para dividir o reino. Nanã aconselhou ele a enfrentar os irmãos que vinham com exércitos. Aí, com a espada, ele derrotou os dois exércitos. E por isso que a gente canta:

> Ogun pá lélé pá
> Ogun pá ojaré
> Ogun pá koro pá..."

(Ogun mata com violência. Ogun mata, com razão, Ogun mata, e destrói completamente).

A violência de Ogun jamais é gratuita, como se vê. Observa-se o papel de Ogun na criação do mundo. Outras versões afirmam que Ogun forjou uma grande corrente de ferro, que passou a ser o eixo do mundo. Na lenda que recolhemos, é patente o papel de civilizador, bem como sua estreita ligação com o dendezeiro.

Seja pelas árvores, ou pelo ferro, a força de Ogun reside no "elemento" preto. Suas vestes são azul escuro. Seus colares são de contas azuis ou verdes. Usa também correntinhas de ferro. Dança de espada na mão. Cachorro, galo, bode, lhe são oferecidos em sacrifício. Ogun gosta de inhame, mas seu prato predileto é a feijoada.

Dizem que existem sete "qualidades" de Ogun. De acordo com Verger (1980) seriam eles: *Ogun Mejê* (Ogun "sete"); *Alagbede*, que é o marido de Iansã (ver adiante); *Ogun Onirê*, que se celebrizou por destruir completamente a cidade de Irê, em dia que ninguém lhe deu atenção no mercado[5]; *Alakorô*, "o senhor do capacete", e, conforme Pai Romeu, seria esse o verdadeiro nome de *Ogun Ogunjá*, patrono de um ilustre terreiro da Bahia, cujo nome, segundo Verger, proviria de *Ogún jé ajá*, "Ogun come cachorro"; *Ogun Omini*, que um dos nossos informantes da Bahia chama de *Ogun Omèmè*, "Ogun menino, fechado e muito quieto", que usa contas verdes; e *Ogun Wari*.

Rego (1980) cita outros nomes. *Ogun Alagbede* seria mais exatamente *Alagbede*, de *Alá*, senhor e *Agbede*, ferreiro, conforme a saudação *Ogun Alagbede orun*, "Ogun senhor dos ferreiros do céu". Fala também de *Ogun Aiaka*, tão feroz e sedento de sangue, que, quando em estado de carência, "costuma beber o sangue da cabeça do próprio filho": *Ogun Aiaka gba mu eje* "toma e bebe o sangue". Outras "qualidades" de Ogun são diretamente ligadas a certas funções também desempenhadas por Exu que, como vimos, é seu companheiro constante. *Ogun Edeyi* cuida das porteiras, *Ogun Orominã* ("meu

---

5. Era dia de preceito no mercado de Irê, por isso ninguém falou com o forasteiro Ogun que acabara de chegar. Quando soube da explicação (após arrasar a cidade), Ogun arrependeu-se e tornou-se rei de Irê (*Oni-Irê*), reconstruindo-a.

ritual é o fogo") anda junto com *Exu Inã* (que lida com fogo também). Seja como for, todos esses subtipos apontam uma só direção: Ogun é ferreiro, é pioneiro, benfazejo e violento.

Tirando Exu, seu relacionamento com os demais orixás não parece ser dos melhores. Tem longa contenda com Xangô. É bem verdade que este lhe roubou as mais belas mulheres, Iansã e Oxum. Veremos mais adiante a longa história de Iansã. No que diz respeito a Oxum, estavam passeando um dia, quando Ogun começou a brigar com a mulher, jogando-a no rio. Xangô salvou-a, e a levou para seu palácio. Mais tarde, Ogun foi visitar o irmão, e, ao rever a belíssima Oxum, arrependeu-se. Para entabular as negociações com Xangô, mandou como presente um carneiro gordo. Xangô entendeu perfeitamente a mensagem, mas não queria devolver Oxum. Mandou entregar um cachorro bem magro para Ogun, que fingiu não perceber o deboche, e, desta vez, remeteu uma cesta cheia de quiabos, que são a comida preferida do deus do trovão. Enquanto Xangô estava se deliciando com o *amalá*, Ogun chegou-se de mansinho junto a Oxum e conseguiu convencê-la a voltar para ele.

Parece que essa lenda tem por objetivo principal ilustrar as preferências alimentares de Xangô. Não deixa contudo de revelar um aspecto constante da mitologia nagô: o mundo dos deuses é semelhante aos dos homens, cheio que está de conflitos, de seduções, de acordos e desacordos. Nela Ogun aparece como violento, impulsivo, mas capaz de certa malícia para chegar a seus fins.

Ogun representa o poder masculino naquilo que tem de agressivo e exclusivo. Vários autores contam como Ogun conseguiu tirar das mulheres (lideradas por Iansã) o poder que tinham sobre os mortos. Ogun consagra o triunfo do patriarcalismo. É o representante da lei dos machos e das sociedades dos guerreiros.

É terrível, mas protege seguramente os seus filhos. O adivinho Pai Romeu cantou para nós uma cantiga do Senhor do Capacete:

O Senhor sou eu, porque mato a fome
Dou de comer a quem tem fome.

Destrói os inimigos, e mata a fome: o grande prestígio de Ogun entre os trabalhadores humildes do Rio de Janeiro inscreve-se na lógica da situação.

Oxossi

Oxossi apresenta vários traços em comum com Ogun, na medida que este é um deus das árvores. Oxossi é o rei da mata, deus da caça, protetor de todos aqueles que tiram o seu sustento da floresta. Ogun acompanha-o nas caçadas, abrindo picadas com seu facão, enquanto Oxossi mata os bichos com sua flecha certeira.

Possui o título de Rei de Keto (*Alaketu*), e vários terreiros da Bahia lhe são dedicados: o primeiro de todos (Engenho Velho), o segundo (Gantois), e todos os templos que reivindicam ligações com a casa real de Keto. Entre as obrigações do candomblé, dizem que a festa das quartinhas de Oxossi, celebrada anualmente no Gantois, é inesquecível. Muitos baianos ilustres fazem questão de tornar público seu parentesco mítico com Oxossi: dentre eles Jorge Amado, Carybé e Caetano Veloso.

Oxossi vive na floresta, gosta de ar e liberdade, e não suporta ficar trancado. Sua casa, que freqüentemente compartilha com Ogun, é situada fora da edificação principal, no terreiro. O deus da caça mantém estreita ligação com Ossaim, deus das plantas sagradas e medicinais. Conta Verger (1980) que, contrariando os zelos de sua mãe Iemanjá, Oxossi deixou-se envolver por Ossaim, passando doravante a viver com ele na floresta, e aprendendo com ele todos os segredos da mata. Em compensação, é Oxossi quem defende o acesso às plantas, dificultando a penetração no mato daqueles que não têm o devido preparo.

Oxossi é, portanto, um deus do "elemento" preto, seu *axé* inclui o suco das plantas, e sua cor é o azul-claro. É freqüente encontrá-lo com um ou dois chifres de búfalo dependurados na cintura. Na África, soprar nesses chifres era um meio de comunicar com o além. Contaremos mais adiante, nos mitos de Iansã, como a mesma lhe deu os chifres de presente.

Na mão, o deus da caça usa o *erukerê*, feito dos pêlos de um rabo de boi, presos em bainha de couro, enfeitada às vezes por contas azuis e cauris. É o emblema da realeza em vários países da África, e o rei de Keto ainda usa-o em nossos dias. O *erukerê* possui, além disso, virtudes mágicas, conferindo o domínio dos espíritos da floresta. Os pêlos passam por representar a multiplicidade dos espíritos dos antepassados, dos animais, das matas. "As raízes dos pêlos devem durante algum tempo ser imersas num pote com uma combinação de elementos que constituem uma *àṣe* especial, que lhe permitirá adquirir os poderes necessários à sua finalidade" (SANTOS, J.E., 1976: 94). Os pêlos assim preparados serão reunidos em seguida para formar o *erukerê*, que terá então o poder de proteger o caçador, tornando-o senhor de todos os espíritos da mata.

Para trazer a caça, Oxossi leva também duas capangas de couro. Sempre alcança o alvo com sua flecha poderosa. O arco (*ofá*) sustenta a seta, cujo nome africano significaria "flecha que sempre fere" (*damatá*). Verger (1980: 1981) não se cansa de contar a estória do caçador "guardião da noite" (*Oṣó*) que conseguiu, com uma só flecha certeira, derrubar o enorme pássaro, suscitado pelo poder das feiticeiras para atrapalhar a festa dos inhames novos no reino de Keto, sendo aclamado pelo povo com o nome de Oxossi (de *Oṣó Wusi*, "*Oṣó* é popular", conforme Verger, 1981: 113).

Diversas lendas contam como o caçador (*Odé*) veio a tornar-se um orixá, transformando-se em Oxossi.

Na Bahia, nos disseram que Odé, ainda simples caçador, foi um dia para o mato caçar, sem antes consultar o oráculo. Ainda por cima, naquele dia fatídico, era proibido caçar. Nem deu ouvidos às objurgações de Oxum, a esposa, embrenhando-se na floresta. Deparou-se com uma grande cobra, que não era senão Oxumaré, a serpente arco-íris. Ao vê-lo, a cobra começou a cantar: "Eu não sou bicho de penas, para ser morta por você". Odé desprezou mais este aviso, e traspassou a serpente com sua lança. Cortou-a em pedaços, que trouxe para casa. Ao longo do caminho, no entanto, continuou ouvindo aquela voz cantando. O que não lhe arrefeceu o ânimo, pelo contrário, ao chegar em casa foi ele mesmo para a cozinha (sua mulher fugira apavorada com a quebra de tantos tabus) e preparou um guisado, que na mesma hora comeu.

No dia seguinte, Oxum voltou para ver o que teria acontecido. Encontrou Odé deitado no chão, morto. No solo, via-se o rastro de uma serpente, que ia em direção à floresta.

Oxum caiu em prantos, lastimando-se tanto e tão alto que o choro chegou aos ouvidos do deus do oráculo, que, comovido, fez renascer Odé sob a forma divina de Oxossi, padroeiro dos caçadores.

Foi essa estória da serpente morta por Odé que levou os escravos a assimilarem Oxossi com São Jorge matador do dragão, na Bahia, e São Miguel na mesma representação, no Recife. No Rio de Janeiro, em que São Jorge guerreiro é freqüentemente assimilado com Ogun, Oxossi foi associado a São Sebastião (por causa das flechas). Isso acontece sobretudo em terreiros já permeados pela influência da Umbanda, pois, até mesmo no Rio de Janeiro, os terreiros mais tradicionais conservam a referência baiana, e homenageiam Oxossi por volta do dia 23 de abril, festa de São Jorge. O culto de Oxossi é particularmente desenvolvido também nos terreiros de "candomblé de caboclo", que o representam com o cocar dos indígenas.

Mestre Didi conta a estória de um jovem príncipe vassalo de Oxossi. Viajando pelo mundo, chegou frente a uma igreja toda arruinada. Ele procurou saber quem era o padroeiro da cidade e dono daquela igreja, ficando sabendo que era de São Jorge (Oxossi). Entrou na igreja e viu a grande imagem do velho caçador sangrando a serpente; imediatamente, mandou chamar pedreiros, carpinteiros, pintores e toda a qualidade de operários que era preciso para reconstruir a igreja, o mais breve possível (SANTOS, D.M., 1961: 98). Na imaginária popular, o sincretismo é total. O príncipe não só reconhece a pintura de São Jorge como representação do velho caçador matando a grande serpente mítica, como, logo em seguida, descobre, num canto da igreja, o retrato danificado do diabo, que manda restaurar. O diabo, por sua vez, é Exu, e quando o príncipe precisar de socorro, Oxossi chamará Exu, que fará o necessário.

Os devotos de Oxossi asseguram que não existe protetor mais constante. Ai daquele, porém, que prometer algo e não cumprir. Nenhum orixá gosta de falta de palavra, mas Oxossi é particularmente implacável. É rude, sisudo, cauteloso, como convém ao caçador da floresta. Odé, Oxossi, Rei de Keto, tem outros nomes também. Quando percorre as matas ao lado de Ogun, chama-se Otin, veste roupas azuis, usa a lança e só come caça; Oxossi casado com Oxum Pondá é Ibualama ou Inlé, pai de Logunedê.

Logunedê reúne as peculiaridades de cada um dos genitores. Veste-se de azul turquesa (por parte de Ibualama) e de amarelo (por parte de Oxum). Usa *erukerê* (ou arco e flecha) na mão direita (lado do pai) e leque (*abebé*) de latão na mão esquerda (lado da mãe). Mora com o pai na floresta durante seis meses seguidos, caçando bicho de pena e de pêlo; nos outros seis meses do ano, mora dentro do rio com a mãe, e só come peixe. Alguns dizem que Logunedê muda de sexo: é homem quando vive no mato, mulher quando mora no rio. Nem todo mundo concorda com essa versão. Logunedê sabe ser rude e doce ao mesmo tempo, mas é homem. Sua dança, ao que nos pareceu, não se distingue da de Oxossi. Ambos representam os passos da caçada, descobrem no chão do barracão rastro de animais, que seguem cautelosamente, retesam o arco e atiram a flecha, pulam na alegria do alvo alcançado.

Ibualama e Logunedê usam como enfeites braceletes ligados entre si por correntinhas de metal (*saba*). Conforme Rego (1980), Ibualama é o único Oxossi a vestir-se inteiramente de couro, levando em cada mão um chicote (*bilalá*) feito de tiras de couro trançadas, que "ele bate constantemente no corpo para sentir a presença do couro".

Quatro é o número sagrado que corresponde a Oxossi, que se manifesta através de quatro "qualidades": Odé, Oxossi, Otin e Ibualama.

Além de comer caça, é claro, Oxossi gosta de porco, de bode, de galo. Sua maior quizila, ou seja, proibição[6], é o mel de abelhas. Tampouco come cabeça, de qualquer animal que seja[7]. Gosta de inhame, de feijão-fradinho, mas o prato predileto de Oxossi é o *axoxó*, feito de milho cozido coberto de tiras de coco.

Senhor de todas as matas, Oxossi mantém inúmeras ligações com as espécies vegetais. Aroeira e mangueira lhe pertencem, e ouvimos dizer que "as plantas de Oxossi servem para todos os outros santos". Todas as plantas designadas sob o nome genérico de "carrapicho", que possuem a propriedade de agarrar na roupa e nos pêlos dos animais, também são de Oxossi.

Conforme os mitos, o deus da caça é casado com Oxum, ou com Iansã, ou com ambas. Sua rudeza, contudo, parece desagradar à grande coquete que é Oxum. Uma estória bem conhecida conta que cada vez que Oxossi se aproximava, Oxum o repelia, por estar ele cheio "de sangue e morrinha de bicho" (SELJAM, 1978a: 37), e fazia mil exigências que acabaram cansando o caçador. Quanto a Iansã, ela dificilmente fica quieta, e contaremos mais adiante como casou com Oxossi e depois foi-se embora. A impressão que dá Oxossi é do homem rude e sem vínculos, que só vive para as matas e a caça.

Para o morador da floresta, a passagem das atividades de colheita para a caça representa importante momento civilizatório: passa a dominar certos aspectos do mundo, abre caminhos, fabrica armas, organiza-se em grupos para cercar os animais e, mais tarde, dividir a caça. Os diversos mitos descrevem

---

6. Embora seja de origem banto, a palavra *quizila* é comumente empregada para designar qualquer tipo de proibição, em vez de *ewó*, que é o termo ioruba correto. Por isso a usamos aqui.

7. A tal ponto que, da planta *ewe akukó*, crista-de-galo (*amarantácea*) que lhe é particularmente consagrada, só se colhem as folhas, e não as flores. Pois as flores sugerem cabeça de galo, conforme o nome indica, tanto em ioruba quanto em português, e "Oxossi não come cabeça de nada".

109

uma trajetória heróica: Odé é um simples homem, muito hábil caçador, mas nada tem de divino até que, transgredindo proibições, morre como homem e renasce como orixá. Essa temática transmite a idéia de algo conseguido mediante duras penas, graças ao esforço do homem em dominar a natureza e a si próprio. O caçador não é mais o homem que se adapta passivamente às condições externas. É aquele que aprende a conhecer a natureza, desvendando os segredos da mata e dos bichos, para assenhorar-se dela. É deste modo que interpretamos a estória de Odé, o caçador, que, para transformar-se em orixá, ousou desafiar as proibições, enfrentar os espíritos da floresta, e o bicho poderoso entre todos. É o homem impondo sua marca sobre o mundo selvagem. Oxossi encarna essa função civilizadora da caça, e por isso, ainda hoje, é reverenciado como o Rei de Keto, a origem da dinastia.

Ossaim

Como Ogun e Oxossi, é deus de ar livre. Sua casa situa-se fora do barracão, mas seu *habitat* natural é o mato. Ossaim é o senhor de todas as plantas selvagens, que crescem livremente. As plantas dos jardins, por mais medicinais e benfazejas que sejam, perderam a força sagrada, pelo simples fato de serem cultivadas. Os grandes templos tradicionais reservam sempre um cantinho de natureza selvagem, um mato em que somente os sacerdotes podem penetrar, pois a força sagrada que nele cresce é muito poderosa. Não se entra no mato de Ossaim sem mais nem menos. É preciso cantar para ele, dançar e pedir permissão.

Todos os rituais, como vimos, utilizam o "sangue" escuro das ervas. Toda cerimônia supõe colheita, maceração, infusão das folhas indicadas pelo oráculo.

"Ossãe é o dono das folhas em que estão concentradas 'axés', as grandes forças cósmicas que regem a natureza. A ele deve dirigir-se todo noviço, todo o que quer iniciar-se na seita africana, pois, como diziam os antigos, *'cossi éué, cossi orixá'*, isto é, 'se não há folha, não há santo'", declara Manoel Nascimento da Costa (1977), sumo sacerdote de um templo do Recife. Lastimando que muitas cantigas necessárias aos "trabalhos" feitos com as folhas sejam hoje esquecidas, ele afirma: "as folhas são indispensáveis e Ossãe, o dono das mesmas, tem necessariamente de ser invocado. Para isso é preciso cantar muito. Cada toada narra a história de uma folha. Trata-se, aliás, das toadas mais difíceis de toda a nossa seita e por esta razão certos pais-de-santo limitam-se a apenas três das vinte principais".

Não só se deve cantar ao penetrar no mato, como também é proibido arrancar qualquer erva que seja. Para tirar as folhas, é preciso que o sacerdote – o babalossaim, "pai que possui Ossaim" – deite no chão alguma quantia em dinheiro, em oferenda ao deus das plantas.

Foi Bastide quem, primeiro, chamou a atenção dos pesquisadores para o importante papel litúrgico desempenhado pelas folhas. "Um dos nossos informantes sublinhava que, para preparar os banhos e as lavagens, é preciso que a erva esteja *viva*. Eis por que, ajuntava, a dos ervanários não pode servir, ela perdeu a força... vendem-na 'seca'. É preciso também esfregá-la, espremê-la, triturá-la com as mãos, e não com um pilão ou outro instrumento, é preciso quebrá-la *viva* entre os dedos vivos" (1978: 132).

Ossaim representa, portanto, os mistérios e as virtudes da vida vegetal. "As folhas, nascidas das árvores, e as plantas, constituem uma emanação direta do poder sobrenatural da terra fertilizada pela chuva" (SANTOS, J.E., 1976: 91). Até mesmo os deuses necessitam restaurar-se nos sucos destilados por essa força da natureza.

Cada orixá tem suas folhas próprias. Para "preparar" um objeto, um sítio, uma cabeça, é mister usar as plantas, conforme a divindade à qual se destinam. A imbaúba é de Xangô, o tabaco é de Iansã, a urtiga de Ogun, a tradescância pertence a Nanã, o nenúfar é de Iemanjá, o mal-me-quer, de Oxum, o algodão, de Oxalá, e os Beje têm peculiar predileção pela folha do maracujá...

Haveria matéria para redigir-se um tratado de botânica sagrada. Em todas essas folhas, manda Ossaim, ele mesmo identificado com o próprio espírito da floresta. "Qualquer tronco de árvore, imponente, bonito, a gente chama (de) Ossaim", declara um informante. A planta preferida de Ossaim é *ewê obó*, a "folha-do-juízo", que me foi descrita como trepadeira de folhas arredondadas mas que, lastimavelmente, não consegui ver até hoje, quanto mais identificar.

Além do valor mágico religioso, as plantas possuem aplicações medicinais, que os babalossaim não ignoram. Deoscóredes Maximiliano dos Santos que, entre outros cargos importantes, é guardião da casa de Ossaim no Axé Opô Afonjá, mostra claramente esse aspecto, no conto "Osanhi, dono das ervas e médico da seita africana":

Ossaim era o caçula da família e, desde pequeno, vivia metido no mato. Sabia tratar de tudo quanto era doença, provocando com isso o ciúme dos irmãos. Um belo dia, pegou suas coisas, e foi viajar pelo mundo. Em toda parte, era muito bem recebido. Chegou até curar um rei, que lhe quis dar o reino de presente, de tão grato que ficou. Ossaim, contudo, só aceitou o pagamento já estipulado para o médico. Nunca trabalha de graça, no entanto. Quando sua própria mãe ficou adoentada, seus irmãos foram chamá-lo, e Ossaim exigiu primeiro o pagamento, escandalizando sua família: "se, porventura, vocês não providenciarem botar agora aí no chão sete cauris, ela morrerá, porque não posso trabalhar para ninguém no mundo, que não seja pago. Caso contrário, o que eu fizer não surtirá o efeito esperado" (1961: 70).

Não era o espírito de lucro que motivava Ossaim. Todo trabalho perigoso exige um contradom. É por isso que até hoje deve-se deixar dinheiro no chão antes de penetrar nos matos de Ossaim.

Ossaim recebeu o pagamento, curou a mãe, e foi-se embora de novo, "pois ele era *ewê* (a folha) e tinha que estar por todo o mundo", ao ar livre.

"*Ewê ò!*" (Salve a folha), é a saudação que todos gritam, quando ele aparece para dançar sua dança bonita, pulando numa perna só. Ele se veste de verde e marrom, sua conta é verde, rajada de marrom ou amarelo. Seu emblema é uma árvore de ferro, estilizada, de seis ferros rodeando uma haste central, que leva em seu topo um pássaro (*eye*). Esse pássaro aparece em muitas estórias de poderes e de mistérios. Misterioso também é Aroni, companheiro constante de Ossaim com o qual, às vezes, chega a ser confundido. Aroni é um anãozinho, de uma perna só, que fuma cachimbo e que apresenta a estranha peculiaridade, conforme Carybé, de ter um olho grande e um pequeno, um ouvido grande e um pequeno. Ouve pelo pequeno" (1979: 38). Essas características paradoxais aproximam Ossaim/Aroni de todos os deuses coxos, caolhos e mágicos das mitologias européias, senhores de segredos poderosos. De fato, Ossaim tem a peculiaridade de descobrir coisas escondidas.

Mestre Didi conta também como "*Ossanyim*, o aleijadinho", conseguiu adivinhar o nome das filhas do rei. Este prometera dar a mais velha em casamento, àquele que adivinhasse o nome de cada uma. Os pretendentes malsucedidos seriam enforcados.

Ossaim deu a volta atrás do palácio e viu um grande pé de obi, no mato, no fundo do parque. Subiu nele e escondeu-se. Quando as princesinhas foram lá brincar, ele começou a cantar (com a voz do pássaro eye). Elas pensaram que o cantor fosse a própria árvore. Brincaram com Ossaim, e disseram seus nomes.[8]

Bastou repeti-los em público no dia seguinte, para tornar-se genro do rei.

Como se vê, é sua qualidade de senhor do bosque sagrado que lhe permite o acesso ao saber. Ligado que está ao *axé* vegetal, tal saber é sempre perigoso. "Cada folha possui determinada virtude, há a folha da fortuna, a da felicidade, da longevidade, da coragem, das roupas, do corpo, dos pés, etc., mas existem também a folha da miséria, a da fofoca, e outras, bem mais perigosas" (VERGER, 1954: 170).

---

8. Para quem estiver interessado, eram *Aiyó Delê*, alegria em casa, *Omi Delê*, água em casa, e *Onã Inã*, caminho do fogo.

É em homenagem a este poder que, ao triturar as folhas mágicas, o sacerdote fica descalço, como se estivesse na frente do rei.

Não se pode concluir a série dos deuses da mata e do mato sem falar da Árvore Sagrada, *Iroko*, a Gameleira (*Ficus Doliaria M.*).

No Brasil, não cresce a árvore africana que lá se chama *Iroko*, ou *Roko*. Foi substituída aqui por essa variedade de *ficus*. Árvore imponente, gigantesca até, suas raízes aparentes são às vezes mais altas do que o homem.

Ninguém, jamais, deve cortar um ramo sequer da Árvore. Nina Rodrigues (1900) conta que certo senhor de engenho mandou um escravo derrubar Iroko. Ele se recusou, preferindo receber duzentos açoites a ofender o deus. Outro escravo adiantou-se, e deu a primeira machadada. Caiu morto no mesmo instante. Ninguém mais, é claro, tocou na árvore daí por diante.

Conforme um informante do Rio de Janeiro, haveria Iroko macho e fêmea, *Iroko Okunrin* e *Iroko Obinrin*. Em todo caso, a árvore intervém ativamente na vida da comunidade.

Contam na Bahia que certa sacerdotisa, pertencente a ilustre linhagem de um grande templo tradicional, não queria filho. Grávida, procurou livrar-se da maternidade, até que a mãe-de-santo lhe chamou a atenção, afirmando: "O santo quer que a criança viva". Quando nasceu, era menina, e a sacerdotisa desafiou a todos. "Já que o santo faz tanta questão, que tome conta!" e jogou a recém-nascida ao pé de Iroko. Ficou lá sete dias e sete noites, no fim dos quais ainda estava viva. Foi então recolhida pelo templo, e criada no culto de Iroko. Hoje é uma das mães-de-santo de maior prestígio na Bahia[9]. Embora o seu santo de cabeça seja Iansã, ela é também, legitimamente, filha de Roko, para quem dança, segundo dizem, de forma inesquecível.

---

9. Não tivesse ela percorrido todo o roteiro do nascimento do herói, conforme Otto Rank! Ver Augras, M. *A dimensão simbólica* (1980).

Conforme certos mitos, Iroko seria filho de Nanã com Oxalá, irmão portanto de Obaluaê e Oxumaré. Sua ligação com os deuses da terra parece evidente, bem como o longínquo parentesco com Ossaim. Como Nanã e Oxumaré, recebe culto às terças-feiras, Ossaim também. Come *ajabó*, que é um prato feito de quiabos com mel de abelha, gosta de milho branco, de galo e de carneiro, enquanto Ossaim prefere pratos que levam bastante azeite-de-dendê, e come galo e bode.

Como Oxalá, Iroko se veste de branco, e a visão da grande árvore majestosa, cingida do echarpe branco (*ojá*), dominando todas as demais frondes do terreiro, é algo impressionante.

Obaluaê

"Aquele que mata e come": eis a divisa do deus da varíola e da febre, Sakpatá no Daomé, e Xapanã na Nigéria. É melhor não dizer o nome dele, de tão terrível que é. Os geges chamam-no Aynion (o rei da terra) e, os iorubas, Omolu (*Ọmọ olú*: "filho do senhor") ou então, Obaluaê (*Obá olù aiê*: "rei dos senhores da terra, rei dos espíritos").

Obaluaê, filho de Nanã, é um dos deuses da terra. Provoca as epidemias, mas cura também. É o médico dos pobres. Nos terreiros, a casa de Obaluaê, que divide com a mãe e com o irmão, fica sempre do lado de fora. Somente os sacerdotes podem nela penetrar.

É um deus terrível, que exige o respeito. Arthur Ramos (1940) conta a história de um homem que saiu do terreiro na hora em que cantavam para Obaluaê. No caminho, encontrou um velho que lhe passou as mãos pelo rosto. Desmaiou nesse instante, e passou três dias desacordado. Quando voltou a si, estava coberto de pústulas.

> Não falamos de alguém que mata e come gente.
> Paciência, ela vai embora, em terra alheia.
> [...] É um orisha que corta caminho.
> Possui muitas cabacinhas [...]
> Caçador negro que se veste de ráfia (VERGER, 1965: 247).

Obaluaê veste-se com saiote de palha-da-costa, um capuz do mesmo material cobre-lhe o rosto por inteiro. Dizem que é para esconder as pústulas da varíola.

Como o nome indica, a "palha-da-costa" vem da África. Provém de uma planta sagrada, e as fibras devem ser tiradas com cuidados peculiares, pois o ráfia (*iko*) participa de todos os rituais ligados à morte. Vestes de ráfia revelam "a existência de alguma coisa que deve ficar oculta, de alguma coisa proibida que inspira grande respeito e medo, alguma coisa secreta que só pode ser compartilhada pelos que foram especialmente iniciados" (SANTOS, J.E., 1976: 98).

Não é apenas para esconder as bexigas que Omolu usa o capuz (*filá*) de palha-da-costa. É porque os mistérios da morte e do nascimento são terríveis demais, para serem revelados aos homens comuns.

A dança de Obaluaê é muito peculiar. Ora se agacha, titubeando, ora estende o braço, no movimento simbólico de quem mata e come (*ò pa ni jé*), ora faz o gesto de varrer o mundo com seu cetro, o *xaxará*. O *xaxará*, que chega a representar simbolicamente o próprio Rei dos Espíritos da terra, é um feixe de palitos de dendezeiro, que só podem ser tirados e armados por um iniciado.

Na simbólica nagô, qualquer feixe, composto por grande número de elementos, representa a multiplicidade – imagem do "coletivo", como diriam os junguianos. Tais elementos não são individualizados, e correspondem, portanto, à multidão dos mortos, dos espíritos ancestrais.

O feixe de palitos de dendezeiro encerra em seu meio algo que somente os sacerdotes conhecem, e que contém o axé do deus da varíola. Os palitos são mantidos em sua base por uma bainha de couro, enfeitada por cauris. Sabe-se que os cauris, ou búzios, constituíam outrora a moeda comum em toda a antiga Costa dos Escravos. Ainda hoje, simbolizam riqueza e fecundidade. Nanã, mãe de Obaluaê, é a dona dos cauris, como veremos adiante. Os búzios são encontrados nas costas brasileiras, mas a gente de candomblé afirma que somente os cauris africanos devem ser utilizados para os emblemas dos orixás. Além de possuírem uma força sagrada incomparavelmente mais poderosa, os cauris africanos seriam bem mais resistentes que os similares nacionais[10], prestando-se melhor às técnicas de utilização tradicional.

O simbolismo das conchas é obviamente ligado ao tema de fecundidade das águas, mas é, também, freqüentemente associado à idéia da morte. Vale dizer: participam do mesmo simbolismo de morte e nascimento que acabamos de assinalar a respeito do *filá*, e que vamos encontrar logo mais no culto de Nanã.

Obaluaê, Oxumaré, seu irmão, e a mãe Nanã, usam colares que os distinguem entre os demais orixás. Os *brajás*, feitos de cauris trabalhados seguindo a técnica de "espinha-de-peixe", são usados exclusivamente pelos deuses da terra.

Além dos *brajás* e do *xaxará*, Obaluaê possui de próprio o *laguidibá*, colar de contas pretas, feitas de chifre ou de coco, e usa também, às vezes, braceletes de couro preto costurado com cauris ("olho-de-pombo"). Daí que as cores emblemáticas de Obaluaê são predominantemente o branco e preto, ressaltando novamente a ambivalência do símbolo da morte e nascimento. Ele é o único orixá que veste roupas com fundo preto, com estampas de cores vivas. Usa também roupas vermelhas, de acordo com sua "qualidade".

Não é fácil proceder-se ao levantamento dos diversos subtipos do deus da varíola. Como já assinalamos, seus nomes são terríveis demais para serem pronunciados; daí, ser ele designado pelos seus títulos, quase exclusivamente. Já vi dançar Sakapatá, que veste roupas vermelhas e empunha uma lança enfeitada por rabo de cavalo, e Omolu Jagun, guerreiro também, que usa *filá*, de ráfia vermelho, e cujo *xaxará* é encimado por uma ponta de metal. Desconfio que a multiplicidade dos no-

---

10. Devo confessar que essa informação me pareceu, à primeira vista, expressar um caso típico de racionalização, embora me fosse fornecida pelo sumo sacerdote (*Assogbá*) de Obaluaê, em pessoa. No decorrer da conversa, no entanto, acabei sabendo que as contas que servem para fazer os colares consagrados são geralmente importadas da... Tchecoslováquia! Conclui-se que é preciso muita prudência nas interpretações.

mes de Obaluaê expresse mais a diversidade geográfica do que diferenças essenciais. Essa impressão é reforçada pelo testemunho do babalaô Pai Romeu, filho de Obaluaê:

Um belo dia, Oxalá resolveu distribuir seu reino para os filhos. Cada um recebeu um país. Quando chegou a vez de Omolu, ele disse:

– *Eu não quero nada, só quero o Senhor, meu Pai.*

O pai fez a vontade dele. Os anos se passaram, Oxalá não pôde mais governar, então pegou o trono e deu para Omolu, porque Omolu ficou com ele. Portanto. ele não é santo de cemitério, de forma nenhuma![11]

Aí ele mudou o nome, porque na terra onde nasceu se chamava Omolu, passou a se chamar Obaluaê, ou Rei Universal.

Depois, Omolu saiu visitando as terras (dos irmãos). Foi para as Angolas, chegou na terra de Congo, nas Angolas, possessão portuguesa, e perguntaram o seu nome.

Disse Quicongo.

Foi na terra do Daomé e perguntaram o nome dele. "Sapatá".

Foi na terra de Marruino. Sapatói.

Foi na terra de Angola Moxicongo. Seu nome? – Iximbó.

Ele traduzia para a língua da terra. Aí ele foi a Alaketu. Seu nome? – Iji. No Keto se pronuncia "Igui".

Ele foi à terra de Oxum, Ijexá. Na terra de Oxum não entrava homem.

Elas disseram assim: "aqui não entra homem.

– Não é homem, é o médico.

– Como médico, entra".

E quando ele entrou, Oxum se levantou do trono e disse: Seu nome?

Ele disse Oba Olù aiê. Toda a terra de Ijexá se estremeceu.

---

11. Pai Romeu está aludindo à Umbanda, que chama Omolu "Rei dos Cemitérios".

Nesse conto, que tão bem explicita os múltiplos apelidos do deus das bexigas, é a majestade do rei que é, em si, terrível, a ponto de fazer a terra estremecer ao mencionar seu nome.

Nos terreiros do Rio de Janeiro, é relativamente comum, no entanto, considerar que se trata de diversos subtipos. Freqüentemente, diz-se que Omolu é uma forma jovem do "Pai da febre", enquanto Obaluaê é mais velho. Outras vezes, a dupla apelação dá lugar a que se apresente Omolu e Obaluaê como dois gêmeos. A estória seguinte, contada por uma mãe-de-santo baiana, mas que vive no Rio, fornece uma boa ilustração:

Nanã teve dois gêmeos, Omolu e Obaluaê, nasceram com lepra... Ela jogou as crianças na lagoa. Veio o caranguejo, começou a comer a pele dos dois, mas Iemanjá viu aquilo, levou os dois para casa. Tirou o óleo da folha de banana (esfregou neles), mas não melhorou totalmente a pele.

Criou os dois, ficaram grandes, viraram para Iemanjá: Nós estamos grandes, não dá para gente se curar, vamos viver na mata com Ossaim.

Mas Ossaim tem uma parte com Exu, tava fazendo farra, entregou o serviço todo, contou que Nanã é que era a mãe deles, aí não quiseram saber mais de nada...

Essa lenda parece bastante rica de informações. Ilustra particularmente um tema que vamos encontrar adiante, repetidas vezes, o da rivalidade entre Nanã e Iemanjá. Aponta também para a origem daomeana dos deuses da terra: era costume, no antigo reino de Benim, jogar na lagoa as crianças defeituosas, por acreditar-se que as mesmas nada mais eram do que encarnações dos espíritos das águas (*tohosu*) devolvidos assim ao seu elemento natural[12]. Além disso, essa lenda propõe a ex-

---

12. "Quando um Tohossou vem na terra, é em corpo de criança anormal ou monstruosa [...]. Quando nascia uma dessas crianças disformes, encarnação de Tohossou, o costume antigo exigia que fosse jogada na lagoa, devolvendo-a ao seu elemento. Em seguida, realizavam-se sacrifícios para apaziguá-la e satisfazê-la" (VERGER, 1954: 189).

plicação de importante tabu alimentar. Comer caranguejo é rigorosamente proibido aos fiéis do candomblé, em respeito a Obaluaê. Os filhos deste orixá tampouco podem comer banana-prata.

Vê-se também que Omolu não está ligado apenas à varíola. É aqui descrito como leproso, e seu domínio estende-se a todas as doenças de pele, e às epidemias em geral. No conto *Obaluwaiyê, o dono da peste*, Mestre Didi, que tem o cargo de *Assogbá* (sumo sacerdote) de Obaluaê no Axé Opô Afonjá, mostra claramente que a experiência própria do sofrimento habilitou o orixá a curar os homens:

Obaluaê era um rapaz africano que, chegando à idade de quatorze anos, resolveu viajar e fazer fortuna. Não achou trabalho, contudo, e acabou perdido no meio da floresta, doente e coberto de chagas.

Obaluwaiyê já tinha perdido toda a esperança de vida, e estava jogado entre as raízes de um pé de rôko (gameleira) esperando a morte. Foi quando ouviu uma voz dizer:

– Obaluwaiyê, levanta-te, já cumpriste a tua missão com teus sofrimentos, agora vais aliviar os sofrimentos daqueles que reclamam por ti (1973: 23).

Nesse momento, Obaluaê descobre que está curado, só tem cicatrizes, e pega na estrada para ir tratar das pessoas.

Naquela época, estava assolando uma grande e desconhecida peste, e também morrendo gente mesmo que formiga. O nosso herói cura todos, e volta para casa, onde a família reunida o esperava, alertada por um adivinho. "Só por saberem que ele tinha chegado, todos os doentes da peste se levantaram, já curados [...]. Por esse motivo todos dizem e têm a impressão de que Obaluwaiyê é um Orixá (Santo) vivo, e é o verdadeiro dono da terra e de toda qualidade de peste deste mundo (SANTOS, J.E., 1976: 24).

Na estória precedente, Ossaim desempenhava certo papel, agora é a vez de Rôko, o que nos leva a afirmar a ligação constante de Omolu/Obaluaê com as divindades da floresta e das folhas. Situa-se, aliás, entre os deuses de ar livre, como bem revela a localização da sua casa no terreiro, fora da edificação principal.

Além disso, todas as plantas parasitas que crescem nas árvores de grande porte, como mangueira e jaqueira, são designadas sob o nome genérico de *afomã*, e pertencem a Obaluaê. Entre muitas outras plantas, é dele a mamona (*ewe lára*), cujas folhas desempenham importante papel no banquete anualmente oferecido ao "dono da peste", o *olubajé*[13]. Nesse dia, toda a comunidade se reúne para saborear as comidas votivas, em particular, o *latipá* (feito com folha de mostarda) e o *aberém* (bolo de milho enrolado em folha de bananeira e cozido no vapor). As iguarias do *olubajé* são servidas em folha de mamona, e o preceito exige que sejam comidas com a mão.

A comida mais típica de Obaluaê, no entanto, é a pipoca, *doburu*, apelidada "flores de Omolu", para a qual o milho é colocado sobre areia bem quente. A pipoca acompanha todos os momentos do culto, e desempenha papel relevante em todos os rituais que visam promover uma regeneração periódica do mundo. É com *doburu* que Obaluaê limpa o mundo de seus males. Na cerimônia do *Lorogun*, que descreveremos em outro capítulo, e que consagra o tempo de fechamento do terreiro para que os deuses possam voltar periodicamente ao seu país de origem, a África, restaurando suas forças, a pipoca é indispensável.

Obaluaê come bode, galo, porco e conquém. Como vimos, sua maior quizila é o caranguejo. Por causa da doença de pele, foi assimilado, conforme os lugares, com São Roque ou São Lázaro, e, nas ruas do Rio de Janeiro, é freqüente encontrar-se jovens, com vestes litúrgicas, levando a imagem de um desses santos, oferecendo pipocas, e pedindo esmolas "para meu pai Omolu".

Obaluaê dança sozinho, e sua figura coberta de palha-da-costa é deveras impressionante.

---

[13] *Olú gba jé*: "o dono pega e come".

Conta um dos nossos informantes que, certo dia de festa, todos os deuses estavam dançando, menos Omolu, que ficara timidamente parado na porta. *Ogun perguntou a Nanã: Meu irmão está lá fora, não vem dançar, por quê? Nanã explicou que ele tinha medo de aparecer em público, por causa das pústulas.*

Ogun resolveu ajudá-lo, levou-o para o mato, e lá teceu rapidamente roupas de fibras para Omolu, que assim disfarçado criou coragem para entrar na festa. Dançou no meio da sala, cantando uma cantiga que falava de Ogun, que o levou para o mato para dar-lhe vestes de folha da costa.

Mas ninguém queria dançar com ele, porque todos pensavam saber o que se escondia debaixo do filá. Tinham nojo. Somente Iansã, a deusa dos ventos, altiva e corajosa, concordou em acompanhá-lo.

Dançou com Omolu, e, junto com eles, o turbilhão dos ventos. E os ventos levantaram as vestes de Omolu. Todos os presentes, com espanto, puderam verificar então que, debaixo do filá, se escondia o rosto e o corpo de um homem belíssimo, sem defeito algum.

Oxum ficou despeitada até hoje.

Em recompensa do seu gesto, Iansã recebeu de Omolu o poder de reinar sobre os mortos.

Mas Obaluaê dança sozinho doravante.

Oxumaré

Oxumaré é o arco-íris, grande cobra que se enrosca em volta da terra e do céu, assegurando a unidade do mundo e sua perene renovação.

Filho da terra, tira dela a água que leva para o céu, para que volte a cair sob forma de chuvas fecundas.

Do mesmo modo que apresenta todas as cores do prisma, ele manifesta as infinitas virtualidades do mundo.

Por pertencer ao mesmo tempo ao céu e à terra, à água e à luz, Oxumaré é um deus duplo, estranho, que exprime a união dos contrários. Durante seis meses, vive na terra, sua natureza é masculina, é um grande píton que manda nas florestas. Já vimos como ele destruiu Odé o caçador, que tivera a ousadia de tratá-lo como caça vulgar. Igual a todas as grandes serpentes míticas, Oxumaré é imortal, apesar de ter sido recortado em vários pedaços por Odé, logo renasceu para afirmar seu poderio.

Nos seis meses restantes, ele se transforma em bela moça, Bessém, ninfa que vive nos rios e nos lagos.

Até mesmo na origem histórica, Oxumaré é duplo: o deus iorubano do arco-íris parece ter integrado os mitos de divindade daomeana, Dã, o grande *Ouróboros* que gira em volta da terra, distribuindo a força cósmica. Por isso, costuma-se dizer, no Brasil, que Oxumaré é um deus gege. Ele é irmão de Obaluaê, filho de Oxalá com Nanã. Nos templos, Nanã e seus filhos ficam na mesma casa, cada um com seu altar.

São três deuses terríveis, em muitos aspectos, pois todos eles têm ligações com os mistérios da morte. Os três usam os mesmos *brajás*, suas roupas são adornadas por búzios e palha-da-costa. Enquanto Obaluaê e Nanã comandam a morte e o nascimento, Oxumaré sintetiza a duplicidade do ser, mortal e imortal, bem como a necessidade de transformação.

Sua dança é das mais belas do candomblé: girando sobre si mesmo, estende os braços, e aponta sucessivamente para o céu e a terra; em outros momentos, imita o rastejar da cobra, ondula e sibila, deslizando pelo chão do barracão. Como os demais deuses de origem daomeana, não escapa contudo à estranheza e às representações angustiantes.

Nanã, como veremos adiante, fazia absoluta questão de ter um filho com Oxalá. O primeiro, como sabemos, não agradou, e a mãe livrou-se dele. O deus do destino declarou que ela teria, em seguida, um filho belíssimo, tão bonito quanto o arco-íris, mas que jamais ficaria junto dela (a terra), e viveria percorrendo o mundo sem parar.

Um dos nossos informantes forneceu outra versão, conforme a qual Nanã só podia gerar monstros. *Na hora de sentir* as dores do parto, ela dormiu, e sonhou que estava amamentando um monstro. Acordou, viu aquela cobra querendo ser amamentada.

Nanã foge, a cobra atrás, comendo tudo o que tinha pela frente. Nanã acabou aceitando a cobra, e foi criando Oxumaré. Oxumaré, durante seis meses, era uma linda moça, outros seis meses, virava monstro.

Bessém ficou com raiva da mãe, porque, quando namorava, ia tudo bem até a hora em que se transformava em cobra. O namorado morria de medo, ou fugia correndo.

Exu, que não se cansa de agravar as situações complicadas, encontrou Oxumaré na floresta, e disse que ele tinha toda razão de viver aborrecido com a mãe, pois ela lhe devia reparações pelo prejuízo (por ele ser um monstro). Além do mais, Nanã era a rainha de Gege, e Oxumaré também tinha direito à coroa.

Aí a cobra foi para o palácio. Assustou a todos. Falou: Sou eu, a sua filha. Aí Nanã disse para não matar. Quiseram-lhe dar presentes, mas ela só queria a coroa da rainha. Aí Nanã entregou a coroa. Foi a coroação de Oxumaré[14].

Quando dança, Oxumaré usa na cabeça um enfeite de fitas trançadas nas cores do arco-íris. Em cada mão, leva uma cobra de ferro. Seu colar é feito de contas verdes e amarelas. Recebe galo e conquém em sacrifício. Obter informações precisas sobre o culto de Oxumaré não é muito fácil, devido talvez à complexidade do seu simbolismo. Como veremos adiante, a mesma coisa ocorre em relação à Nanã.

No início do século, João do Rio descreveu uma "Festa do Arco-íris", celebrada por pescadores, na praia então quase deserta de Sepetiba. Realizava-se no mesmo dia em que a festa da "Mãe d'Água", em três barcos. O primeiro barco era do Arco-íris, o segundo da Mãe d'Água, e a procissão se comple-

---

14. Essa lenda lembra a tradição daomeana, conforme a qual o arco-íris é "o diadema de Aida-Wédo". A "coroação de Oxumaré" possui provavelmente significado análogo.

tava com um terceiro barco, que, conforme o autor, não era dedicado a nenhuma divindade específica, mas participava para "fazer a trilogia" [sic]. Sobrevivência de culto marítimo dos Iorubas, anterior à conquista da costa pelos Ewe, e, portanto, à fusão com os deuses daomeanos da terra? João do Rio não parece relacionar o candomblé (que não suporta) com esse "culto do Mar e do Arco-íris", que descreve liricamente:

"Esses mistérios são de uma beleza delicada, e antiga, de uma beleza de rapsodes que relembra as fantasias escandinavas e helenas, um montão de lendas e de ritos enervantes. Há nas práticas e nas idéias trechos de Hesíodo, de Cristo e dos pretos-mina e a gente afunda-se, quando os quer guardar, num banho de cristal batido pelo sol" (1951: 183).

João do Rio, que se mostra geralmente tão afeito a denegrir a "barbárie" dos pretos-mina, nem parece desconfiar que tanta iridescência é, na verdade, o brilho das escamas do grande píton mítico, que liga o céu com a terra, e move a roda do destino.

A imagem de Oxumaré como representação do *Ouróboros*, síntese de espaço-tempo, exprime o ciclo vital, a necessidade da metamorfose, o curso do destino.

Diz-se que os filhos de Oxumaré possuem o dom da vidência. Quando vivia na terra, Oxumaré previa tudo, adivinhava tudo o que ia acontecer, tal ponto que não era mais possível viver. Os deuses decidiram mantê-lo afastado dos homens, pois a clarividência total acaba transformando-se em maldição. A seu pedido, Oxumaré obteve a autorização de descer na terra de três em três anos.

Outra ligação de Oxumaré com o destino – desta vez individual – é apontada por Verger: "é o senhor de tudo o que é alongado. O cordão umbilical, que está sob o seu controle, é enterrado, geralmente com a placenta, sob uma palmeira que se torna propriedade do recém-nascido, cuja saúde dependerá da boa conservação dessa árvore" (1981: 206).

Oxumaré aparece aqui como símbolo de crescimento individual. É notável a ligação que o testemunho de Verger introduz, com a palmeira. Já vimos, antes, a relação entre Ogun (*mariuó*) e Omolu (a roupa de palha-da-costa, trançada por Ogun). Do mesmo modo, é interessante observar que as contas de Oxumaré apresentam as mesmas cores que as de Ossaim, sendo no entanto a proporção do verde e do amarelo invertida.

Apesar de todo o seu mistério, Oxumaré não deixa de participar da vida dos terreiros, de modo muito específico, conforme uma lenda do terreiro de Alaketu, na Bahia, que me foi contada por um dignitário da casa:

Na África, viviam duas lindas princesas, duas gêmeas, que foram capturadas e vendidas como escravas. Chegando no Brasil, foram trabalhar numa fazenda, até que, certo dia, chegou um jovem senhor, branco e bonito, "com olhos de arco-íris" que as comprou, para alforriá-las logo em seguida. Elas voltaram para a África, uma delas se casou, sua família continuou reinando, enquanto a outra, cheia de saudades, voltou para a Bahia, e fundou o templo *Ilé Moroiâlajé*, mais conhecido hoje como "Alaketu". Nessa casa, o cargo de Iyalorixá é passado de mãe para filha, sendo a atual sacerdotisa, portanto, descendente em linha direta daquela princesa lendária. E o jovem senhor que tão importante papel desempenhou era, conforme dizem, Oxumaré em pessoa[15].

Até onde eu pude saber, hoje em dia, o deus do arco-íris contenta-se em manifestar-se no corpo dos filhos, sem intervir diretamente na vida da comunidade.

Quando dança no meio do terreiro, "estruturas rítmicas complexas se entrelaçam

– Imitando a cobra...

– Apontando com os dedos a ligação da terra e do além.

– Ciclo vital.

– Transcurso, destino.

---

[15]. O fato de Oxumaré ser branco nessa história parece obviamente evidenciar a assimilação dos estereótipos da sociedade global. Olinto (1977) faz rápida alusão a essa lenda, sem, no entanto, especificar o terreiro.

- Multiplicidade, mistério do eterno renascimento.
- Transporta no seu corpo todos os matizes.
- Estende seu axé sobre o mundo, nas primeiras horas da manhã, quando o sol se levanta e seu axé se espalha pelo mundo, e é ativo e poderoso" (SANTOS, J.E., 1979: 74).

Nanã

Nanã vem do Daomé. Parece ter sido assimilada, já na África, com alguma antiga deusa dos iorubas. Em certas regiões do Daomé, ela é a divindade suprema da criação, mãe do casal de gêmeos, Lisa e Mawu, os demiurgos. Chama-se então Nanã Buruku, e é freqüentemente descrita como entidade masculina. No Brasil, contudo, Nanã é sempre uma deusa, a mais antiga divindade das águas.

Mãe de Obaluaê e de Oxumaré, forma com eles a tríade dos deuses de nação Gege, isto é, daomeana. Todos os três são orixás "do interior da terra" (*ninú ilé*), usando os mesmos colares já descritos acima. Nanã é venerada no mesmo dia que Oxumaré, geralmente na terça-feira, e seu emblema, *ibiri*, apresenta grande semelhança com o *xaxará* de Obaluaê. Trata-se igualmente de feixe de palitos de dendezeiros, mas é recurvado na extremidade superior. Sua confecção obedece aos mesmos cuidados que o preparo do *xaxará*, sendo reservada a iniciados altamente qualificados. A parte inferior do *ibiri* é contida por uma bainha de couro, ornada de cauris e de contas azuis e brancas. Conforme J.E. dos Santos (1976), *ibiri* representaria o próprio Obaluaê enquanto filho da terra, ao passo que o *xaxará* corresponderia ao cetro do rei do mundo. De fato Nanã não empunha o *ibiri* como se fosse insígnia de realeza, mas o deita em seus braços como se fosse criança de colo. Formado por grande número de nervuras de dendezeiro, o *ibiri* representa a multidão dos mortos, que são os filhos de Nanã.

Oxum, como veremos, é a mãe de todas as crianças que estão para nascer. Nanã, por sua vez, recolhe em seu seio todos aqueles que já morreram e que, um dia talvez, voltarão à terra.

Para os Nagô, a morte representa etapa necessária à emergência da vida. Nanã recolhe os mortos, que acalenta e protege. Dentro do seu seio, no interior da terra escura, processam-se as misteriosas transformações que vão permitir que a vida se manifeste. Por isso Nanã é muito poderosa e muito estranha. Seus mistérios estão bem escondidos.

Senhora do país da morte, Nanã é riquíssima[16]. A multiplicidade dos seus filhos é simbolizada pela abundância dos cauris. É ela a "poderosa dona dos cauris". Os búzios são ao mesmo tempo símbolos da morte, por estarem vazios, e de fecundidade, pela semelhança com o sexo da mulher.

A morte, condição de renascimento e de fecundidade, é o significado profundo de Nanã, rica e respeitada, mas sobretudo temida. Os fiéis a consideram como grande mãe protetora, justa porém severa, que não admite a menor falha na observância dos preceitos.

Ela é citada como testemunha, em todos os pactos e juramentos. Protege todos os segredos, inclusive os da iniciação. Jurar pela terra, invocar o testemunho de Nanã, constitui terrível compromisso, que ninguém se arriscaria a assumir de modo leviano. Pois Nanã é implacável.

J.E. dos Santos anotou uma cantiga que resume todos esses aspectos:

Ibiri é precioso,
Òrìṣà da justiça,
Nánā espírito dos mananciais,
Ìbíri é precioso,
Òrìṣà da justiça,
Poderosa dona dos cauris (SANTOS, J.E., 1976: 84).

O branco das conchas e o preto da terra são as cores de Nanã. Seus colares são feitos de contas brancas e azuis (já que o azul é visto como "qualidade" de preto). Suas roupas são geralmente azuis ou, até, roxas. Usa o diadema comum a todas as

---

16. Igual ao deus grego Ploutos, "o rico".

divindades das águas (*adê*) com franja de palha-da-costa. Dança devagar, com a majestade que convém à avó, ninando o *ibiri*, ou representando a ação de socar grão no pilão.

Terra-mãe, água das lagoas e das fontes, Nanã é também deusa da fertilidade do solo, do grão que morre e renasce. Tal qual Deméter, com a qual tanto se parece, é a deusa dos mistérios. Talvez seja o orixá a respeito do qual os fiéis são mais reticentes.

A informante que nos deu estórias de Obaluaê e de Oxumaré contou o seguinte:

Nanã era dona da sabedoria, era a justiceira. A coruja é o pássaro dela. Mata-se coruja para ela[17]*. Nanã era juíza, todo mundo que vinha falar (para dar queixa), ela julgava, dava castigo. Só dava castigo para os homens.*

Como Nanã é a terra, resolveu criar o jardim dos Eguns, cultivava o jardim. Quando as mulheres vinham se queixar dos maridos, ela mandava amarrar (o marido culpado) na árvore. Nanã batia na parede, os Eguns assustavam ele. Depois ela mandava soltar.

Ogun foi falar com Ifá. Não podia ficar assim. Até mandaram Exu, ele fez fofoca, disse que Nanã queria matar os homens.

Aí (os orixás) resolveram arranjar um amor para Nanã. Mandaram Oxalufã. Ele bateu na casa, pedindo pouso para a noite. Ela fez mingau para ele. Ele era muito sábio, explicou que fazia dieta, pediu um suco com igbin[18]. *Ela achou muito gosmento.*

Toma, não tem problema. Ela tomou, sentiu aquilo refrescar. Ela começou a gostar dele.

Gostava cada vez mais, achava ele tão sábio quanto ela. Ele ficou mais, ela mostrou o reino todo, só não mostrou aquele jardim. Aí ele pediu para ver. Ela negou. Ele esperou a vez.

---

17. A coruja parece ser o pássaro preferido pelas Grandes-Mães terríveis. Outro informante, porém, nos afirmou repetidas vezes que a coruja pertence a Xangô.

18. *Igbin*, caracol comestível, é a comida predileta de Oxalá.

Chegou uma mulher que se queixava do marido. Aí ele sugeriu ouvir os dois. Acabou fazendo o que ele queria. Aos poucos ele foi acalmando Nanã. O povo já tava gostando dele, aclamando ele como rei.

Até que um dia, ela levou ele, mostrou onde ela cultuava os Eguns, que ela dava uma folha para eles. Mostrou tudo, falou como era. Oxalá, só olhando.

Uns dias depois, chamaram Nanã. Oxalá vestiu-se de mulher; é por isso que Oxalá usa saia comprida e adê. Ele foi bem devagarinho, bateu na parede, falou o que tinha que falar, aí os Eguns saíram. Ele falou com voz doce: "a partir de hoje, vocês têm que obedecer a este senhor que está morando aqui comigo. Toda vez que ele fizer algum pedido, vocês têm que obedecer a ele". Os Eguns foram embora, e ele foi para casa.

Aí Nanã voltou, Oxalá falou: Tive pensando que vou mandar nos Eguns. Nanã pulou. Mas Oxalá passou a mandar nos Eguns. Ela ficou chateada, mas ela estava gostando dele cada vez mais, e queria um filho dele. Ele disse: Nós temos o mesmo sangue, não podemos ir juntos. Oxalá tinha sido feito para viver com Iemanjá, que é muito quietinha. Nanã não ia querer se submeter à autoridade dele, mesmo.

Ela foi fazer uma comida, misturou alguma coisa. Ele dormiu, ela foi junto dele, e ficou grávida.

Oxalá ficou chateado, foi morar com Iemanjá.

Esse mito, do qual existem várias versões, parece ilustrar mais uma vez o tema da diminuição do poder feminino em proveito do poder masculino. Já assinalamos, ao falar de Ogun, outra lenda que mostra como o "Grande Ferreiro do céu" tirou o poder que as mulheres possuíam sobre os mortos. O tema aqui se repete. Oxalá engana Nanã, pois foi mandado à terra para isso. Para despojar a grande Mãe do seu poder sobre os mortos, é preciso, no entanto, pagar o preço. Até hoje Oxalá veste saia[19].

---

19. Certos autores hipotetizam o caráter hemafrodite de Oxalá, como faz Arthur Ramos, citando como prova a seguinte cantiga: "Oxalá-rei ô mãe de Deus".

O mínimo que se pode dizer é que as relações entre os sexos são apresentadas, nesse mito, sob o signo do engano mútuo. Além disso, o produto é ambíguo. Já vimos que o primeiro filho, Obaluaê, nasceu com lepra, e foi jogado na lagoa pela mãe. Esta, novamente, tentou aproximar-se de Oxalá. "Nanã queria um filho com Oxalá, de qualquer jeito. Oxalá falou com Iemanjá: "não deixa ela ficar perto de mim". Iemanjá tava em casa, uma serva vem avisar que Oxalá tava mal. Ela saiu. Aí Nanã botou comida para os dois. Deitou com Oxalá". O segundo filho foi Oxumaré, que nasceu cobra.

Parece que a figura de Nanã concentra em si todas as angústias que os homens sentem frente à Mãe terrível: quando lhe tiram o poder sobre os mortos, só gera monstros. É freqüentemente citada como protótipo da mãe ruim, que rejeita os filhos. Ao dançar, contudo, Nanã acalenta o *ibiri*, que representa a multidão dos espíritos dos mortos. Os mortos, portanto, são seus verdadeiros filhos.

A tradição conta que *ibiri* nasceu junto com Nanã, fazia parte da sua placenta. É que a morte reside no âmago da vida: nascer no mundo é também, ao mesmo tempo, nascer para a morte.

A figura angustiante de Nanã expressa esse mistério: cada mãe, ao dar à luz, cria um ser prometido à morte. Os filhos monstruosos de Nanã apenas tornam manifesta a estranheza do ser no mundo.

Nanã parece ser a mais insigne representante do grupo das Mães Antigas (*Iyá Agbá*) poderosas e temíveis.

Os ritos de sacrifício sempre começam pela oferenda da água vertida na terra. É preciso constantemente apaziguar Nanã, a avó, a terra dos mortos e dos grãos.

Xangô

"*Kauô Kabiecile!*", "Venham ver o Rei descer sobre a terra!", eis a saudação de Xangô, pois antes de mais nada ele é um grande Rei. Na terra, foi outrora o quarto monarca da cidade de Oyo, e permanece rei entre os deuses.

Quando o antílope entra na casa,
a cabra tem medo.
Quando entra Shango, todos os Orishas têm medo.
Ele racha o céu por inteiro (VERGER, 1965: 251).

Xangô é deus do trovão, dizem que é filho de Iemanjá (*Iya Massé*) e de Oranhiã, que fundou a cidade de Oyo, na Nigéria. Outras tradições asseguram que Xangô é filho de Oxalá. Em todo caso, ele foi rei de Oyo, e se transformou em deus.

Muitas versões contam como se deu a passagem de herói para orixá. Essas tradições são de tal maneira entranhadas com as próprias origens do povo ioruba que até mesmo o erudito J. Ki Zerbo, em sua seriíssima *História da África Negra* (1972), inicia o capítulo referente à história do império ioruba, em tom lendário:

Oranyan, fundador de Oyo (Old Oyo), teria tido como sucessor um dos seus filhos, chamado Shango. Este último era tão fogoso que, quando falava, lhe saíam chamas da boca e fumo pelas narinas. Havendo tentado atrair e dominar os raios por processos mágicos, acabou por consegui-lo para infelicidade da sua casa e acabou por se enforcar. Shango, que se tornou deus dos raios, é ainda hoje venerado em toda a costa do Benim (1972: 202).

O tema do suicídio de Xangô, seguido da sua ressurreição sob forma de orixá, é encontrado em numerosos autores. No entanto, P. Verger tem contestado essa tradição com veemência[20], atribuindo a lenda à tradução inadequada de um dos títulos de Xangô, *Obá Kosso*, "Rei da cidade de Kosso".

Em todo caso, é forçoso reconhecer que nenhuma das tradições relativas à transformação de Xangô em orixá é particu-

---

20. Veemência bem própria dos filhos de Xangô, diga-se de passagem, como é o caso de Verger. Não hesita em suspeitar das intenções do Pe. Baudin, que teve a infelicidade de interpretar *Obá Kosso*, Rei de Kosso, como *Obá Ko Só* "o rei não se enforcou". Verger tem o cargo de *Ojú: Obá*, "os olhos do Rei", no Axé Opô Afonjá, sua opinião é, por conseguinte, das mais autorizadas.

larmente abonadora para o deus do trovão. O Babalaô Martiniano do Bonfim, que levou Mãe Aninha a instituir o corpo dos doze Ministros de Xangô no Axé Opô Afonjá[21], conta como um guerreiro chamado Béri invadiu Oyo com seu povo "fazendo proezas de assombrar". Não destronou o rei, mas passou a governar, atraindo, com sua fama, muitos guerreiros desejosos de aprender com ele as artes marciais. Entre eles, chegaram, dois heróis, Gbonká, o forte, e Timin, apelidado de *Agbalê Òlófá Inan*, "o guerreiro que desprende flechas de fogo". Béri, que já tomara o nome de Xangô, "não lhes ensinava tudo, pois pensava matá-los, temendo a sua concorrência na Chefia do Poder" (BONFIM, 1935: 234). Desconfiados, os guerreiros desafiaram-no, mostrando-se tão senhores das artes do fogo e da guerra quanto ele. "Diante da desmoralização sofrida, Xangô, sem que ninguém conseguisse saber como, desapareceu do meio das tribos estupefactas" (BONFIM, 1935: 235).

As diversas versões desse mito evemerista apresentam sempre Xangô como guerreiro viril, corajoso, violento, e extremamente orgulhoso. Ele não admite ficar em segundo lugar. Em conto narrado por Mestre Didi, ele proclama: "Eu sou guerreiro e não me sujeito. Ninguém é mais do que eu!" (SANTOS, D.M., 1963: 92).

Os Malês, que se recusavam a prestar-lhe homenagens, foram duramente castigados: Xangô fulminou-os. Os sobreviventes apressaram-se em cultuá-lo, e, até hoje, consta que iniciam suas preces com saudações a Xangô.

A violência de Xangô, contudo, nunca é gratuita, mas se manifesta em função de algum objetivo específico, para castigar os maus ou conquistar o poder. No mito relatado por Martiniano do Bonfim, na hora em que fracassa como guerreiro, renasce como deus.

---

21. Os doze ministros, Obás de Xangô, existem ainda hoje. O cargo é geralmente preenchido por fiéis que gozam de uma posição preeminente na sociedade global também. A mais completa informação é encontrada em V. COSTA LIMA, *Os Obás de Xangô* (1981).

Todos os seus emblemas concorrem a situá-lo como símbolo de vida e criação. Suas cores são o vermelho (sangue, vida) e o branco (poder ancestral, gênese).

J.E. dos Santos afirma que Xangô é o "anti-símbolo da morte". Sua incompatibilidade com a morte é tamanha que ele se retira da cabeça de suas sacerdotisas quando as mesmas agonizam. Seus filhos jamais entram em cemitério nem tampouco assistem a enterros. Uma lenda bem conhecida nos terreiros diz que somente no dia da morte de sua própria mãe foi que Xangô pisou em cemitério.

A mesma ialorixá, que tantas lendas nos contou, relatou que, certo dia, os Egun estavam perseguindo Xangô, procurando alcançá-lo, até que sua mulher Iansã interveio. Ela tem poder sobre os mortos, e lhes conhece bem a índole peculiar. Pediu a Xangô que ficasse quieto, parado. Em volta dele, dispôs nove espelhos, virados para fora, de tal maneira que os Egun ao chegar se deparassem com as próprias imagens. Vendo-se no espelho, recuaram, apavorados, de tão feios que são, e desistiram de perseguir Xangô.

A morte é tão horrível que nem ela própria se consegue encarar.

Dizem os filhos de Xangô que o frio da morte é totalmente incompatível com o calor do fogo, que é o elemento do Senhor dos raios, cujo poder compartilha com a esposa, Iansã.

Diversas tradições relatam como foi que Xangô e Iansã obtiveram o poder do fogo. Eis a versão de Pai Romeu:

Xangô foi visitar Ogun. Quando chegou, botou os olhos em cima de Iansã, falou: – O que é que eu vou dizer em casa?

Ele não podia ver mulher.

Aí ele se deu por doente. O irmão disse: – O que é que você tem?

– Estou doente, com fastio, nem minha mãe, que cozinha tão bem, consegue me fazer comer! Eu vivo muito triste.

– Se você ensinar a Iansã como fazer uma comida, você vai ver que mão divina ela tem.

Aí ensinou ela para fazer o amalá e disse: – Tome este pó, quando o amalá estiver pronto, bota este pó, mas não prove. Ela disse "sim", fez aquele amalá. Iansã tem quizila com quiabo, não gosta de quiabo.

Quando ele foi comer, de mão, naquela época não tinha talher, comeu, lambeu os dedos, se babou e falou: – Ogun, bem que você disse, nem a minha mãe faz o amalá tão gostoso.

Iansã disse: – Se essa baba é tão gostosa, amanhã eu vou provar. No outro dia, fez a comida, quando acabou, achou que tinha gosto de nada.

Aí botou o pó, mexeu, e provou. – Não tem gosto de nada. Escutou uma voz, chamando: "Iansã!" Ela disse: – Erô? As labaredas saiu pela boca. Ela se apavorou.

Ogun disse: – Iansã, Iansã, perdeu a língua, ou a fala?

Aí ela falou, quando falou, as labaredas saiu pela boca. Ogun agarrou ela pelo braço e disse a Xangô: – Toma, leva, não quero uma mulher que, quando fala, queima minha cara, você que gosta de botar fogo pela boca, então, leva ela!

– Meu irmão, eu não vim aqui para isso, eu vim aqui foi-lhe fazer uma visita. Ogun disse: – Leva, leva; e a entregou.

Como a maioria das lendas que relatamos, esta tem por objetivo principal ilustrar as preferências alimentares dos orixás. A comida votiva de Xangô é o *amalá*, feito de quiabos temperados com cebola, camarão seco e azeite-de-dendê. Nesse conto observamos também uma faceta geralmente pouco celebrada de Xangô, ou seja, a capacidade de chegar aos seus fins por meio de astúcia. Com efeito, ele é saudado como orixá da justiça, que tem horror à mentira. Aqui, mostra-se ardiloso, enganador, especulando sobre a curiosidade de Iansã, sabendo que proibir o *amalá* é o meio mais seguro para levá-la a comer; ainda por cima, finge a confusão quando Ogun lhe entrega o que ele mais queria, a própria mulher.

Todas as estórias de Xangô relatam fatos de bravura, e casos de mulheres. É impossível relatar um episódio em que não intervenha, uma ou outra, ou várias, das *Aiabá* (rainhas). Esse aspecto é tão importante que, nos terreiros, o quarto de Xangô contém igualmente os assentos de todas as Rainhas: Iemanjá (sua mãe), Iansã, Oxum e Obá (suas esposas).

Já vimos como Xangô obteve Oxum, por culpa de Ogun. A maneira como ele seduziu Obá não parece ter sido a mais louvável. Ouçamos Mestre Didi:

Um dia, o sol estava tinindo de quente, ele ia passando por um lugar e encontrou Obá ajoelhada, pedindo aos seus deuses para mandarem chuva.

Xangô, atrevido como ele só, forçou Obá e viveu com ela. Ela era velha mas muito bonita, amorosa e recomendava a todos o amor daquele varão. Mas Xangô era moço, cheio de vida, e logo se aborreceu de Obá (SANTOS, D.M., 1963: 90).

Abandonada, Obá ainda tentou reacender o amor de Xangô. Bisbilhotando na cozinha, deixou-se iludir por Oxum, persuadindo-se de que, para despertar o amor do Rei, seria necessário fazê-lo comer um pedaço do corpo dela. Cortou a orelha, e pôs a cozinhar com o amalá.

No primeiro bocado, Xangô fez uma careta de nojo. Obá foi chamada, e teve de mostrar sua figura mutilada. Furioso e nauseado, Xangô a repudiou, e ela se transformou no rio Obá. Dizem que, hoje ainda, se alguém pronunciar descuidadamente o nome de Oxum ao atravessar o rio, as águas borbulham de repente.

Essa anedota, extremamente popular, mostra Xangô como o protótipo do "machão", que seduz as mulheres alheias, e revela escandalosa parcialidade nas brigas de suas esposas.

Obá, que parece ter sido outrora cultuada como uma das grandes deusas protetoras do poder feminino – "Obá da Sociedade Elèko, guardiã do lado esquerdo" – hoje em dia é lembrada por esse triste episódio. Zora Seljam (1978a), na peça intitulada *A orelha de Obá*, consegue resgatar a honra de todos os implicados, de modo bastante engenhoso. Obá é guerreira, e foi no ardor da batalha que alguém lhe cortou a orelha. Xangô manda então preparar um bálsamo "feito de marisco e de verdura taioba", que cura Obá milagrosamente, para a alegria de todos.

A versão de Z. Seljam não parece, no entanto, pura licença poética. A taioba é chamada, em certos terreiros, "mulher de Xangô". É de preceito os filhos de Xangô cultivarem um pé de taioba em sua horta.

Mas a Rainha que acompanha todos os passos do rei do trovão é, sem dúvida, Iansã. Pai Romeu ilustra mais uma vez a temática do poder sobre o fogo, bem como o companheirismo de Iansã na hora em que Xangô tivera sérios problemas com seus súditos:

Ela tinha um encanto, Iansã é cheia de encantos. Quando viu aquilo, ela disse: – Xangô, vou na casa de Ifá. Foi o maior oluô (adivinho) de toda a África.

De onde ela estava, para vir à casa de Ifá, só com tufão de vento, não tinha avião, né? Aí ela fez o encanto, e foi. Quando chegou na porta de Ifá, ele já estava esperando ela, e disse: – Toma, leva, entrega a Xangô, manda ele botar na boca e falar ao povo.

Adiante ela parou, e disse: – Isso é capaz de ser veneno para matar Xangô. Parou, comeu, esperou o efeito. Nada. Ela tornou a se encantar e levou para Xangô: – Tome isso, vá à tribuna e fala ao povo, que Ifá mandou. Xangô botou aquilo na boca, já botava fogo antes, quando chegou e falou, não dá nem para explicar, saiu aqueles pedaços de fogo, caiu em cima do povo, e o povo ficou amedrontado, caiu com a cabeça no chão e gritavam: – Kaô Kabiecile! Perdoa, tenha paciência!

Iansã, quando ouviu aquilo, disse: – Ai, tão linchando Xangô! Ela corre, quando viu Xangô botando aqueles pedaços de fogo pela boca, ela gritou: – Kauô Kabiecile! O fogo caiu em cima do povo também.

Aí o povo todo se uniu a eles, porque viram que eles eram fortes.

Foi assim que Xangô foi reconhecido como Senhor do fogo, Obà ati baba inã, *"Rei e pai do fogo"*.

Na África, o proprietário da casa onde caiu o raio deve pagar pesada multa aos sacerdotes de Xangô. Reaparece aqui a ambivalência do conceito da energia sagrada: o raio é um castigo ao mesmo tempo que a manifestação divina. O lugar onde caiu é, por conseguinte, tão abençoado quanto maldito. O dinheiro que o dono da casa paga aos sacerdotes é, portanto, contradom.

Nos escombros das casas e das árvores fulminadas, os sacerdotes buscam as "pedras de raio". Os machados pré-históricos, de pedra, que encontram às vezes, passam por ter sido jogados por Xangô, que possui também o meteorito entre seus emblemas. É por isso que Xangô é apelidado de *Jacutá*, "o jogador de pedras". O mesmo nome designa a quarta-feira, *ojó jacutá*, que lhe é consagrada. Trovão, raio e meteorito expressam a interação entre o céu e a terra. O poder criador é ao mesmo tempo celeste e violento.

O machado duplo é a arma sagrada de Xangô, feita de cobre ou de madeira. Antigamente, os sacerdotes dançavam segurando bastões esculpidos com feições antropomorfas. A figura, masculina ou feminina, representava um iniciado de Xangô, com o fogo do céu na cabeça, simbolizado pelo machado duplo. Esses objetos rituais, *Oxê Xangô*, são pouco utilizados hoje em dia na maioria dos terreiros, sendo substituídos pelos machados, de cobre ou de madeira.

Segundo Verger (1954, 173), essas figuras lembram "a cerimônia chamada Ajeré, na África, quando os noviços de Xangô devem carregar na cabeça um jarro com aberturas laterais, onde queima um fogo vivo. Não devem sentir nada. Essa provação mostra que não há simulação no transe, sendo complementada por outra, *"akara"*, quando os noviços devem engolir fogo sob forma de mechas inflamadas". Os templos brasileiros dedicados a Xangô ainda praticam essa provação.

A prova do fogo não admite simulações. Xangô odeia a mentira, sendo considerado como orixá da justiça:

Ele mata aquele que exagera e fecha sua porta.
Pega a criança teimosa, amarra-a, feito carneiro.
Olha com raiva na direção do mentiroso.
Se franze o nariz, até sem falar, o mentiroso foge.
Dança ferozmente no quintal do impertinente.
Põe fogo à casa do mentiroso.
Bate no lombo do teimoso (VERGER, 1965: 251).

Ribeiro (1978: 47) recolheu um mito que trata do castigo do indiscreto e do traidor.

Na casa de Oxalá, havia um pássaro que contava tudo que lá acontecia ao seu amigo, o carneiro. O carneiro passava adiante. Quando Oxalá descobriu, chamou todos os orixás para castigar o culpado. O pássaro fugiu, mas o carneiro o pegou à traição, prendendo-o entre duas gamelas de madeira até levá-lo ao tribunal.

Iansã ficou com dó do pássaro (além do mais, o carneiro é uma de suas maiores quizilas), e requisitou a ajuda de Oxum. Elas soltaram o pássaro, colocando no lugar o bracelete de Oxum[22].

Quando o carneiro compareceu no tribunal para denunciar o pássaro, somente havia o bracelete entre as gamelas.

Xangô resolveu castigar o carneiro no lugar do pássaro. Este fora indiscreto apenas, enquanto o carneiro fora indiscreto e traidor. De pedra na mão, com três golpes certeiros, Xangô matou o carneiro.

É deste modo que se mata carneiro, quando se oferece sacrifício a Xangô. Ele come também cágado, mas o carneiro é o alimento favorito, bem como o amalá, de que tanto se falou, e o orobó, noz-de-cola amarga, que os seus devotos costumam mastigar.

---

22. Não se pode esquecer que o símbolo das Grandes-Mães, das quais Iansã e Oxum são representantes, é uma cabaça contendo um pássaro. O texto desse mito é cheio de alusões esotéricas aos mistérios da iniciação, dando a entender que os segredos revelados pelo pássaro e pelo carneiro diziam respeito a tais mistérios. Daí a pena de morte, como castigo da indiscrição.

O "toque" de Xangô, nos atabaques, é irresistível. Extremamente rápido, o ritmo do *alujá* possui tanta força, tanta vibração, que muitos orixás se precipitam para dançar juntamente com o deus do trovão. As figuras de dança são bastante variadas, representando os diversos mitos de Xangô, jogando a pedra de raio, empunhando o machado, mostrando o céu, mas todas são extremamente animadas, com passos rápidos e gestos quase violentos. É o fogo do céu e o fogo do sangue, cuja majestade não tem igual sobre a terra.

A importância civilizadora do fogo é evidente. Ele transforma tudo, derrete a pedra, transmuta os alimentos, domina a natureza, assusta os animais, rasga a noite. Pelo fogo, o raio, o trovão, Xangô é o deus criador e destruidor, inteligente, impulsivo, violento. Representa o poder transformador do fogo, a cultura e sua transmissão, pois é em volta da fogueira que se reúnem as primeiras sociedades humanas. Por isso tudo, Xangô é o padroeiro dos intelectuais e dos artistas.

O seu número simbólico é o doze, e dizem nos terreiros que são doze "qualidades" de Xangô. Conforme Verger (1981) seriam: *Dadá*, que segundo tradições iorubas teria sido o irmão mais velho de Xangô, destronado por este; *Obá Afonjá*, que se veste inteiramente de vermelho e empunha um curioso machado curvo, é padroeiro do ilustre templo Axé Opô Afonjá; *Obalubé*; *Ogodô*, figura de Xangô adulto, originário do país de Tapa, segura dois machados quando dança; *Obá Kosso*, rei da cidade nigeriana de Kosso; *Jacutá*, o "arremessador de pedras"; *Aganju*, Xangô moço e bem fogoso; *Baru*; *Oranyan*, fundador de Oyo, e que, conforme certas lendas, seria o pai de Xangô; *Airá Intilé*, ao qual fora dedicado o primeiro templo da Barroquinha, *Iya Omi Axé Aira Intilé*, e que, segundo Pai Romeu, tem parte com a Iansã dona dos mortos, sendo "o único Xangô que vai no cemitério, e não come carneiro por causa de Iansã"; *Airá Igbonã*, que parece ser o mais velho de todos; e *Airá Adja osi*. Via de regra, Airá veste roupa branca com detalhes vermelhos, por causa de Oxalá, como veremos mais tarde. Há também um *Airá* que usa conta azul (pérola *segi*) em vez do coral que, entremeado de contas brancas, costuma formar os colares de Xangô.

O culto do Rei do trovão é extremamente popular. Basta lembrar que, em Pernambuco, seu nome tornou-se sinônimo do próprio culto de origem africana, a tal ponto que lá se fala em "terreiros de Xangô" para designar o que alhures é chamado "terreiro de candomblé". Não parece haver dúvida de que sua força, sua valentia e sua sedução devem ter cristalizado muitos temas compensatórios no tempo da escravidão. O negro espoliado e humilhado, tratado como gado, objeto de todas as fantasias dos senhores, podia desforrar-se em noite de festa, prestando seu corpo sofrido à manifestação do grande deus do trovão, quarto rei de Oyo, e sedutor de todas as mulheres.

Um dos *oriki* recolhidos por Verger (1965: 153) na África deixa bem claro o apoio que pode propiciar:

> Ele bate com a pedra.
> Racha a porta e luta com o proprietário da casa.
> Ele mata o europeu e destrói seu automóvel".
> Para sobreviver, basta confiar em Xangô:
> "Shangô pode ajudar-nos
> Shangô, esposo de Oyá
> Basta segui-lo.
> Que venha fazer conosco aquilo que sem ajuda não podemos fazer.
> Não sabemos como pronunciar imprecações. Basta sabermos saudar Shangô.

Iansã

Esposa principal de Xangô, compartilha o poder do fogo, sendo venerada no mesmo dia, às quartas-feiras. Ambos reinam sobre os raios e as tempestades, mas Xangô é o Senhor do trovão, ao passo que Iansã é a dona dos ventos.

Na África, chama-se Oya, e, no Brasil, todos os cânticos em nagô ainda a invocam sob esse nome. Lá, é a poderosa deusa do Rio Níger. Aqui, aparece sobretudo como sendo Ọmọ Inã, a filha do fogo.

Os mitos, no entanto, revelam claramente a sua dupla origem, de água e de fogo, que a torna símbolo da união de forças opostas. Ela é sucessivamente esposa das florestas (Oxossi, Ogun) e do fogo (Xangô). É livre e violenta como a tempestade, que ela comanda.

Pai Romeu conta a vida de Iansã, a seu modo:

Iansã era rainha de Mobá, soube que os súditos faziam coisas erradas. Eles roubavam, e as outras tribos diziam que era ela quem mandava. Sabe o que eles roubavam? Roubavam crianças, de dois ou três anos, para fazer o santo. Quando o pai ou a mãe apareciam, os meninos não conheciam mais os pais, e diziam: "Não, meu pai é esse, minha mãe é essa.

Essa Iansã chamava-se Oyá Leiê.

Ela se aborreceu com tudo aquilo, e então procurou uma forma de se encantar numa novilha. Encantou-se numa novilha e saiu andando pelo mundo. Chegando na terra de Alaketu, tinha uma feira, em certo dia da semana. Ela chegava perto da feira, tirava aquela couraça, escondia, ia para a feira. Entrava na feira cantando e saía da feira cantando, não comprava de ninguém, não fazia nada.

O dono dessa terra era um Oxossi, o mais velho que existe, chama-se Odé Obá Okê, *quer dizer, rei das montanhas. Casado com uma Oxum de nome* Iê Iê Okê, *e não tinham filhos, e Oxossi era doido para ter filho. Ele podia ter outra mulher dentro de casa, desde que lhe desse filho.*

Foram falar com ele. Dizem que Iansã foi a mulher mais bonita da África. Falaram com o rei, que tinha chegado um espetáculo de mulher, que ninguém sabia de onde veio, onde ela ia. Então ele ficou esperando. Daqui a pouco veio aquela novilha, olhou, olhou, mas não viu ninguém, tirou a couraça, escondeu na loca de um pau, e começou a cantar, e foi para a feira.

Então ele pegou a couraça e escondeu. Quando Iansã chegou, começou a procurar, procurar, entrava e saía do mato, não achou. Lá vem Oxossi, e disse:

– Obinrin lê, Ki lêi? *quer dizer,* "*Mulher, o que está fazendo?*" *Ela disse:*
– Ki nin, *não sei.*
– *De onde veio?*
– Ki nin.
– *Para onde vai?*
– Ki nin.
– *Quer ir lá para minha casa?*
– Odara!, *beleza!*

Quando chegou lá, apresentou a Iê Iê Okê uma Oxum de arco e flecha, feito Oxossi. Depois disse: – *Oxum, essa é a dona que aparecia por aqui, estava encantada no mato, desencantei, eu escondi a couraça, e por isso ela veio parar aqui.*

Oxum ficou muito contente. No fim de um ano, Iansã apareceu grávida, ela era uma menina, assim de 17 anos, era muito mocinha, mas hoje é a Iansã mais velha que existe.

Aí começou a briga de Oxum. No fim do ano, deu à luz um filho, e botou o nome de Torogun, no fim de outro ano ela deu à luz gêmeos, não se chamam Ibêji[23]*, chamam Iyoro. Ela dava à luz, mas não tinha o direito de botar a mão num menino daqueles, Oxum não deixava. Dizia para ela:* – *Você veio aqui foi parir, o marido é meu, o filho é meu.*

Iansã sofria muito e não dizia nada, sempre calada. Depois veio Doú[24]*, Alabá*[25]*, Adobê. Aí entra a parte das Iansã, que são. Ainã, Euá, Obá e Otin. E tem duas Oxum, filhas de Iansã e Oxossi, que são Iyê Otin e Iyê Ketu, é da família dos Ibêji. Ela deu 16 filhos a Oxossi, entre homens e mulheres. É daí que vêm as outras Iansã da Iansã mais velha com Oxossi.*

---

23. Divindade dos gêmeos.
24. Doú é o nome do menino que vem logo depois de gêmeos.
25. Alabê é o nome da menina que vem depois de gêmeos.

Um dia, Oxum brigou com ela, e disse: – Oyà mi jò roko mu, be ninu aká, *quer dizer: "Você é muito grande, mas eu sei onde está sua couraça"*[26]. *Ela disse – Aonde? Oxum disse: – Em tal lugar.*

Iansã saiu, foi lá, pegou a couraça, abençoou os filhos, e disse: – E por aqui!

Daqui a pouco, veio Oxum, cantando, muito alegre. Falou para os Ibêji: – Cadê Oyà? – Oyá, Iyà mi, odolá unlò, *quer dizer, "Oyà, minha mãe, deu adeus e foi embora", Oxum disse: – Oxossi, quando chegar, vai jogar essa carga em cima de mim.*

Daí a pouco vem Oxossi: Oxum, Ki lêi Oyà?

– Pergunte aos Ibêji. Perguntou e foi a mesma coisa.

Oxossi subiu a serra, saiu à procura de Iansã. Já alta noite, encontrou Oyá. Disse: Vai voltar.

– Não volto, que eu brigo com Oxum.

– E seus filhos?

– Não tenho direito de pôr a mão nos meus filhos, que a Oxum não deixa.

– Mas quando seus filhos estão doentes, quem dá remédio é você.

Ela, já encantada no boi, tirou os dois chifres e deu a ele. Disse: – Encha de água, quando eles adoecer, dê a água para eles beber.

Quando uma pessoa é de Oxossi, tem que levar dois chifres de boi. Todo assentamento de Oxossi leva dois chifres.

Então, ela foi embora.

Apareceu na terra de Ogun, terra chamada Dako. Esse Ogun é o rei da terra, se chama Ogun Orominã Obá Lajô[27]. *Aí*

---

[26]. A mesma lenda é relatada por Verger em relação a Ogun (em vez de Oxossi), com a seguinte frase *"Máa je, máa mu, wò ré nbe ninù àká"* ("Você pode comer, você pode beber, mas sua pele está no depósito").

[27]. Lembramos que o nome desse Ogun significa "meu ritual é o fogo", o que vem a combinar com Iansã, filha do fogo.

foram dizer a ele: – Chegou uma criatura tão bonita que não se sabe dar explicação.
– Traz ela aqui. Quando Ogun botou os olhos nela, disse: – É com essa que eu vou. Propôs para ela morar com ele. – Só se casar. Casou. Aí ela se chama Iansã, e não mais Oyá. Já mulher de dois reis, que são Oxossi e Ogun.

Já sabemos o resto da estória, que foi contado junto com os mitos de Xangô.

Pode-se observar muitos detalhes que sugerem a fusão, na figura de Iansã, de várias divindades, de origens diversas. Essa Oyá foi provavelmente deusa agrária, ligada aos cultos da fecundidade, e do boi. Na presente versão, aparece como sendo mãe de dezesseis orixás, entre os quais, os gêmeos, Obá e Euá, que são divindades das águas. Oxum é apresentada como sendo estéril, contrastando com as demais tradições que a representam como a própria deusa da fecundidade. Outras versões propõem de Oxum uma imagem bem mais simpática, segundo a qual ela teria criado todos os filhos que Iansã abandonava ao nascer, preferindo a guerra às prendas do lar. Todas as tradições, no entanto, afirmam a rivalidade de Oxum e Iansã, como já vimos em relação em Obaluaê.

Algumas versões apresentam Obá como avó de Oxum; aqui, Obá é sua enteada. Outra lenda, ainda, conta que Iansã seria a irmã mais moça de Oxum, que a teria dado em casamento ao esposo Xangô. Desse modo, o rei do trovão, cujo temperamento mulherengo é bem conhecido, não teria motivo para procurar aventuras fora de casa. Além do mais, Iansã seria a fiel companheira de todas as batalhas.

A Iansã brasileira, corisco e tempestade, mantém, contudo, alguns traços das origens agrárias de Oyá. Seu emblema, *eruexim* (rabo de cavalo), é semelhante ao *erukeré*, símbolo de realeza. Ela usa freqüentemente dois chifres de boi amarrados à cintura. Tive a oportunidade de ver também esses chifres, encimando o "assento" de Iansã, no quarto das *Aiabá*.

Outra característica constante da rainha das tempestades é a propensão a fugir das situações desagradáveis, usando para tanto o recurso da magia. Já disse Pai Romeu: "Iansã é cheia de encantos". Transforma-se em pé-de-vento, para viajar mais rápido, vira novilha para percorrer o reino de Alaketu.

Essa versatilidade fica evidente na lenda que Ângela Corrêa (1976: 114-117) recolheu junto a uma *ekedi* de Xangô:

Xangô já era casado com Oxum quando conheceu Iansã, que, nesta época, ainda não era um orixá.

Apaixonou-se por ela e convidou-a a morar em seu palácio, Iansã aceitou e algum tempo depois pediu a Xangô que lhe desse alguma coisa em troca. Xangô deu-lhe então os ventos: o afefé *(a brisa)* e o ubori *(vento da tempestade).* Estes dois ventos estão contidos nos chifres de boi que Iansã passou a carregar. Um dia, Iansã cansou-se de viver com Xangô, ou do fato de ser uma de suas mulheres, e resolveu ir embora. Fugiu para as terras de Ogun, com quem passou a viver. Depois de certo período, Iansã pediu um presente, e Ogun deu-lhe a espada. Quando Xangô ia chegando nas terras de Ogun, Iansã disse:

– Ogun, Xangô vem aí.

– Pode deixar.

Iansã então fugiu para as terras de Oxossi. Quando Xangô chegou, Ogun puxou a espada. Xangô derreteu-a com o raio e continuou procurando Iansã.

Nas terras de Oxossi, depois de um certo período, Iansã pediu um presente. Oxossi envergou sua espada, como um arco, e transformou-a em alfanje. Assim, a espada de Iansã, além de cortar, rasga. Xangô vinha chegando e Iansã disse a Oxossi:

– Oxossi, Xangô vem aí.

– Pode deixar.

Iansã fugiu para as terras de Omolu. Quando Xangô chegou, Oxossi puxou o arco. Xangô quebrou-o com o raio e foi em frente.

Logo ao chegar ao reino de Omolu, e Iansã, vendo-o coberto de feridas, mandou que o vento batesse na terra da estrada.

Levantou-se uma nuvem de pó que secou as feridas de Omolu e eles passaram a viver juntos. Depois de certo tempo, Iansã pediu-lhe um presente, e Omolu, como orixá das epidemias, deu-lhe o comando dos mortos. Iansã é quem leva, como orixá do vento, o último suspiro dos moribundos. Xangô estava chegando e Iansã disse a Omolu:

– Omolu, Xangô vem aí.

– Pode deixar.

Omolu mandou as pestes contra Xangô e ele destruiu-as com o raio.

Iansã tinha fugido para as terras de Exu, e depois de morar com ele durante algum tempo pediu-lhe um presente. Exu deu-lhe alguns feitiços. Xangô vinha chegando.

– Exu, Xangô vem aí.

– Pode deixar.

Exu mandou seus feitiços contra Xangô, mas ele destruiu-os com o raio.

Iansã não tinha mais para onde fugir e Xangô estava se aproximando. Usou, então, o pó que Exu lhe tinha dado, para transformar-se em pedra. Xangô chegou, cansado de procurar Iansã pelo mundo todo. Viu aquela pedra, colocou o pé em cima e disse:

– Se meu coração tem que sofrer tanto por causa de uma mulher, é melhor que venha um raio e o parta ao meio.

O raio veio, mas não atingiu Xangô. Bateu na pedra e rompeu o feitiço. Iansã desistiu de fugir e voltou para casa com Xangô.

No palácio de Xangô, Iansã começou a ter muito ciúme de Oxum, que era a preferida. Oxum ia todos os dias tomar banho num rio, perto do palácio, e Iansã colocou neste caminho um feitiço de fogo para destruir a rival. Por algum motivo, neste dia, Oxum parou no meio do caminho, e disse:

– Se as águas são minhas, elas que venham a mim.

O rio transbordou e veio, pelo caminho, até Oxum, apagando o feitiço de Iansã. Esta, furiosa, vendo seu plano falhar, atacou Oxum com a espada. Oxum dirigiu seu espelho para o sol e ofuscou-a, fazendo-a parar. Perguntou-lhe se não gostaria de se tornar também um orixá. Iansã ficou envergonhada e respondeu que sim. Oxum raspou-lhe a cabeça com uma pedra (do rio). O método foi um tanto brutal, mas ela merecia uma desforra, e Iansã tornou-se um orixá (nem é preciso dizer que a informante é filha de Oxum).

Essa nova versão mostra novamente Iansã como esposa sucessiva dos diversos orixás masculinos. Sedutora, interesseira, obtém, em troca dos seus favores, o vento, a espada, o poder sobre os mortos, a magia, e, por fim, a imortalidade.

Segue o roteiro clássico do herói, situando-se no oposto do tipo tradicional da mulher submissa e passiva. Guerreira, luta de arma na mão. Quando não consegue vencer, foge, mas é incapaz de contornar situações, como faz Oxum que seduz por meios indiretos, opondo o espelho e a negociação à espada da Iansã. Quando esta se depara com o espelho, não consegue enfrentar a própria imagem de sua violência. É a segunda história de Iansã com tema de espelho, que recolhemos. Em outro trabalho (AUGRAS, 1978) foi possível estabelecer a constante ligação entre o espelho e a morte. A imagem refletida revela a presença do duplo, afirmando deste modo a duplicidade mortal/imortal do homem. Não deve ser por acaso que esse tema surge a respeito de Iansã, que é precisamente o único orixá relacionado com os espíritos dos mortos.

Na estória que acabamos de contar, foi Omolu que lhe concedeu o poder sobre os *Egun*. Os mitos nagô clássicos dão uma origem mais essencial a essa soberania: *Egun* seria o próprio filho de Iansã. Conta Verger que "Oiá lamentava-se de não ter filhos". Essa triste situação era conseqüência de ignorância a respeito de suas proibições alimentares. Embora a carne de cabra lhe fosse recomendada, ela comia a de carneiro. Oiá consultou um *babalaô*, que lhe revelou o seu erro, aconselhando-a a fazer oferendas, entre as quais deveria haver um tecido vermelho. Este pano, mais tarde, haveria de servir para confeccionar as vestimentas dos *Egungun*. Tendo cumprido essa obrigação, Oiá tornou-se mãe de nove crianças, o que se exprime em ioruba pela frase "*Iyá omo mèsàn*", origem do seu nome Iansã" (VERGER, 1981: 168).

Nove é o número sagrado de Iansã. Os pêlos do rabo de cavalo (*iruexim*) correspondem, como símbolo do "coletivo", à multidão dos espíritos dos mortos. Iansã é, portanto, a Mãe dos Espíritos. Nas cerimônias do *axexê* não é comum ocorrer possessão, mas, se houver, só pode ser de Iansã.

Embora as mulheres tenham sido expulsas do culto dos mortos, como observamos repetidas vezes, ela continua sendo invocada nas cerimônias funerárias. Jorge Amado descreve o cortejo fúnebre de ilustre mãe-de-santo da Bahia: "Depois do enterro ritual, o féretro, as coroas, o cântico e o choro desceram a ladeira e, a pé, atravessaram ruas e avenidas, à frente Iansã abrindo o caminho, com seu grito terrível" (AMADO, 1977: 161). Quando dança, ela chama os espíritos a sua volta, para depois afastá-los, braços estendidos em movimento gracioso, que lhe é peculiar.

Às vezes, dança de modo sensual, mãos nas cadeiras, provocando os orixás masculinos. Pode movimentar-se suavemente e, de repente, girar em turbilhão como o vento da tempestade. É-lhe comum empunhar a espada, desafiando Ogun em duelo, numa dança conjunta que é uma das coisas mais belas a que se pode assistir no terreiro.

O vermelho vivo é sua cor. A espada, as pulseiras, o diadema, todos os objetos de metal são de cobre. Sua roupa é toda vermelha, como as contas do seu colar. É a impetuosa filha do fogo. Seu prato predileto é o acarajé, frito em azeite-de-dendê, pois somente um azeite "vermelho" pode-lhe convir. Como sabemos, tem quizila de carneiro e não suporta quiabo. Tampouco se deve servir abóbora para a rainha do corisco. Come cabra, galinha e conquém. As plantas de flores vermelhas lhe são consagradas.

Sua figura heróica é extremamente popular. Assimilada com Santa Bárbara, por causa do raio, é festejada em Salvador no Mercado que leva o nome da santa, no dia 4 de dezembro. Quando ela chega, dançando, altiva e guerreira, ou levando na cabeça a bacia cheia de acarajés que vai distribuir aos presentes, todos gritam "Eparrei!", sua saudação ritual.

> Oiá, mulher corajosa, que ao acordar empunhou o sabre.
> Oiá, mulher de Xangô.
> Oiá, cujo marido é vermelho.
> Oiá, que embeleza seus pés com pó vermelho.
> Oiá, que morre corajosamente com seu marido.
> Oiá, vento da morte.
> Oiá, ventania que balança as folhas das árvores por toda parte.
> Oiá, a única que pode segurar os chifres de um búfalo (VERGER, 1981: 169).

Oxum

> *Iyalode*, gorda, corta as ondas,
> Ela, cuja grande palavra saúda a água [...].
> Oshun é suave. É freguesa dos mercadores de cobre.
> Agita as pulseiras quando vem dançar.
> Pisa com andar altivo.
> É elegante e tem dinheiro para divertir-se.
> Mulher elegante que possui jóias de cobre espesso.
> Dona do pente de coral.
> Dona de muitas penas de papagaio (VERGER, 1965: 247).

Esses *oriki* (saudações) sintetizam os diversos atributos de Oxum, grande dama (*Iyalode*), de pele luzidia e macia, rainha de todos os rios, das fontes e das cascatas. É a bela deusa sensual do amor e da fecundidade.

Sua cor é o amarelo-ouro – cor-de-gema, dizem os nagô. O ovo é símbolo de gestação, por isso pertence a Oxum. O mel de abelhas, o azeite-de-dendê, todas as coisas amarelo vivo participam da essência da deusa.

Mãe da riqueza, Oxum é a alegria do sangue das mulheres fecundas.

Até mesmo Oxalá teve de inclinar-se frente a seu poder. A tradição nagô "relata a estória de uma sacerdotisa, *Omo Òṣun* ("filha de Oxum"), encarregada de cuidar dos paramentos de Oxalá. Havia muitas mulheres com inveja dela, que, para criar caso, jogaram a coroa de Oxalá no rio, pouco antes do começo do grande festival anual[28]. *Omo Òṣun* conseguiu encontrá-la na barriga de um peixe. Suas rivais, despeitadas, fizeram um feitiço e, no meio da festa, na hora em que deveria levantar-se para saudar Oxalá, ela não conseguiu. Seu corpo aderira ao assento. A pobre sacerdotisa fez tanta força, que acabou levantando-se, mas parte do seu corpo ficou grudada no assento. O sangue jorrou, manchando os paramentos de Oxalá. O vermelho é tabu para o Grande Deus da Cor Branca, que se mostrou extremamente irritado, e *Omo Òṣun*, envergonhada, fugiu.

Todos os orixás fecharam-lhe as portas. Somente Oxum a acolheu, e transformou as gotas de sangue em penas de papagaio, pássaro chamado *odidé*.

Lembramos que pássaros simbolizam a fecundidade das Grandes-Mães, e que as plumas representam a multidão dos descendentes. Por isso, Oxum é a "dona de muitas penas de papagaio".

Todos os deuses ouviram falar do milagre da transformação do sangue em penas de papagaio (*ecodidé*). Chegaram, um atrás do outro, para visitar Oxum, e ver de perto o pássaro de plumas encantadas. O último a chegar foi Oxalá, que se prosternou frente a Oxum, em sinal de submissão perante o poder feminino. Fez mais: colocou na testa uma pena vermelha e declarou que "as *iaô* que não usarem *ecodidé* não serão reconhecidas como verdadeiras *iaô*". É por esse motivo que as noviças, no fim da iniciação, usam na testa uma pena vermelha.

A iniciação é um nascimento, e o poder da fecundidade tem de estar presente. Pois Oxum mostrou que a menstruação, em vez de constituir motivo de vergonha e de inferioridade

---

28. Essa lenda é detalhadamente relatada por J.E. dos Santos (1976); é também o tema de uma peça de D.M. dos Santos, *Por que Oxalá usa ecodidé*.

das mulheres, pelo contrário, proclama a realidade do poder feminino, a possibilidade de gerar filhos.

Oxum é quem garante a abundância dos descendentes e dos frutos da terra.

O rei da cidade de Oxogbô, na Nigéria, ainda celebra, anualmente, a aliança que uniu seus antepassados com Oxum, deusa do rio.

Laro conduzia seu povo em meio a terras secas, quando finalmente chegou às margens do rio Oxum. Resolveu instalar-se, mas, certo dia, a mais linda de suas filhas desapareceu. Voltou quatro dias depois, cheia de presentes, e Laro ofereceu uma festa para agradecer à deusa do rio. Inclinou-se para beber um pouco de água, quando, de repente, um grande peixe saltou para suas mãos. Era sinal de que Oxum aceitara a aliança. Laro passou então a chamar-se Ataojá, ou, melhor dizendo, Atewo gba ejá, *"aquele que aceita o peixe"*. O rei de Oxogbô, até hoje, usa o título de Ataojá.

Zora Seljam conta essa lenda, e visitou o templo de Oxum Gbo que "tem orelhas grandes para ouvir preces, olhos grandes para ver tudo, e uma espada para defender seu povo. Ela mora em frente ao rio. Mais além, rio abaixo, mora Oxum Miuá, a que possui um pilão de ouro, a que gosta de comprar jóias de ouro e de cobre, a boa freguesa dos vendedores haussás" (1978: 32).

Verger (1981) dá o nome de dezesseis Oxum africanas, já que 16 é seu número simbólico. Nos terreiros brasileiros também se diz que são dezesseis, no entanto, as mais conhecidas, além de Oxum Gbo que, para Verger, seria também protetora das parturientes, e de Oxum Miuá, que foi a dona da cabeça de Mãe Senhora, uma das grandes sacerdotisas do Axé Opô Afonjá, são: *Oxum Ijumu*, rainha de todas as Oxum; *Oxum Ayalá*, esposa de Ogun Alagbede, "senhor dos ferreiros do céu"; *Iê Iê Okê*, que já conhecemos como sendo mulher de Oxossi; *Iê Iê Kerê*, guerreira de arco e flecha; *Ié Ié Ipondá*, que usa a espada; *Oxum Apará*, uma das mais guerreiras, tão feroz que, no dizer de um informante, "ela beberia sangue humano se a gente desse"; *Oxum Abalô*, a mais velha de todas, mas que nem por isso deixa de mirar-se no espelho; e *Oxum Abotô*, muito suave, elegante e feminina.

Vê-se que estamos longe, nessa enumeração, do estereótipo de mulher passiva e mansa, que geralmente é atribuído a Oxum. Pai Romeu observa que até mesmo o espelho deixa de ser instrumento de beleza para tornar-se arma de guerra:

Oxum Iê Iê Kerê, de arco e flecha, e a Oxum Apará, de espada, Oxum Ipondá, de espada, e Oxum Abalo, com seu espelho, ela botava contra o sol, na cara dos guerreiros. Eles estavam feito doidos, com aquela luz nos olhos, e não viam nada.

Elas eram guerreiras mesmo, não era esse negócio de santo de igreja não.

Você já viu festa de candomblé, a Oxum com aquilo na mão, fazendo assim? Aquilo não é vaidade não, aquilo é instrumento de guerra, elas botavam contra o sol, na cara dos guerreiros.

Parece que as Grandes Mães sempre são terríveis. Até mesmo sob o aspecto mais sedutor, trazem guerra.

O leque de Oxum, *abebé*, é feito de latão. Redondo, costuma levar um espelho no centro, esse mesmo espelho ofuscante de que Pai Romeu tanto fala. Em volta do espelho, o *abebé* é trabalhado, enfeitado com desenhos de peixes ou de pássaros. Assim como estes, os peixes representam a fecundidade, pois suas escamas, como as penas, evocam a multidão dos descendentes. Talvez seja por isso que peixe de couro, sem escamas, é uma das maiores quizilas de Oxum.

Pois ela é, essencialmente, símbolo de fecundidade. É a rainha das crianças, que protege. Um texto ioruba recolhido por J.E. dos Santos (1976: 85) é bem explícito:

> No tempo da criação, quando Òṣun estava vindo das profundezas do *òrun*, Olódùmaré confiou-lhe o poder de zelar por cada uma das crianças por *Óriṣa*, que iriam nascer na terra, Òṣun seria a provedora de crianças. Ela deveria fazer com que as crianças permanecessem no ventre de suas mães, assegurando-lhes medicamentos e tratamento apropriados para evi-

tar abortos e contratempos antes do nascimento; mesmo depois de nascida a criança, até ela não estar dotada de razão e não estar falando alguma língua, o desenvolvimento e a obtenção de sua inteligência estariam sob o cuidado de Òṣun [...]. Ela foi a primeira Iyá-mi, encarregada de ser a *Olùtojí awon omo* (aquela que vela por todas as crianças) e a *Álàwòyè omo* (aquela que cura as crianças).

Verger acrescenta que "ela tem remédios gratuitos, dá mel para as crianças beberem, e, quando cura a criança, ela não apresenta os honorários ao pai (1985: 248).

Oxum é, portanto, a mãe, aquela que protege, nutre e cura. É a mulher em sua plenitude.

Quando o oráculo revelou ser necessário o nascimento de Oxetuá (ver Exu), foi Oxum que se encarregou da gestação. O mito conta, em detalhes, como ela se fez de rogada. Por ser a grande provedora de crianças, os homens bajulam-na, mas ela só faz o que quer.

D.M. dos Santos conta uma história que lembra muito a lenda francesa de *Mélusine*: um pobre agricultor encontrou *Iyá Omi Okun* (Mãe d'Água) e, apaixonado, resolveu casar com ela. Ela concordou, desde que ele se comprometesse a nunca falar mal do povo das águas. O homem tornou-se rico, de bens e de filhos. Mas Oxum cansou da vida doméstica, e deu um jeito para exasperar o marido, a tal ponto que este acabou arrenegando todo o povo das águas. Oxum não esperava outra coisa para, satisfeitíssima, voltar ao rio.

Várias estórias desse gênero lhe asseguram péssima reputação, de mulher vaidosa e egoísta.

Como sua grande rival Iansã, teve casos com quase todos os orixás masculinos, e, como ela, acabou esposa de Xangô.

Dizem que Oxum era filha de Orumilá, deus do destino. Seduzida por Xangô, teve de casar com ele. Vaidosa, cheia de caprichos, sem o menor interesse pela vida doméstica, logo aborreceu Xangô, que a trancou na mais alta torre do seu palácio. Além do castigo, essa solução permitia que ele se sentisse de novo livre para seduzir as mulheres alheias.

Exu avistou Oxum, chorando na janela, e foi logo contar a Orumilá. Este preparou um pó mágico, que Exu foi soprar sobre Oxum. Transformada em pomba, ela saiu voando, voltando para a casa paterna. Em lembrança desse episódio, as filhas de Oxum não podem comer pombo.

Ninguém sabe ao certo como nem por que ela voltou a viver com Xangô. *São inúmeras as versões dos seus amores: quando Oxum era casada com Ogun e Xangô a salvou do afogamento; quando ela era filha de Oxalá e obrigou Xangô a carregar seu velho pai nas costas para que este pudesse assistir ao casamento; quando exigiu que Xangô ficasse uma noite inteira deitado a seus pés sem tocá-la, como prova de amor; quando ela era neta de Obá, bem guardada no palácio, e Xangô venceu os guardas um por um.*

Se a união de Iansã com Xangô produz a tempestade, a de Xangô com Oxum traz a bênção das grandes chuvas tropicais, que fecundam o solo. Por mais que Iansã seja companheira, lutando ao lado do marido, não há dúvida que Oxum é a preferida. Ela é o repouso do guerreiro, habilidosa nas artes eróticas. Sua dança é sensual, ela abre os braços, requebra as cadeiras, às vezes representa a descida perto da fonte, o banho, o prazer de ser bonita e desejada.

Suas roupas são amarelas, de rendas ou de lamê dourado. Os braceletes são de ouro, os colares também, ou de contas pequeninas, amarelo-dourado. Leva espada de latão, quando se trata de uma Oxum guerreira. Usa a coroa (*adé*) dourada, com franja de pérolas caindo sobre o rosto. É uma deusa toda de ouro, mãe de todas as riquezas, que os fiéis saúdam aos gritos de *"Ora Iê Iê Ò!"* ("Ó Mãe Benevolente").

As comidas de Oxum situam-se, de longe, entre as mais saborosas da culinária baiana: inhame socado com camarão seco, cebola e azeite-de-dendê (*ipeté*); feijão-fradinho amassado com os mesmos temperos, servido com dezesseis ovos cozidos (*omolocum*); milho torrado e moído, misturado com azeite e mel de abelhas (*adum*), e tantas outras iguarias deliciosas.

Ela gosta de presentes, flores, perfumes, jóias, balas, e até bonecas. Gosta de tudo o que é bom e bonito.

"Deusa do dengue e da formosura", no dizer de Jorge Amado, é ela a Afrodite Negra, roliça e macia, mas também sabe se fazer respeitar.

Não há lugar onde não se conheça Oshun, poderosa como o rei.
Ela recusa a falta de respeito.
Ela fica em casa e estende a mão para a riqueza.
Dança e toma a coroa, dança sem pedir.
Quando a mulher está no caminho, o homem foge
(VERGER, 1965: 248).

Oxum é o poder feminino em sua totalidade.

Iemanjá

Iemanjá tornou-se hoje em dia a grande divindade protetora do Rio de Janeiro. Nos últimos anos, a devoção aumentou de tal maneira que certos fiéis julgam que se trata de novo culto, o "Iemanjismo". A grande festa pública, celebrada na noite de 31 de dezembro, consiste principalmente em oferenda de barcos enfeitados de flores, carregados de inúmeros presentes, sabonetes, perfumes, jóias, e postos a navegar na hora exata em que começa o Ano-Novo. Desde cedo, os fiéis reuniram-se na praia, delimitaram o espaço de culto, fincaram na areia velas acesas, rosas e palmas-de-santa-rita. Esses devotos pertencem, em sua maioria, à religião umbandista, mas o culto alcançou tanta projeção, que chegou a modificar a própria imagem de Iemanjá, vista agora pelo público como moça branca, linda e de cabelos compridos, que sai do mar, cheia de luz. Representa uma figura extremamente erotizada.

Iemanjá protege pescadores e marinheiros. Cuida deles, ajuda-os a voltarem para o porto, assegura pescas abundantes. Gosta tanto deles que, às vezes, deseja guardá-los para si. Tal como as sereias da antigüidade européia, escolhe os mais atraentes, os mais valorosos, para deitar em sua cama no fundo do mar. Todo o repertório de Dorival Caymmi, excelso filho de Iemanjá, relata casos do terrível amor da Sereia do Mar, desejada e temida, mãe protetora e sedutora implacável.

Parece que certos mitos iorubanos contam que Iemanjá teria sido violentada pelo próprio filho. Todos os demais deuses teriam saído de suas entranhas, e de seus seios rasgados teriam jorrado todos os rios do mundo. Nos terreiros brasileiros, no entanto, não se encontram lembranças desse mito. Conforme Jorge Amado, contudo, os sentimentos incestuosos permanecem explícitos:

"Assim Iemanjá é mãe e esposa. Ela ama os homens do mar como mãe enquanto eles vivem e sofrem. Mas no dia em que morrem, é como se eles fossem seu filho Orungã, cheio de desejos, querendo seu corpo" (AMADO, 1970: 84). É, portanto, a mãe-amante, figura ambivalente e, por conseguinte, muito poderosa.

Nos templos tradicionais, é cultuada como esposa de Oxalá, mãe de todos os deuses. Reina sobre "todas as águas do mundo", doces e salgadas. É, portanto, uma divindade antiga, deusa das águas primevas que são, conforme Mircea Eliade (1970: 165), *"fons et origo*, matrizes de todas as possibilidades da existência".

Essa definição parece adequar-se exatamente à figura de Iemanjá. Seu nome significa "mãe dos filhos peixes" (*Yéyé omo ejá*). Inúmeros são os descendentes da Rainha do Mar. Enquanto as demais Grandes-Mães são simbolizadas pelos pássaros, como é o caso de Oxum, os peixes de Iemanjá parecem relacionados mais especificamente com o embrião, o germe, as potencialidades infinitas da água geratriz. Ela usa o *abebé*, leque redondo como cabaça que representa a fecundidade, e a espada, que, recortando na matéria das origens, separa e multiplica os seres; permitindo o nascimento de indivíduos únicos.

Propiciar a passagem entre potencialidades e realização, e vice-versa, parece constituir uma das funções essenciais de Iemanjá. Sua dança, imitando o movimento das ondas, fala de fluidez, de distribuição, de germinação constantemente renovada. Para citar Eliade mais uma vez, "na cosmogonia, no mito, no ritual, na iconografia, as águas preenchem a mesma função, qualquer que seja a estrutura dos conjuntos culturais em que se inserem: as águas *precedem* a forma e *sustentam*, a criação. A imersão simboliza regressão no nível pré-formal, regeneração total, e novo nascimento, pois imersão significa realizar a dissolução das formas, a reintegração no modo indiferenciado da preexistência; emergir das águas é repetir o gesto cosmogônico da manifestação formal" (1970: 165).

Iemanjá acompanha todos os rituais, por sugerir volta às origens e nascimento. Faz-se particularmente presente na cerimônia do *bori*, pois ela preside à formação da individualidade, que, como sabemos, está concentrada na cabeça. Por isso se chama *Iyá Ori*, "Mãe da cabeça". Enquanto dança, coloca as mãos na testa e na nuca, sucessivamente, mostrando nesse gesto que ela é suporte da criação da individualidade.

Iemanjá é, por definição, a mãe, a senhora das origens. É considerada como mãe de todos os orixás, à exceção de Omolu e Oxumaré, que são filhos de Nanã. Lembramos que a tríade dos deuses da terra parece ser originária do Daomé. É provável que representem outra linhagem, e vários mitos procuram alcançar uma síntese, justificando a presença das duas mulheres de Oxalá, Nanã e Iemanjá.

Já vimos Nanã conseguir ser fecundada pelo esposo de Iemanjá. Vimos também Omolu ser jogado no lago pela própria mãe, e recolhido em seguida por Iemanjá. Dizem até que ela lhe molhou as chagas com água encantada, curando-o. Outras tradições, porém, contadas pela mesma informante – que é filha de Iemanjá –, apresentam Nanã como verdadeira esposa de Oxalá, destronada pela ardilosa Iemanjá.

Iemanjá é doida por Oxalá, mas ele é marido de Nanã. Ela mora na casa dos dois. Oxalá teve que viajar, aí ela pensou em arquitetar um plano.

Do lado de fora do palácio, tinha um poço grande, feito um lago, cheio de lama. Ela virou para Nanã: – A senhora tá velha, precisa fazer alguma coisa para agradar a ele. Ouvi ele dizer que aquela água dá vida. Uma pessoa teria que passar lá sete dias inteiros, sem sair.

Aí Nanã ficou se banhando, junto da jia, das serpentes que tinha lá. Enquanto isso, Iemanjá tava cantando (há uma cantiga relatando o caso).

Quando Oxalá tá pra chegar, ela vai para casa se perfumar toda. Quando ele chega, pergunta para Iemanjá: – Cadê minha velha?

– Já tá ficando maluca, okolori, tá adorubô (muito velha). Olha aí o que está fazendo! Tomando banho naquela água suja.

– Não quero uma mulher velha e suja e doida daquele jeito. Quero ficar com você que é nova e cheirosa.

Essa estória foi-nos contada para explicar por que as sacerdotisas filhas de Nanã têm de passar certo tempo perto do poço do terreiro "junto com a jia", em meio às obrigações da iniciação. Sabemos, porém, que Nanã é a deusa da lama, das lagoas, e da terra fértil. Essa lenda parece delinear a presença de forte rivalidade entre a Mãe-Terra, que recebe os mortos em seu seio e os acalenta, e a Água Primordial, Mãe de todas as potencialidades. Haverá conflito entre divindades de origens diferentes, ou antagonismo entre dois aspectos igualmente fundamentais das Grandes-Mães, sendo que uma está orientada para o passado (Nanã) e a outra, para o futuro (Iemanjá)? O estado atual de nosso conhecimento não permite desenvolver essa interpretação mais adiante. Em todo caso, a lenda apresenta-se como explicação de um rito, mas, na verdade, parece ter como objetivo esconder o significado profundo, esotérico.

No decorrer do trabalho de campo, tivemos mais de uma oportunidade de observar essa peculiaridade, recolhendo muitas lendas cujo objetivo principal parece ser o encobrimento daquilo que parecem revelar.

Até onde pudemos verificar, este aspecto não tinha sido enfocado ainda, e parece constituir rico filão, merecedor de investigações sistemáticas. Em todo caso, no nível cotidiano dos fiéis do candomblé, essas historinhas são freqüentemente contadas, e aceitas com naturalidade. Lendas como essa permitiram que Iemanjá obtivesse fama de ardilosa e hipócrita. Como muitas outras mães nesse mundo, Iemanjá é useira e vezeira da chantagem afetiva. A mesma informante ilustra esse aspecto: *Na obrigação de sete anos, e de três anos, tem uma coisa com pedra, por causa que Iemanjá quer bater na pedra para se matar.*

Porque ela está muito zangada com os filhos. Xangô só quer saber de mulher, briga por causa de mulher. Ogun só quer viajar e brigar. Oxossi só quer saber de caçar, pescar, quase não pára em casa, Omolu, que ela pegou para criar, ficou revoltado quando soube que não era filho, saiu por aí, vive no mato.

Aí ela resolveu se matar. Pegou uma pedra grande. Avisou que ia se matar mas ninguém tava ligando.

Na hora que vai se jogar (contra a pedra), todos os filhos aparecem. Oxossi pula do cavalo, Ogun se adianta, os santos-homem vêm para segurar Iemanjá.

É por isso que as pessoas falam, Iemanjá é falsa mesmo.

Vê-se que ela recorre a gestos arriscados para assegurar seu poder sobre os filhos. Um filho de Iemanjá aponta outro aspecto, tampouco lisonjeiro: "Iemanjá é muito interesseira, mas é isso mesmo".

Um dia Oxum tava passeando no mato, encontrou um rapaz que tava muito triste e só. Falou com sua mãe, Iemanjá, e ela disse: – Traga ele aqui para casa, aqui ele vai conhecer muita gente, ele vai fazer muitos amigos. Aí Oxum trouxe ele, perguntou o nome, e era Oxossi. Ficou lá, começou a sair com aquela Oxum, e ficou gostando dela, aí foi falar com Iemanjá, que queria casar com Oxum.

Quando Iemanjá ouviu isso, botou a mão na cintura e falou: – Quem é você, que quer casar com minha filha?

– Eu sou o Rei de todas as caças, eu sou o Rei de todas as matas, eu sou o Rei de todas as folhas. Então Iemanjá ficou muito satisfeita e deixou eles se casarem.

Iemanjá é sempre assim. Antes de dar, ela testa para ver o que vai receber em troca. É interesseira mesmo.

Por essas e outras lendas é que os filhos de Iemanjá têm fama de saberem muito bem conseguir o que querem.

Iemanjá não é apenas esposa de Oxalá. As tradições da cidade de Oyo asseguram que Oranhiã, o fundador, uniu-se com Iemanjá, que se chamava então Iyá Massé. Seu primeiro filho foi Dadá, que sucedeu ao pai no trono, e, em seguida, Xangô, quarto rei de Oyo como todos sabemos. Foi essa Iyá Massé que deu nome ao terreiro de Gantois, *Ilé Iyá Omin Axé Iyá Massé*, ou seja, "casa da Mãe d'Água, força sagrada de Iyá Massé".

Outra Iemanjá, de nome Sobá, teve um caso com Orumilá, deus do destino. Conta Mestre Didi que ela era casada com Oxalá, mas Orumilá a convidou para ir ao palácio dele, e ela apareceu grávida em seguida. O filho a que deu à luz nasceu com um sinal na cabeça, parecido com coco-de-dendê. Não era nada menos que Ifá, o oráculo do dendezeiro (SANTOS, D.M., 1963: 20, 21).

Foi preciso realizar-se a união do destino e das Águas primevas, para trazer ao mundo a possibilidade concreta do oráculo.

Outra "qualidade" da mãe das águas aparece muito nos terreiros: é Iemanjá Ogunté, bastante guerreira, muito suscetível e talvez por isso menos propensa aos ardis que celebrizaram as demais Iemanjás. Casada com Ogun, usa um colar de contas verdes que lhe é peculiar.

Existem ao todo sete "qualidades" de Iemanjá. Além das já citadas, Verger (1981: 191) indica os nomes de *Yewá* (Euá?), *Yemowò*, que seria, na África, a mulher de Oxalá, e Iemanjá *Assessú*, "muito voluntariosa e respeitável".

Como todas as divindades aquáticas, Iemanjá usa um diadema com franja, de contas de cristal transparente. Veste tons muito claros. O *abebé*, a espada e as pulseiras são de metal prateado.

A pedra que lhe corresponde é um seixo branco, conservado em prato de louça branca, e os bichos oferecidos em sacrifício são geralmente brancos. Toda essa brancura aproxima-a do esposo Oxalá, deus das origens e da cor branca. Iemanjá come *ebô*, que ele também gosta, mas o dela leva temperos saborosos: ao milho branco cozido, acrescentam-se camarão seco, cebola, azeite e sal. Ela aprecia também peixe de moqueca, com leite de coco e azeite-de-dendê.

No que diz respeito às interdições alimentares, Iemanjá não tolera feijão-branco. Os orixás que são seus filhos, em sinal de respeito às quizilas da mãe, não comem tampouco. No terreiro é tamanha a repulsa que, se as pessoas encontrarem porventura um grão de feijão-branco em meio aos feijões-pretos e fradinhos – estes sim, de ampla aceitação – ele é *queimado*, em vez de ser simplesmente jogado fora. Conta-se, até, casos de infelicidade provocados por um descuido em relação ao feijão-branco. Ignoramos, contudo, o motivo dessa interdição.

A significação dos mitos de Iemanjá torna-se mais nítida quando comparada aos mitos de Oxalá. Ambos representam as águas das origens, mas enquanto Oxalá sintetiza o poder genitor masculino, Iemanjá representa o poder genitor feminino. É ela quem nos põe no mundo, fazendo de cada um de nós um ser único.

Oxalá

O deus ioruba da criação dos seres que povoam este mundo e o além chama-se *Obatalá*, mas, nos terreiros brasileiros, é antes designado pelo seu título de Deus Grande, *Orișà nlà*, que, por contração, deu Oxalá.

Ele é o grande deus da brancura, pois o branco inclui todas as demais cores. Dele dependem todos os seres do céu e da terra. Ele é a brancura do indeterminado, o deus de todos os começos e de todas as realizações. A vida e a morte abrigam-se debaixo do seu pálio.

Imagem de totalidade, Oxalá apresenta alguns aspectos femininos também. Ele veste saia longa, usa diadema e abebé. Sabemos que conservou essa indumentária desde o tempo em que se disfarçou de mulher para roubar de Nanã o poder sobre os mortos. Mas o emblema que resume Oxalá, pertencendo somente a ele, é o cajado, *opaxorô*, o "cetro do mistério".

Foi com esse cajado que, outrora, separou o mundo dos homens do mundo dos deuses. Pela estrutura, *opaxorô* sugere nitidamente o *axis mundi*. Formado por uma haste de metal branco, de aproximadamente 1,20m, leva na extremidade superior um pássaro de metal. Quatro discos paralelos são dispostos horizontalmente ao longo da metade superior da haste, o mais estreito em cima, o mais largo embaixo. As bordas desses discos são perfuradas, pendendo delas berloques representando moedas, peixes, guizos, campainhas. Hoje em dia, o cajado é de metal prateado, mas os templos mais ricos e tradicionais ainda possuem *opaxorô* de prata.

O cajado está presente em todos os mitos de Oxalá. Quando Olodumaré encarregou Oxalá de criar a terra, este saiu imediatamente para realizar tão importante mister. Ora, sabemos que, antes de empreender qualquer coisa que seja, é necessário consultar o oráculo, e realizar as oferendas prescritas para que tudo corra bem.

Exu encarrega-se de fiscalizar o cumprimento dos preceitos. Encontrando Oxalá no caminho, perguntou-lhe se tinha feito o necessário. Oxalá respondeu que não, e continuou andando. "Então, nada do que projetas será realizado", declarou Exu.

Oxalá prosseguiu no caminho andando sem parar. Sentiu sede, cada vez mais sede, mas nem queria parar para beber.

Não estava mais agüentando, quando viu em sua frente iji òpe, *a palmeira. Plantou o cajado no tronco, e dele jorrou vinho de palma. Oxalá bebeu, e bebeu, tão sedento estava, que bebeu demais, e caiu no chão desacordado. Odudúa, "criado por Olodumaré depois de Òrişànlá, e o maior rival deste"* (VERGER, 1981: 252), *soube do acontecido e procurou o deus supremo para mostrar a falta de responsabilidade de Oxalá. Olodumaré passou a incumbência de criar a terra e organizar o mundo para Odudúa, que logo se desempenhou da missão.*

Quando Oxalá voltou a si, o deus supremo, como consolo, deu-lhe o encargo de criar todos os seres vivos, que passariam a povoar a terra. É Oxalá quem molda os homens, por isso é con-

siderado o pai de todos, e saudado aos gritos de "Éeepa Babá!" (Salve o Pai!).

Essa história de Oxalá, que todos conhecem e contam, serve para ilustrar a importância da observância dos preceitos. Mostra particularmente o quanto é imprescindível consultar o oráculo para saber "de que material a cabeça é feita", comportando-se em conseqüência disso, pois "não se pode comer do mesmo material". Nem beber, é claro, e foi isso que aconteceu com Oxalá.

Se tivesse perguntado a Ifá, teria sido informado que ele é parente da palmeira. Jamais poderia ter bebido do vinho (*oti*). Parece, aliás, que Oxalá não tem ligação apenas com a palmeira, mas sim com todas as árvores. Um mito recolhido por J.E. dos Santos afirma que "cada vez que *Orisalá* criava um ser humano, ao mesmo tempo, criava uma árvore" (1976: 76).

Várias espécies de árvore recebem o nome genérico dos filhos de Oxalá (*Iwin*) e são enfeitados pelo echarpe branco (*ojá*) que lhe pertence. É possível hipotetizar, nesse particular, reminiscências de algum antigo culto fitolátrico, pois diversos mitos começam pela fórmula "no tempo em que o homem adorava as árvores".

Seja como for, Oxalá, ao esquecer dos preceitos e, pior ainda, desprezar os avisos de Exu, deu o melhor exemplo daquilo que *não* deve ser feito. Inúmeras lendas mostram, no entanto, que Oxalá persiste em seguir o próprio rumo, sem levar em conta a opinião de quem quer que seja.

Outro mito bem conhecido, o da prisão de Oxalá, mostra claramente essa constante. Essa lenda põe frente a frente duas "qualidades" de Oxalá: Oxalufã, "Oxalá velho" e Oxaguiã, "Oxalá moço".

Oxalufã[29] morava no palácio do seu filho Oxaguiã, mas estava morrendo de saudades de outro filho, Xangô, que reinava em terras longínquas. Resolveu viajar e, desta vez, consultou o

---

29. De acordo com Verger (1981), Oxalufã seria o protetor da cidade nigeriana de *Ifón*, daí o nome (*òrìṣà Olúfón*: Senhor da cidade de Ifón).

oráculo de Ifá. Deu ejonilé, configuração que significa "perigo à vista". O consulente é geralmente aconselhado a nem sequer sair de casa. Oxalá, porém, é por demais teimoso. Já estava decidido a visitar Xangô, custasse o que custasse. Insistiu junto ao adivinho, perguntando se não haveria meios de contornar os perigos da viagem.

Ifá estipulou que, nesse caso, ele teria de viajar sozinho, levando consigo três mudas de roupa (branca, é claro), sabão (osé) e limo-da-costa (ori), que é uma espécie de creme, obtido, ao que parece, a partir da amêndoa do dendezeiro. (É muito boa para a pele, e serve também como tempero.) Ifá recomendou que Oxalá, para não morrer no caminho, concordasse com tudo que as pessoas porventura pedissem, sem jamais queixar-se nem irritar-se.

Oxalá estava tão ansioso de viajar que não viu nada de mais nas recomendações do oráculo. Preparou a bagagem, e partiu de manhãzinha.

No caminho, encontrou logo Exu Elepó, "senhor do azeite-de-dendê", que o saudou efusivamente: "Oxalá! me dá um abraço!"

Acontece, porém, que Exu, como o nome indica, transportava nas costas um barril cheio de azeite, e, na hora do abraço, o barril virou por cima de Oxalá. Rindo muito da brincadeira, Exu foi-se embora e Oxalá, resignadamente, lavou-se na fonte com o sabão, passou ori no corpo e fez um ebó (despacho) com a roupa manchada.

Mais adiante, encontrou Exu Eledu, "senhor do carvão", que repetiu a brincadeira, manchando a roupa de Oxalá com o fardo de carvão; e ainda Exu Aladi, "senhor do azeite de caroço-de-dendê", que recomeçou tudo de novo. Cada vez, Oxalá repetiu o banho e a oferenda, sem jamais reclamar.

Ao chegar no reino de Xangô, deparou-se com lindo cavalo branco, provavelmente perdido. Reconheceu o cavalo, que ele mesmo tinha dado de presente ao filho. O cavalo também o reconheceu, e foi junto dele, acompanhando seus passos.

Nisso, chegam os criados de Xangô, e cercam Oxalá aos gritos de "ladrão de cavalo do Rei!" Prendem-no, arrebentam-no a pancadas e jogam-no em alguma masmorra.

Lá ficou, sete anos, membros quebrados e retorcidos. Durante todo esse tempo, aos poucos, o reino de Oyo esteve periclitando. Uma seca nunca vista tomou conta da lavoura, dizimando o gado. Nada mais crescia, as mulheres permaneciam estéreis, as pessoas morriam de fome. Xangô mandou buscar os mais afamados adivinhos, até consultou o próprio Ifá, o grande oráculo dos cocos de dendezeiro. Ifá disse que tudo aquilo era castigo, devido à prisão de um inocente.

Xangô mandou vasculhar todas as prisões do reino, até chegar a Oxalufã. Levado o prisioneiro à frente do rei, este reconheceu nele o próprio pai. Mandou buscar água para lavá-lo. Todos se purificaram e se vestiram de branco em sinal de respeito. Como Oxalá mal podia andar, alquebrado pelos maus tratos, Xangô deu-lhe Airá, que o carregou nas próprias costas, até o palácio de Oxaguiã, que passara os últimos sete anos procurando o pai por toda parte. Os reis ofereceram grande banquete, para festejar a volta do pai e da prosperidade.

Esse mito mostra que Oxalá é antes de mais nada uma divindade agrária, que assegura a volta das chuvas e fecunda os campos. Sob o aspecto jovem de Oxaguiã, ele é o deus dos inhames novos:

> Belo Orisa que come inhame sem parar.
> Morre com um colar de massa de inhame.
> Dissemos a Orisa Ogiyan para não ir a Oyo
> (VERGER, 1965: 249).

O próprio nome de Oxaguiã significaria, segundo Verger (1981), "Orixá comedor de inhame pilado". A festa dos inhames novos faz parte do ciclo de Oxalá, encerrando as celebrações iniciadas com a festa das águas.

O ciclo de Oxalá é festejado na primavera, isto é, no final de setembro e início de outubro. Nos terreiros tradicionais, a festa das águas de Oxalá marca o início do ano litúrgico.

A sexta-feira é dia de Oxalá. Como, nesse dia, é proibido derramar sangue, os sacrifícios são realizados na quinta-feira, com matança de galinhas, cabras, pombos, todos brancos.

A festa das águas começa na noite de quinta para sexta-feira. Somente participam os fiéis que já têm estreita ligação com o templo. Todos são vestidos de branco, e, após a oferenda de noz-de-cola branca (*obi*) e água, efetuado na cabeça de cada um, cobrem a cabeça com echarpe branco. Em seguida, vão em procissão, cada qual com sua quartinha, buscar água na fonte.

Antes, os sacerdotes armam, no terreiro, uma barraca de palmas, *baluê*, onde depositam a pedra (*otá*) de Oxalá, que fica o ano inteiro no quarto consagrado, escondido debaixo de panos brancos, lindamente bordados. Em volta dessa pedra, "assentamento" do Oxalá da casa, estão dispostos os "assentamentos" individuais, ou seja, as pedras consagradas de cada filho, em bacias de ágata ou de louça branca. Todos os "assentos" saíram do seu lugar, e ficarão sete dias fora do quarto de Oxalá, em lembrança dos sete anos de exílio.

Cada participante entrega a quartinha cheia às mãos da mãe-de-santo, que vai regando o "assentamento" de Oxalá. Já que o mesmo teve de tomar três banhos sucessivos, os participantes vão por três vezes à fonte, e três vezes a água é derramada sobre a pedra de Oxalá, acabando por regar também os "assentamentos" individuais. Enquanto isso, todos observam o mais absoluto silêncio. Concluída a tarefa, já é madrugada, e os presentes entoam cantigas. Oxalá se manifesta, dança no barracão, outros orixás comparecem e a festa termina como de costume.

No dia seguinte, sábado, não há celebração. Ao longo do ciclo de Oxalá; no entanto, os fiéis devem obedecer a determinadas proibições. Não comem pratos que levem azeite-de-dendê (por causa da "brincadeira" de Exu), nem bebem álcool (por causa da bebedeira de Oxalá quando foi criar o mundo). O ano todo, os devotos evitam consumir tais coisas na sexta-feira, em sinal de respeito.

No domingo, os fiéis participam de uma cerimônia mais ou menos restrita, cantando e dançando para Oxalá. Os assentos individuais já voltaram para o quarto do orixá, mas a pedra principal, ou, como dizem os fiéis, "O Grande Oxalá da casa", permanece no *baluê*. É no domingo seguinte que será trazido de volta festivamente, antes do pôr-do-sol, pela procissão de Oxalá. Todos os presentes usam vestes brancas, e os orixás que se manifestam também se vestem da mesma cor. Estende-se o *alá* (pálio branco) por cima da cabeça dos participantes, que dançam e cantam de alegria por trazer o Grande Pai de volta para casa.

As festas do ciclo de Oxalá terminam no terceiro domingo, com a celebração de *Ojo Odô*, "o dia do pilão", chamado ainda *pilão de Oxaguiã*. É a festa dos inhames e não há dúvida de que expressa antigos rituais de oferenda das primícias. Em relação ao mito, representa a terceira e última etapa da viagem de Oxalá, o grande banquete no palácio de Oxaguiã.

A festa começa de noite, presidida pelos filhos de Oxalá, no barracão. Após as cantigas de abertura, entram sacerdotes e sacerdotisas trazendo respectivamente a espada de Oxaguiã, a mão de pilão, o estandarte de Oxalá e, por fim, o pilão contendo os inhames cozidos e amassados. Trata-se de uma variedade específica de inhame, *işu*, diferente do tubérculo que se consome no Rio, mas fácil de encontrar em todas as feiras nordestinas.

A mãe-de-santo chega por último, levando na mão um feixe de 16 varas (*atori*) que distribui aos iniciados mais graduados, com mais de sete anos de "feitos". (Se houver menos de 16 pessoas nesse caso, ela recolhe as varas excedentes.) Dançando, ela fustiga essas pessoas, que por sua vez se fustigam mutuamente, tocando em seguida todos os assistentes. A fustigação é meramente simbólica, trata-se mais precisamente de encostar a vara de *atori* nos ombros de cada participante. Dizem os membros do terreiro que esse ritual tem por finalidade expiar as faltas cometidas. Parece-nos tratar-se basicamente de um ritual de limpeza simbólica. A terra foi regenerada pelas águas, as plantações cresceram, chegou o momento de saborear os frutos da terra.

O inhame socado é distribuído entre os presentes, que comem também *ebô*, feito de milho cozido, e arroz branco. Todas essas iguarias são cozidas sem o mínimo grão de sal. A presença de *ori*, no entanto, impede que se tornem por demais insípidas. Com efeito, o sal é uma das grandes proibições de Oxalá.

Dizem os antigos que Oxalá foi consultar o oráculo para saber como conduzir sua vida. Foi-lhe aconselhado oferecer aos deuses uma cabaça cheia de sal, e pano de tanga, "para não passar vergonha na terra" (VERGER, 1954: 177).

Oxalá não é muito chegado a respeitar os avisos alheios, e foi dormir, sem oferecer qualquer *ebó*. Exu, o grande cobrador, entrou sorrateiramente na casa dele trazendo a cabaça pedida, que amarrou com o pano nas costas de Oxalá adormecido. No dia seguinte, Oxalá amanheceu corcunda. Desde então, tornou-se protetor de todos os corcundas, aleijados, albinos, e recebeu ainda o castigo de jamais comer sal.

Sabemos que o sal, como o giz, contém o "elemento" branco do axé. É parte integrante da força de Oxalá, do mesmo modo que o vinho de palmeira. Mais uma vez, a lenda pretende explicar a origem da proibição, mas, na verdade, mais parece um disfarce. A leitura dos mitos tem de levar em conta o duplo sentido, que somente o saber iniciático permite apreender.

O caracol comestível (*igbin*), chamado "boi de Oxalá", constitui o alimento preferido. O "suco" de *igbin*, gosma obtida amassando o caracol, é considerado como símbolo de esperma. É, portanto, a manifestação do poder genitor masculino. A esse respeito, a história de Nanã, que se sentiu "maravilhosamente refrescada" pelo suco de *igbin*, expressa esse simbolismo de modo transparente.

A noz-de-cola branca (*obi*) faz igualmente parte das oferendas prediletas de Oxalá. Conta Lody (1979: 114) que a noz-de-cola basta para sustentar as pessoas que a mastigam, curando também as doenças. Conforme esse autor, a noz-de-cola branca teria constituído "a primeira comida de Oxalá, e o prato com arroz branco e *obi* tornou-se alimento da predileção desse Orixá". No início da festa do pilão, serve-se *obi* com cebola para os presentes.

Quando Oxalá vem dançar no barracão, todos os orixás se precipitam para saudá-lo e acudi-lo. Com efeito, dança curvado, a tal ponto que o corpo desenha um ângulo reto, as pernas estão dobradas, e parece que Oxalá velho mais tropeça do que dança. Os orixás cercam-no, seguram-no pelo braço, dirigem seus passos hesitantes. Já pude ver até Ogun carregando o pai nas costas, rodeado dos demais orixás-filhos. A atmosfera geral é de alegria respeitosa, de carinho pela figura do ancião alquebrado que, no entanto, segura firme, *opaxorô*. A dança de Oxaguiã é bem mais leve, pois ele se assemelha aos outros orixás jovens e guerreiros. Quando se fala de Oxalá em geral, é sempre de Oxalufã que se trata, o grande pai venerado.

Oxalá é o deus de todas as potencialidades, que se tornaram concretas pelo seu poder criador. Por isso ele preside à criação dos seres e, particularmente, aos ritos de iniciação, que objetivam o renascimento místico dos adeptos.

Enquanto Exu é a transformação, princípio dinâmico da vida, Oxalá é a origem, a criação, a totalidade.

5
A COMUNIDADE

O trabalho de campo, conforme foi assinalado no Preâmbulo, foi efetuado em duas fases, correspondendo respectivamente, a primeira, à realização do inquérito no templo dirigido pelo Pai Jerônimo de Souza, e, a segunda, à observação participante no templo *Ilê de Omolu e Oxum*, dirigido por Mãe Meninazinha. Meu grau de participação pessoal na observação desta última casa torna mais fácil a organização de descrição da vida do terreiro, em torno daquilo que pude presenciar nesta comunidade.

O espaço e o templo

O templo, dedicado a Omolu e Oxum, situa-se em pequena cidade pertencente ao Município de São João de Meriti. Em capítulo precedente já tivemos oportunidade de sublinhar a importância do elemento nordestino no povoamento da Baixada Fluminense e a conseqüente proliferação das casas de santo. Os fiéis que freqüentam os templos mais tradicionais possuem raízes baianas bem próximas. A Casa de Meninazinha não é exceção. Iniciada, como veremos adiante, pela própria avó, a sacerdotisa foi na Bahia "buscar o santo" dela[1], e fundou, logo em seguida, um primeiro templo no Município

---

1. "Trazer o santo" significa levar os "assentos" do respectivo orixá de um templo para outro. A avó de Meninazinha recebera, na iniciação, os potes e recipientes contendo suas divindades peculiares. São esses potes que a Ialorixá foi buscar, para instalá-los no novo templo.

de Nova Iguaçu, em 6 de julho de 1968. Era uma casa pobre, coberta de palha, situada em lugar bastante ermo.

Logo que pôde adquirir terreno mais adequado, a sacerdotisa iniciou a construção do templo atual, inaugurado em 1973.

Situada a meia encosta, a edificação se vê de longe. O muro que a separa da rua é encimado por quartinhas brancas, indicando tratar-se de lugar de culto. Um grande portão abre para a fachada do barracão, que leva a inscrição *Ilê de Omolu e Oxum*, Casa de Omolu e Oxum[2]. No pátio de entrada, cresce uma palmeira, abrigando uma estátua de caboclo.

Do lado esquerdo, como convém, está a casa de Exu, seguida pela de Ogun, Oxossi e Ossaim, e de um quartinho onde a sacerdotisa recebe as pessoas que vêm consultar o oráculo. Em seguida, vêem-se dois cercados, fechados por grades, encimados por palmas. Não tivemos a oportunidade de penetrar nesses recintos, mas supomos que sejam dedicados a entidades da mata.

Do lado direito, a casa de Omolu abriga também, conforme a tradição, Nanã e Oxumaré. Vê-se, logo a seguir, um nicho pintado de azul, com estrelas douradas, que serve de moldura para uma estátua de Nossa Senhora da Conceição, que é uma das "coberturas" católicas da sensual Oxum.

A edificação mais importante constitui-se no barracão. Nele, frente à porta de entrada, encontra-se um estrado de alvenaria, forrado por papel imitando azulejos, estrado esse que funciona como suporte para os três atabaques. Um banco, também de alvenaria, serve de assento para os tocadores de atabaque. No dossel, um medalhão em relevo representa Omolu. No fundo do barracão, uma prateleira sustenta várias estátuas: São Roque, "cobertura" de Omolu, de novo Nossa Senhora da Conceição, bem como Nossa Senhora da Candelária (Iemanjá). Na coluna central do barracão, são pintadas es-

---

2. O nome do templo constitui belo exemplo de aculturação: os substantivos são ioruba, e portuguesas as conjunções.

trelas e lua prateadas. Uma prateleira, presa na coluna, leva uma quartinha pintada de branco. As vigas do teto aparecem, e numa delas colocaram grande bacia recoberta de palha, que deve provavelmente pertencer a Omolu.

O canto direito do fundo do barracão forma como que um nicho, recoberto do mesmo papel do estrado, e fechado por cortinas. Em dias de festa, é instalada cadeira de espaldar alto, onde se senta o mais importante dos orixás presentes.

Nesses dias, os muros do barracão são enfeitados de palmas, e também de quadros pintados por artistas da comunidade, representando Omolu e Oxum. Em volta do barracão, estão dispostos sofás, bancos, cadeiras de todo tipo.

É atrás do estrado que se encontra a porta do corredor, levando aos quartos dos demais orixás. É por ela que saem as filhas-de-santo e que os deuses, paramentados, voltam para o barracão. Ao longo do corredor, sucedem-se o quarto de Oxalá, o quarto das *Aiabá* e de Xangô, a camarinha, e o vestiário. No final está a cozinha, onde são preparadas as comidas dos santos, e da comunidade também.

No fundo do quintal, grande e bem sombreado por árvores imponentes, está situada a casa da *Ialorixá*. No fim do terreiro, na divisa com o terreno vizinho, vê-se uma casinhola, ladeada por um tufo de bambus. Ninguém explicou a finalidade, mas tudo deixa supor tratar-se da Casa dos Mortos do terreiro[3].

Normalmente, só vive no templo a família da sacerdotisa, Os membros da comunidade moram geralmente nos arredores, sem que isso, contudo, seja determinante. Muitos fiéis residem em outras localidades, o que não os impede de comparecer assiduamente às obrigações.

A comunidade religiosa é organizada sob forma de sociedade civil, inscrita no Cadastro Geral dos Contribuintes como pessoa jurídica, e considerada de utilidade pública. A mãe-de-san-

---

3. Com efeito, a casa dos mortos costuma ser localizada em ponto mais afastado do terreiro, e sabemos também que o bambu é tradicionalmente consagrado aos Espíritos.

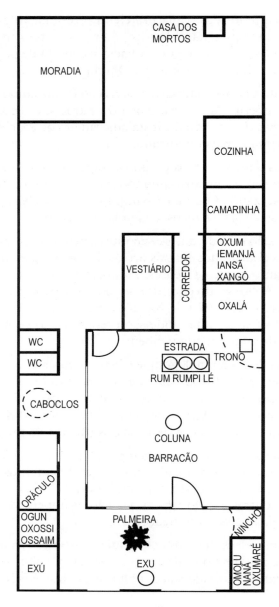

Figura I
Planta do templo

to é bastante reticente a respeito de todas as informações atinentes ao funcionamento administrativo. Parece que os membros da comunidade são definidos juridicamente como sócios, pagam mensalmente módica contribuição, e os fundos são administrados pelo tesoureiro, supervisionado pelo presidente da Sociedade. Todos os cargos administrativos são preenchidos por homens, que têm também cargos de natureza religiosa.

Os fundos servem para assegurar a manutenção mínima do terreiro. Quando chega a época das festas, os filhos do orixá que vai ser festejado rateiam as despesas, que se destinam principalmente a cobrir os gastos com comida, e com os animais do sacrifício.

Quando o estado dos locais consagrados exige consertos urgentes, os membros da comunidade são solicitados a fornecerem um esforço suplementar. Procura-se também ajuda de pessoas preeminentes da sociedade global, que desempenham o tradicional papel de protetores do templo.

Todos esses gastos são claramente distintos das despesas pessoais da mãe-de-santo, que se sustenta por conta própria, sendo casada e mãe de família.

Entre os aposentos do templo propriamente dito, designamos um quarto como sendo o "vestiário". É lá que são conservados os paramentos dos orixás e as vestes litúrgicas. Tais vestes pertencem às filhas-de-santo da casa, fazendo parte do seu enxoval. É necessário distinguir dois tipos de roupas litúrgicas, as da filha (ou filho)-de-santo, e as dos orixás que nelas se manifestam.

Os filhos-de-santo vestem-se de maneira bastante simples, com calça e camisa de cor clara, e, muitas vezes, brancas. Usam sapatos comuns, ou chinelos. Somente os numerosos colares que ostentam revelam claramente a natureza de sua função.

As filhas-de-santo usam roupa de baiana, composta por saia rodada, sustentada por inúmeras anáguas, blusa leve de manga curta e pano da costa, amarrado sobre o peito. O conjunto é gracioso, e volumoso também. A saia pode ser estampada, de várias cores, e o pano da costa, outrora tecido à mão, segundo técnicas africanas, hoje é geralmente cortado em fazenda combinando com a saia. As *iaô* usam blusa justa, colocada dentro da saia, o *camisu*, enquanto as *abami*, com mais de sete anos de iniciadas, têm direito a vestir bata. Todas usam torço na cabeça, sendo que somente as filhas das *aiabá* podem amarrá-lo de maneira a formar duas "orelhas", uma de cada lado. As filhas-de-santo calçam chinelinhas ou sandálias. Cobrem-se de colares: do orixá dono da cabeça, do orixá segundo[4], da divindade protetora da mãe-de-santo, do dono da cabeça do dignitário que ajudou na iniciação, e de outros tantos orixás que apresentam alguma afinidade com o "anjo da guarda" de cada uma.

Quando dançam, enfileiradas, as filhas-de-santo compõem quadro colorido. Nos momentos em que os atabaques se calam por um instante, o modo pelo qual elas sentam no chão ou se agacham para descansar faz com que suas saias engomadas se elevem em sua volta, feito grandes corolas.

De repente, ao som dos atabaques, a filha-de-santo oscila, fecha os olhos, leva as mãos à cabeça, treme, quase cai. Todas se precipitam, tiram-lhe os chinelos, o relógio, os óculos, se tiver, desfazem o torço e soltam-lhe os cabelos. Se o orixá que está se manifestando for mulher, o pano da costa é solto e amarrado de novo, solidamente, sobre os seios. Se for "santo-homem", o pano é atado nas costas. Se for orixá caçador ou guerreiro, tal como Ogun ou Oxaguiã, o laço é dado no ombro.

Quando é um filho-de-santo que cai no transe, procede-se do mesmo modo, tirando sapatos e relógio de pulso. Alguém vai correndo buscar um pano ou um echarpe (*ojá*) para amarrá-lo no peito, nas costas ou no ombro, de acordo com a identidade do orixá manifestado.

Os deuses dançam durante um tempo variável, e, aos poucos, vão-se dirigindo para a porta dos fundos, que atravessam *de costas*. Mais tarde, voltarão, todos juntos e paramentados.

---

4. Ori ekeji, ver capítulo seguinte.

As vestes dos orixás não diferem essencialmente das roupas litúrgicas das filhas-de-santo. As divindades femininas trajam saias compridas e fartas, blusas bordadas, echarpes e panos da costa trabalhados, nas cores prediletas. Na cabeça, levam um pano, amarrado, cujas pontas caem graciosamente. Sobre esse pano de cabeça é fixado o diadema (*adê*).

As divindades masculinas vestem saias mais curtas, sob as quais usam calças. Não levam pano da costa, mas *ojá*, echarpes extremamente compridas, amarradas na cintura ou nos ombros por complicado sistema de laços. Na cabeça, usam capacete (Ogun Oxossi), coroa ou boné (Xangô), ou capuz de palha (Omolu). Somente Oxalá, embora sendo divindade masculina, usa saia comprida e diadema.

As roupas dos orixás são essas, qualquer que seja o sexo biológico da pessoa através da qual se manifestam. Todos dançam de pés descalços. Levam na mão as insígnias de sua dignidade, espada, leque, cetro, espanta-mosca, arco, ou machado duplo.

Os paramentos e as roupas litúrgicas são preparados e costurados pelos próprios iniciados, ou por alguém da comunidade que se especializou nesse tipo de artesanato. De qualquer maneira, constituem um enxoval de tamanho respeitável, pois, no mínimo, cada filha-de-santo necessita de: um conjunto colorido para dançar, um conjunto todo branco para as festas de Oxalá, e mais as vestes exclusivas do Orixá. As fazendas utilizadas são muitas vezes caras, pois todas fazem questão de homenagear o orixá da maneira mais condigna. Nas festas de Oxalá, não é raro poder admirar a profusão de rendas brancas, crivo ou renascença.

Fora os dias de festa, as sacerdotisas vestem-se como todo mundo. Quando muito, usam um colar consagrado, que é, no entanto, cuidadosamente escondido, pois não convém ostentar "aquilo que se usa em volta do pescoço".

Os dignitários do terreiro não costumam usar trajes especiais. Nas festas e cerimônias, mostram às vezes colares vistosos, mas parece tratar-se de gosto individual, sem constituir obrigações. Certas *ekédi*, no entanto, vestem-se de baianas, com bata, mas sem pano da costa.

No terreiro, as festas públicas são relativamente freqüentes. Além das "obrigações" de cada membro da comunidade, existem as festas, relativamente fixas, dos orixás, que compõem uma espécie de calendário. A ordem de sucessão das festas é constante, mas as datas variam. De acordo com o costume, é a própria *Ialorixá* que estabelece tais datas. Deve, no entanto, consultar o oráculo para verificar a conveniência da programação. Se o oráculo responder que seria melhor esperar um pouco antes de dar início ao ciclo de festa, é sinal de que algo estranho está por acontecer. O calendário definitivo somente é estabelecido de acordo com o oráculo.

Como exemplo, transcrevo a seguir o calendário das festas de 1979, que a *Ialorixá* mandou imprimir em cartão próprio para ser distribuído entre os fiéis e amigos do terreiro:

21 de abril	festa de Oxossi
19 de maio	festa de Oxum
23 de junho	festa de Xangô
7 de julho	festa de Omolu
14 de julho	festa de Olubajé
18 de agosto	festa de Iansã
15 de setembro	festa de Oxalá
7 de outubro	festa de Ibeji

No entanto, este calendário não pôde ser seguido. Um luto na família da Suma Sacerdotisa obrigou-a a transferir a data da festa de Xangô (haja visto sua incompatibilidade total com a morte). As festas de Omolu (incluindo Olubajé) foram por conseguinte realizadas em agosto, antes de Iansã, dando ensejo a três sábados sucessivos de celebração.

Com efeito, as festas costumam ser realizadas aos sábados, ou melhor, durante toda a noite de sábado para domingo. A razão é puramente profana, por ser a noite de sábado a única disponível para as pessoas que trabalham fora. Há terreiros que não levam esse aspecto em conta, mas é preciso reconhecer que a escolha sistemática de sábado é de longe a mais prática para os fiéis, e para os pesquisadores também.

É comum iniciar os festejos com Oxossi, por ser o Rei lendário de Keto, protetor, portanto, dos templos nagô tradicionais, que costumam designar-se pelo nome de "casas de Keto", para distinguir-se dos terreiros de candomblé de Angola, ou candomblé de caboclo. Na Casa de Mãe Meninazinha a escolha do 21 de abril parece devida a motivos sincréticos, já que se tratava do sábado mais próximo do dia 23, dia de São Jorge, "cobertura" de Oxossi na Bahia. O mesmo critério, no entanto, não se aplica às demais datas, que não apresenta a menor possibilidade de identificação com algum santo católico. Isso reforça nossa opinião de que o tão propalado sincretismo constitui mera fachada, tão frágil que vem desmoronando a cada dia.

No entanto, existe pelo menos uma celebração que representa uma espécie de compromisso entre o calendário nagô e o tempo católico. É o *Logorun*, que ocorre geralmente pouco depois do carnaval. Durante a quaresma, não há festas nos terreiros. Diz-se que os deuses voltaram para a África, para resolver seus problemas, inclusive, os conflitos que porventura os possam agitar. O *Logorun*, ou, mais corretamente, *Ojó Ologorun*, "o dia do guerreiro", celebra, portanto, a partida dos deuses, representando suas querelas sob forma de jogo: filhas e filhos-de-santo, coroados de folhagens, dividem-se em dois "exércitos", o de Xangô, com estandarte vermelho, e o de Oxalá, com bandeira branca. Os dois grupos tomam lugar no barracão, frente a frente, iniciando a brincadeira, em que se trata simplesmente de agarrar um "inimigo" e mantê-lo atrás da linha do próprio exército. O grupo que consegue isso – não é tão fácil, pois todos lutam com vigor, e a assistência "torce" até onde o decoro do lugar permite – é proclamado vencedor. Todos dançam, desfilam, alguns orixás se manifestam, e se despedem. Visitam suas capelas ("quartos"), levando um pouco de comida consigo para a viagem. Assim termina o ano litúrgico. Os atabaques calam-se até a Páscoa, quando haverá outra cerimônia, de purificação, para retomar as atividades religiosas.

Bastide (1978) observou com muita propriedade que se trata aqui de aproveitar um tempo vago do calendário católico, para realizar um ritual cujo estilo e cuja função são puramente africanos. Jamais teria sido possível aos escravos celebrar qualquer obrigação durante o jejum da quaresma. Aproveitaram então o tempo vago, para transformá-lo em momento necessário de regeneração periódica do mundo. Todos dizem que os deuses vão para a África brigar. Acreditamos que eles vão, sobretudo, retornar às origens, realizando no modo mítico a viagem de volta tão sonhada pelos escravos, e trazendo consigo nova provisão de força sagrada. Pois, no "dia do guerreiro", a luta é precedida por um curioso ritual em que todos os presentes devem sucessivamente inclinar-se frente à "mãe-pequena" do templo, deixando escorrer de suas mãos um punhado de moedinhas, enquanto a sacerdotisa transvasa pipoca (*doburu*) de um cesto para outro. Ora, sabemos que a pipoca de Omolu serve essencialmente para limpar o mundo de seus males, sendo por isso utilizada em todos os rituais de purificação. O rito que acabamos de descrever, com seu translado de *doburu* e o correspondente pagamento simbólico e individual, parece-nos expressar a participação de cada membro da comunidade no necessário processo de regeneração periódica do templo.

Os deuses, ao voltarem no domingo de Páscoa, receberão oferendas, por meio das quais será operada nova transferência de força sagrada. Vê-se o quanto o ritual africano soube aproveitar o símbolo de passagem (*pessach*) da própria Páscoa.

O tempo sagrado do candomblé é, portanto, calcado sobre o templo da sociedade global, reinterpretado de acordo com as necessidades religiosas. A mesma coisa acontece em relação aos dias da semana. Já assinalamos que, a cada orixá, corresponde um dia específico. Os autores divergem acerca da atribuição, e parece que a ordem muda mesmo, conforme o terreiro.

No *Ilê de Omolu e Oxum*, a seqüência é a seguinte:

2ª-feira	Exu, Omolu
3ª-feira	Ogun
4ª-feira	Xangô, Iansã
5ª-feira	Oxossi
6ª-feira	Oxalá
Sábado	Oxum, Nanã, Iemanjá
Domingo	Oxumaré, Ibeji

Essa ordem é bastante semelhante à que Bastide (1978) indica, e representaria a tentativa de adaptar a semana ioruba, de quatro dias, à semana ocidental.

O primeiro dia da semana é consagrado a Exu, em todas as partes, já que deve ser servido antes de todos. Abre todas as portas do tempo e do espaço, e a segunda-feira é aqui considerada como primeiro dia. Omolu acompanha-o por ser deus da terra, que limpa o mundo e o regenera.

O segundo dia pertence a Ogun, primogênito dos deuses, deus do ferro e floresta, guerra e técnica, protetor das sociedades masculinas, e inventor de todos os meios pelos quais o homem transforma a natureza. Ele conduz os homens em todos os caminhos do mundo, depois que Exu abre a porta.

A quarta-feira é dia de fogo, de trovão e de vento, das coisas terríveis que estão acima do homem. O fogo é poder jamais domesticado. A quarta-feira, *ojó jacutá*, é dia das forças celestes e violentas.

Na quinta-feira homenageia-se Oxossi, grande caçador, fundador da dinastia de Keto. O meio da semana é dia da realeza e da organização das sociedades humanas.

Na sexta, volta-se às forças da natureza, por ser Oxalá a grande massa de água das origens do mundo, o grande deus do poder genitor masculino. O sábado é consagrado às Grandes Deusas da água e do lodo, matrizes do mundo e detentoras do poder feminino.

Por fim, o domingo é dia de Oxumaré, arco-íris, grande cobra d'água que une o céu e a terra, distribuindo a força sagrada pelo universo. Os gêmeos, que não descrevemos porque não se manifestam, são protetores das crianças, mas representam sobretudo o símbolo da dualidade essencial do ser. O último dia da semana consagra, portanto, a duplicidade e a unidade do mundo e do homem.

Observa-se, nesse sistema, a alternância dos dias dedicados às forças da natureza e aos diversos aspectos do homem, visto como transformador da natureza e criador da cultura:

	Natureza	Cultura
2ª-feira	Poder de transformação Terra	
3ª-feira		Técnica Guerra, sociedades de guerreiros
4ª-feira	Fogo Vento	
5ª-feira		Realeza, instituições Caça, sociedades de caçadores
6ª-feira	Água masculina	
Sábado	Água feminina	
Domingo	Distribuição da energia Unidade do mundo	Descendência Dualidade do homem

Essa seqüência, aberta pelo poder de transformação de Exu, grande distribuidor de oferenda e de *axé*, e concluída por Oxumaré, o *ouróboros*, "que esparge *axé* sobre o mundo", é na verdade um ciclo. Vê-se agora claramente o quanto o sistema nagô é fundamentado em concepção energética do mundo. A continuidade da vida é assegurada pelas trocas constantes de *axé* que, por sua vez, são a própria essência das regras sociais e da vida das instituições.

São os ritos que realizam essas trocas. A cada dia corresponde o culto de um ou vários deuses. Limpa-se o quarto, troca-se a água das quartinhas, as comidas prescritas são oferecidas. Mas isso não acontece no templo apenas. No mesmo dia, todos aqueles que têm compromisso com o dono da cabeça repetem os mesmos gestos, em casa, frente aos assentamentos individuais. Ocorre portanto, em cada dia, intensa regeneração da força sagrada que une os deuses e a comunidade, quanto a troca de energia se processa em ambas as direções, dos homens para os deuses, dos deuses para a comunidade.

O tempo do terreiro não é linear, mas cíclico, e reside na contínua sucessão dos intercâmbios. É tarefa de todos os membros da comunidade assegurar tal continuidade, conforme o cargo.

Os cargos

As normas da organização do terreiro são relativamente constantes. Parece que os templos da Bahia dispõem de gente em número suficiente para preencher as diversas funções necessárias ao culto. No Rio de Janeiro, o leque é mais restrito, e pode acontecer acúmulo de cargos numa só comunidade.

Cada templo forma um sistema fechado, independente dos demais. A autoridade suprema é exercida pela sua sacerdotisa. *Ialorixá* – literalmente "mãe dona do orixá" – geralmente chamada mãe-de-santo, mãe do terreiro, ou, simplesmente, a Mãe, ou por um sumo sacerdote, *Babalorixá*, "pai dono do orixá", ou, mais freqüentemente, pai-de-santo, ou Pai.

Como se viu, os templos mais tradicionais foram fundados por sacerdotisas, mas seria hoje difícil dizer se há mais Mães do que Pais, até mesmo na Bahia. No Rio de Janeiro, a observação mostrou que terreiros respeitáveis estavam colocados sob a autoridade de sacerdotes, e nossas próprias pesquisas lidaram com dois templos dirigidos por um sacerdote e por uma sacerdotisa, respectivamente.

A autoridade do Pai ou da Mãe é suprema, total, absoluta. Somente o Pai ou a Mãe tem capacidade para exercer qualquer função: substituir o sacrificador, colher as plantas sagradas, consultar o oráculo. Seu papel específico, no entanto, é dirigir a comunidade, assegurar a realização do culto, garantir a correção dos ritos, transmitir os conhecimentos aos ajudantes, consagrar sacerdotes e sacerdotisas.

A autoridade suprema decide sobre os litígios, seus julgamentos não admitem apelação. A história dos candomblés é marcada por querelas sucessórias, geralmente resolvidas pelo êxodo dos dissidentes, que vão fundar alhures outro templo conforme os seus desejos. Mas nunca se ouviu falar em templo cuja autoridade suprema tivesse sido destituída. É impensável. Acontece que a autoridade não foi adquirida pelos méritos pessoais, por maiores que sejam, nem pela popularidade. São os próprios deuses que indicam quem deverá suceder ao sumo sacerdote ou suma sacerdotisa que faleceu.

A vontade dos deuses, contudo, não se exerce apenas na oportunidade da sucessão do templo. Em realidade, *todos os cargos*, dos mais humildes aos mais prestigiosos, são preenchidos por designação exclusiva dos próprios deuses.

O pesquisador acostumado com uma visão mais política do funcionamento das instituições leva certo tempo, no diálogo com os membros da comunidade, para convencer-se de que nem as conveniências, nem o prestígio, nem as virtudes pessoais, entram em jogo na hora de designar o titular de algum cargo. Pode-se criticar a maneira pela qual determinada pessoa cumpre os deveres de seu cargo, mas nunca se pode duvidar da adequação de sua designação. Quem a nomeou foi um deus.

O braço direito do sumo sacerdote ou da suma sacerdotisa é a "Mãe-pequena" (*Iyà Kekerê*) ou o "Pai-pequeno". Sua função principal consiste em presidir às iniciações, orientar as noviças e as *iaô* novas. Quando a autoridade suprema estiver ausente, por viagem ou doença, é a "Mãe-pequena" quem dirige o templo. Ao que parece, no entanto, não tem capacidade para executar todas as funções sacerdotais.

A "Mãe-pequena" é a mais provável candidata à sucessão da Mãe do terreiro, mas a designação depende do oráculo.

Todos os demais membros da casa são submetidos à autoridade suprema, apoiada pela Mãe-pequena (ou Pai-pequeno).

Pode-se dizer que o conjunto da comunidade se divide em dois grandes grupos: de um lado, os filhos e filhas-de-santo, cuja função essencial é manifestar a divindade; do outro lado, aqueles que vamos chamar "corpo auxiliar", na ausência de expressão mais adequada, agrupando deste modo todos os cargos funcionais e administrativos, desempenhados por pessoas que jamais "recebem" o orixá.

O primeiro grupo é facilmente identificado em dia de festa: sacerdotes e sacerdotisas que dançam no barracão, permitindo que os deuses desçam e que, deste modo, a força sagrada seja recebida por todos.

Designamos com o nome genérico de "fiéis" os membros da comunidade, devotos dos orixás, mas participando exclusivamente do culto público, assistindo, cantando, fazendo até oferendas, mas sem obrigação alguma.

Os(as) *abiâ* constituem categoria mais restrita. São pessoas que já se submeteram a certos ritos preliminares de iniciação, como o *bori*, já descrito. Os(as) *abiâ* devem cultuar o dono da cabeça no dia prescrito, e participam dos ritos públicos e semipúblicos. Conforme a dedicação, podem até chegar a um grau bastante extenso de participação nas atividades religiosas.

A passagem à categoria de *iaô* depende bem menos da própria vontade. É o deus quem decide da necessidade da iniciação. Fala no oráculo, ou pode também "possuir" de repente a pessoa durante alguma cerimônia. Casos desse tipo são raros, no entanto. Parece que a "possessão" repentina de pessoa não iniciada é vista como denotando quase que uma falta de educação. Espera-se que os fiéis saibam como lidar com o dono da cabeça, e atendam a suas exigência, sem que seja necessária demonstração tão ostensiva! Em alguns terreiros, a pessoa que "bolou" (caiu em transe de repente) é levada para a camarinha, da qual sairá apenas no dia de dar o Nome. Na maioria dos templos, porém, a pessoa é levada para fora do barracão; molham-lhe o rosto, até que volte a si.

Deste modo, caberá à própria pessoa decidir sobre a necessidade da iniciação e, por conseguinte, prever os gastos, as despesas futuras, que serão elevadas.

São as pessoas iniciadas, *iaô*, que formam a base do "corpo" místico do terreiro. Conforme as regras, cada *iaô* terá de oferecer uma "obrigação" (festa) ao dono da cabeça, um ano depois da iniciação, três anos, e, por fim, sete anos depois. Parece que os rituais que acompanham a "obrigação de sete anos" reproduzem algo semelhante ao processo da iniciação propriamente dita. Cumpridos tais preceitos, a *iaô* ascende ao *status* de *ebami*[5].

Os gastos necessários para a realização dessas obrigações são, na opinião geral, bastante onerosos, e muitas *iaô* não têm posses suficientes. Conhecemos casos de pessoas que permanecem *iaô* por mais de vinte anos, por falta de recursos! Se essas pessoas, no entanto, conseguirem amealhar economias suficientes para realizarem todas as obrigações que deveriam ter "dado" depois de um ano, três anos e sete anos, ascenderão então ao grau de *ebami*. Somente *ebami* podem preencher funções importantes, inclusive, chegar a fundar sua própria casa de santo.

De acordo com nossas observações, encontram-se cada vez menos *ebami* nos templos do Rio de Janeiro, e certas funções acabam sendo preenchidas por simples *iaô*, por falta de pessoas mais habilitadas.

Iaô e *ebami* são geralmente designadas pelo nome genérico de *adoxu*, ou seja, "iniciadas". *Oxu* é o nome do cone, formado por diversas substâncias, que é colocado na incisão praticada no alto do crânio da noviça, no decorrer da iniciação, daí o nome *adoxu*, "portador(a) do *oxu*". São, portanto, as *adoxu* o grupo que designamos como "corpo" místico do templo.

Todos os demais membros do terreiro formam o "corpo" auxiliar. Os cargos são múltiplos. Entre os cargos próprios de

---

5. Enquanto *iaô* significa "esposa mais jovem" (*Iyá awò*), *ebami* vem de *egba mi*, "meu irmão (minha irmã) mais velho(a)".

pessoas do sexo feminino, encontramos: a responsável pela cozinha sagrada, *Iabassê* ("mãe da cozinha"), a sacerdotisa encarregada de colher as plantas, *Ialossaim* ("mãe dona de Ossaim"), aquela que pinta as noviças durante a iniciação, *Iyá Efun* ("mãe do giz"), aquela que entoa as cantigas, *Iyá Tebexê* ("mãe das súplicas"), e sobretudo, o corpo das *ekedi*, palavra que antes traduzimos por "acólitas".

As *ekedi* são mulheres devotadas ao serviço de determinado orixá. Durante as celebrações, elas cuidam das *axodu* quando possuídas, ajudando-as a não cair, a mudar de roupas, a segurar as insígnias. Elas são designadas pelo orixá que as escolheu. Isso costuma acontecer no dia da festa dessa divindade: o orixá, manifestado em uma de suas filhas, dirige-se, dançando, até o lugar onde se encontra a pessoa da assistência que deseja distinguir. Saúda-a, abraça-a, puxa-a para dançar com ele. O orixá e a eleita dão assim a volta completa do barracão. As demais *ekedi* fazem uma cadeirinha com seus braços, cruzados, onde a eleita se senta, sendo assim carregada em triunfo em volta do salão, em meio aos aplausos de todos. A eleita então "suspensa" deve dizer alto e bom som se aceita o cargo de *ekedi*. Em caso afirmativo, deverá mais tarde submeter-se a uma espécie de processo iniciatório, findo o qual será publicamente "confirmada", em grande pompa e festa.

O corpo auxiliar masculino, composto pelos *ogã*, é nomeado da mesma maneira. Cada *ogã* ("senhor", em iorubá) é primeiro "suspenso", depois "confirmado".

Os *ogã* desempenham importante papel, não só no templo, como também na sociedade global. São freqüentemente recrutados entre homens de posição e, no tempo das perseguições, era freqüente ver *ogã* usar seu prestígio para tirar o "pessoal de santo" das garras da polícia. O apoio financeiro que podem proporcionar não é tampouco desprezível. A maior parte dos antropólogos que estudaram o candomblé foi integrada na comunidade pela elevação ao cargo de *ogã*[6].

---

6. Foi o caso de Bastide, ogã do Axé Opô Afonjá, e de Edison Carneiro que informa ter sido "suspenso" no Engenho Velho e também em São Gonçalo, mas não chegou a ser "confirmado".

Mas esse cargo não serve exclusivamente para assegurar apoios externos ou fiscalizar os pesquisadores. A maioria dos *ogã* é oriunda da comunidade tradicional do terreiro, e eles desempenham papel de ferrenhos zeladores dos preceitos. Cuidam da administração do templo, da organização das cerimônias, apadrinham uma ou outra noviça. Foi o corpo dos *ogã* que designamos antes pelo nome de "altos dignitários".

As *adoxu* devem respeitar *ogã* e *ekedi*, chamando-os "meu pai", "minha mãe", obedecendo-lhes em tudo. Alguns *ogã* desempenham funções privilegiadas. É o caso do sacrificador, *axogun*, submetido à iniciação específica, que lhe confere a "mão de faca", ou seja, o poder de usar a faca do sacrifício. É também o caso do *alabê*, iniciado especialmente para tocar atabaque e entoar as cantigas. Já foi aqui ressaltada a importância dos tambores e das cantigas. O cargo de *alabê* é de muita responsabilidade. Os demais tocadores de atabaque são também *ogã*.

Ao cargo feminino de *Ialossaim* corresponde o de *Babalossaim*, "pai dono de Ossaim", que cuida das folhas. Mas há outro cargo, privativo de homem, o *Babalaô*, "pai do segredo", ou seja, o adivinho.

Parece que o adivinho não pertence exclusivamente a uma só comunidade. Vive um pouco à margem de diversos terreiros, pelos quais é consultado. O primeiro templo onde foram realizadas nossas observações costumava recorrer aos conhecimentos de um adivinho, hoje falecido, a quem devemos muitas informações.

A casa de Mãe Meninazinha, que descrevo aqui pormenorizadamente, prescinde de *babalaô*, porque as filhas de Oxum têm poderes para interrogar o oráculo diretamente.

As relações entre membros da comunidade obedecem a regras severas de respeito mútuo. Os mais jovens devem obediência aos mais velhos, mas não se trata da idade cronológica e sim do tempo de iniciação. O conjunto dos comportamentos é regido pelas leis próprias ao mundo sagrado.

Não pudemos observar, nos templos que conhecemos, a existência de pirâmide hierárquica, onde a Mãe mandaria em todos, os *ogã* e *ekedi* nas *adoxu*, as *ebami* nas *iaô*. Parece-nos que a autoridade só se exerce verticalmente em relação à Mãe, que decide soberanamente sobre todos os assuntos, e cujas decisões não admitem apelação. Abaixo da Mãe, há numerosos subgrupos, que não se organizam verticalmente, mas são relacionados entre si de modo bastante lato. A organização do terreiro parece ser de tipo mais familiar, sem separação rigorosa de funções e deveres, onde, porém, as relações são estruturadas por rede complexa de obrigações mútuas.

Não devemos esquecer que todos os cargos, todas as funções são determinadas pelos deuses, e submissos à vontade deles. As relações entre membros do terreiro são igualmente regidas pela obediência aos modelos míticos. As relações entre os deuses são determinadas pelos mitos, que servem, portanto, de modelo às relações entre seus "filhos" respectivos.

Por exemplo, Xangô é Rei, representa o poder real, todos devem-lhe respeito e obediência, mas ele se inclina frente a Iemanjá, sua mãe, e Oxalá, pai de todos; Iemanjá, por sua vez, protege-o como filho, mas o reverencia como Rei. As relações entre filhos de Xangô e de Iemanjá serão, portanto, pautadas por esse duplo aspecto, acrescido dos deveres exigidos pelo tempo de iniciação ou de confirmação de cada um.

Além do mais, o deus que escolhe alguém para seu serviço não é necessariamente dono de sua cabeça: Xangô quer uma filha de Oxum como *ekedi*, um filho de Xangô é "suspenso" por Nanã, a *Ialossaim* é filha de Iemanjá, e assim por diante. As relações se vão complicando com todas as implicações míticas e rituais.

As relações entre pessoas de sexo diferente não escapam dessa determinação. Sacerdotes e sacerdotisas do mesmo templo não podem unir-se entre si, nem tampouco com os dignitários e as acólitas, pois todos fazem parte da mesma família mística, e qualquer relação sexual seria considerada como incesto.

Os noviços do mesmo "barco" são "irmãos e irmãs de esteira", unidos por laços particularmente estreitos. A interdição estende-se também aos membros de outros "barcos", por serem todos filhos da mesma Mãe.

Aos *ogã* e *ekedi* tampouco é lícita a união entre si ou com os demais sacerdotes e sacerdotisas. Com efeito, cada *ogã* é considerado por todos os filhos e filhas da casa como pai. Não pode unir-se com a *Ialorixá* pelos seguintes motivos: se o dono de sua cabeça for o mesmo da mãe-de-santo, o *ogã* passa a ser considerado como pai dela; se o dono da cabeça for diferente, o *ogã* é então considerado como um dos filhos de *Ialorixá*. O mesmo sistema aplica-se às relações entre *ogã* e *ekedi*. A exogamia mítica é, portanto, regra absoluta para os membros do terreiro.

Vê-se que é preciso grande familiaridade com a vida da comunidade para não se perder no labirinto das relações de parentesco mítico. O sistema de relações, em nível cotidiano, expressa-se por meio de um código de linguagem assaz peculiar, que poderá ser observado adiante, no material das entrevistas.

Até mesmo para os membros da comunidade o sistema de parentesco mítico e ritual delineia uma rede de precedência, cujo funcionamento nem sempre é tranqüilo.

Se houver conflito, por exemplo, supondo-se que uma *iaô* receba ordens contraditórias por parte de dois dignitários aos quais deve igual respeito, ou se houver dúvidas acerca da precedência, a decisão final cabe à autoridade suprema da Mãe. É necessário ter pulso forte, aliado a um profundo conhecimento de todos os meandros das ligações míticas e rituais, para dirigir o templo.

As comunidades que freqüentamos se dizem rigorosamente ortodoxas, e os modelos que seguem foram codificados por tradição já antiga e sólida. Sua organização pareceu-nos estruturada de maneira estável, sem apresentar áreas críticas, aos olhos do observador estranho. Isso não quer dizer que a vida dos terreiros seja livre de tensões, mas que os conflitos costumam ser resolvidos seguindo os modelos míticos, de acordo com a vontade dos deuses.

Quando a Mãe observa que uma de suas filhas-de-santo deixa de cumprir as obrigações, ou transgride determinadas proibições, chama-lhe a atenção em particular. Conforme a expressão de Mãe Meninazinha, "refresca-lhe a memória", pois a falta é enfocada como esquecimento passageiro, sem dúvida involuntário, daquilo que foi apreendido na iniciação. Na maioria das vezes, chamar atenção deste modo basta para trazer a *iaô* de volta ao caminho certo.

Terá apenas de fazer o *ossé*, ou seja, a limpeza ritual do quarto do orixá, e de si própria, bem como oferendas específicas.

Se persistir no esquecimento de seus deveres, no entanto, a Mãe não mais intervirá. Julga que, daí por diante, cabe ao senhor da cabeça fiscalizar o comportamento de sua sacerdotisa.

Diversos casos foram relatados, mostrando como a vontade soberana do orixá se manifestou para afirmar seus desígnios e castigar as faltosas. Certa *iaô* que fora deitar, sem vontade de ir à festa do orixá, acorda no templo, no dia seguinte: levantou-se, inconsciente, e andou, de camisola e pés descalços, pelos caminhos do mato (ou, pior, pelas ruas da cidade) até chegar na festa; dançou lá a noite toda, pés sangrando e roupa rasgada, até ser recolhida em meio às demais sacerdotisas em estado de santo. Tais acontecimentos nos foram contados de modo altamente cômico pelas próprias protagonistas, como se estivessem relatando uma boa peça que o orixá lhes pregara, em merecido castigo[7].

Toda a comunidade concorda, portanto, em julgar que somente os deuses são capacitados a tratar cada filho conforme merece, e zelar pelo cumprimento das obrigações. Costuma acontecer que as pessoas que não se emendam acabam afastando-se da freqüentação do terreiro, e, não raro, abandonam a religião. A não ser que venham a fundar outro terreiro, como

---

7. Esses castigos não são tão brandos assim: uma filha de Oxossi que não queria ir à festa foi possuída de repente pelo orixá, que resolveu simplesmente pular a janela para chegar mais rapidamente ao terreiro. Acontece, porém, que ela morava em andar alto, e foi salva pela própria mãe, que conseguiu argumentar convencendo Oxossi "a sair pela porta como todo mundo" (sic). Esse episódio foi-nos relatado como excelente piada.

já se viu. No entanto, serão dificilmente aceitas pelas demais comunidades.

Cada comunidade, por mais que constitua um microcosmo fechado sobre si mesma, não deixa, contudo, de existir em meio a um conjunto religioso, e não pode ignorar as demais casas de santo. As sacerdotisas trocam visitas, os membros do terreiro freqüentam as festas públicas de outros templos. Todos apreciam as festas, gostam de homenagear os deuses, mas a participação proporciona também o prazer de, observando os ritos alheios, estabelecer comparações, que permitem sublinhar a excelência da Casa à qual pertencem.

Cada membro é convencido de que sua comunidade é a mais antiga, mais fiel às tradições africanas, mais rica em pessoas eminentes; suas festas são mais bonitas, o ritmo dos atabaques é mais seguro, as filhas-de-santo dançam melhor. A descrição da organização interna do candomblé e das relações entre templos seria incompleta se deixasse de assinalar a importância dos mexericos e comentários. Em qualquer grupo, os mexericos atendem a importante necessidade social. Permitem reforçar a coesão do grupo, estabelecendo fronteira entre "nós" e "os outros", e propiciam a expressão de certa agressividade, muito leve, e, portanto, aceitável. Comentários críticos florescem em todos os aspectos da vida social, e as comunidades de candomblé, como as demais, não os dispensam. Nesse caso particular, os mexericos exercem uma espécie de fiscalização (não institucionalizada), do funcionamento dos terreiros, compensando deste modo a ausência de uma superestrutura que poderia servir para manter a ortodoxia.

Existem, portanto, sanções em nível de opinião pública, que, além de reforçar a boa imagem que os membros da comunidade têm de si e do templo, estabelecem certas normas e, até mesmo, insinuam certa hierarquia de valor entre os diversos templos. Tal hierarquia, embora latente, é percebida com certa facilidade pelo observador. É preciso reconhecer, aliás, que prestar ouvidos aos diversos comentários é para o pesquisador um meio fecundo de recolher informações sobre o funcionamento do candomblé, os ritos e a história.

As críticas à falta de ortodoxia costumam ser expressas com referência à tradição: "A minha Mãe não me ensinou a fazer assim, não entendo mais nada". Não há censura, é espanto mesmo. As casas mais respeitadas são descendentes diretas dos grandes templos da Bahia, mas isso não impede que o conjunto das comunidades mantenha um olhar vigilante sobre a maneira como o culto é realizado, e a menor divergência é relevada, logo que suspeitada. Os templos mais recentes têm muito o que fazer para serem aceitos pela opinião pública. Parece que só conseguem isso na medida em que provam a filiação à tradição. Quando se afastam por demais dos caminhos costumeiros, todos concordam que, mais dia menos dia, os deuses vão-se irritar e castigar severamente os desviacionistas. Em última análise, quem decide são os deuses[8].

Até agora só falamos em faltas graves, tais como esquecimento das obrigações ou desviacionismo das práticas religiosas, cujo castigo aos deuses pertence. A sanção de faltas leves é a multa, mais brincadeira do que castigo.

Os erros sancionados pelo pagamento de multa são geralmente frutos de algum descuido: alguém esqueceu de observar determinada interdição. Já assinalamos diversas *quizilas* alimentares: Iansã não come carneiro, Oxossi não suporta o mel, Oxum não aceita tangerinas, nem Exu os limões, e assim por diante. Ninguém praticamente consome caranguejo, feijão-branco ou abóbora. Ocorre, porém, que até mesmo comidas geralmente aceitas, podem sofrer tabus parciais, por assim dizer. Por exemplo, filha(o) de divindade feminina pode comer frango ou galinha à vontade. Filho(a)-de-santo homem, no entanto, tem de cuidar de somente comer determinadas partes. Pescoço e carcaça (qualquer pedaço) são-lhe proibidos.

Algo que não se deve fazer é chegar no templo vestido de vermelho numa sexta-feira, dia de Oxalá. Quem for filho(a)-de-santo homem não pode carregar as esteiras sobre as quais dormem as *adoxu*. Parece que os filhos dos orixás masculinos

---

[8]. É verdade que ouvimos dizer, mais de uma vez: "Hoje em dia, os santos estão ficando muito camaradas! Antigamente não era assim".

são mais expostos ao descuido por ter maior número de interdições. Logo que as filhas das *Aiabá* percebem o descuido, jogam-se no chão, aos pés do faltoso (ou da faltosa, já que se trata, é bom repeti-lo, do gênero da divindade, e não do sexo da pessoa presente), que terá de pagar multa a cada uma para conseguir que se levante. A multa representa alguns trocados apenas, e a operação se realiza em meio a risos e brincadeiras. Conforme vários casos que nos foram relatados, parece que induzir alguém a descuidar-se constitui o passatempo favorito das filhas das divindades femininas.

Mais uma vez, observa-se a importância da identidade mítica, que se superpõe à identidade sexual: todos os membros da comunidade participam dessa brincadeira onde apenas entra em jogo o gênero do dono da cabeça, sem levar em conta o sexo biológico do indivíduo concreto. Uma filha de Ogun terá de pagar multa a um filho de Oxum, por exemplo[9].

O jogo das multas ressalta um aspecto da vida cotidiana do candomblé que nem sempre foi apontado pelos observadores: o bom humor, o riso, a afabilidade, que acompanham todos os momentos da vida da comunidade. O respeito dos deuses não obriga necessariamente à sisudez, e nossa descrição

---

9. A importância do "sexo mítico" tem sido utilizada para explicar o grande número de homossexuais entre filhos e pais-de-santo. A presença de homossexuais efeminados é tão marcante, que certos autores chegaram a considerá-la como fator estrutural do candomblé (LANDES, 1947). Esse tipo de interpretação, no entanto, parece-nos expressar os valores do próprio observador, mais do que a realidade que descreve. O meio do candomblé parece ser bem mais tolerante do que a sociedade global, e os homossexuais não são tão nitidamente discriminados. O gosto pelos enfeites, a possibilidade de trajar as vestes das *Aiabá*, o prazer de dançar na frente de todos devem ter lá o seu peso na participação dos homossexuais efeminados. Do ponto de vista religioso, no entanto, o homossexualismo pode dificilmente ser atribuído ao gênero do dono da cabeça. Ouve-se dizer, é verdade, que certos tipos particularmente efusivos são filhos de Iansã, mas encontramos, entre os homossexuais, filhos de todos os orixás, e, particularmente, de um grande mulherengo como Xangô. Além do mais, tolerância não significa valorização. O fato de que os homossexuais não sejam discriminados, e que vários deles consigam fazer uma bela carreira nos candomblés do Rio de Janeiro, não nos deve levar à conclusão de que o homossexualismo tenha importante papel na religião nagô. O *status* ainda marginal das comunidades religiosas de origem africana oferece guarida à marginalidade sexual. Em conclusão, a presença constante dos homossexuais parece essencialmente ligada a fatores sociológicos.

não seria fiel se omitíssemos de assinalar a alegria constante, e o *sense of humour* tão característico.

Essa atmosfera tem sido encontrada por nós em todas as casas de nação keto, e, de modo particular, na casa de Meninazinha, cujo sorriso não desmente a identidade mítica: ela é filha de Oxum.

Maria Arlete do Nascimento, Mãe Meninazinha, é negra clara, esbelta, jovem e bonita. Sua história é bastante típica da vida de uma sacerdotisa cujo destino foi cedo traçado: "Eu participo do candomblé desde que nasci, indiretamente, no início, e diretamente depois que fiz santo no dia 10 de julho de 1960. De lá para cá venho participando diretamente, e mais ainda depois que passei a *Ialorixá*, depois que recebi o cargo de *Obaluaê* de minha avó. Fui à Bahia buscá-lo. Fiz obrigação de sete anos em 1970. Naquela época, já estava com dez anos de santo, né? Recebi a cuia, que essa gente fala *deká*, na nação de Angola".

A cerimônia do *deká* confere a *ebami* (quem fez obrigação de sete anos), o cargo de suma sacerdotisa, o que lhe permite organizar o próprio templo. Recebe então as insígnias do cargo, bem como os recipientes conservados até esse momento no templo onde foi iniciada, que são os "assentos" dos seus orixás. Mãe Meninazinha dá a entender que foi também buscar na Bahia o "assentamento" de Obaluaê, dono da cabeça de sua avó, que desempenhou papel determinante em sua vida:

"Quem raspou meu santo foi minha avó, minha avó mesmo. O nome dela é Davina Maria Pereira. Ela era de Omolu. Ela fez santo no dia 24 de junho de 1910. Era filha de seu Procópio de Ogunjá[10]. Ela era do segundo barco. Foi ela e um Ogun lá da casa que participou muito da minha obrigação. Ela

---

10. Procópio Xavier de Souza, falecido em 1958, foi um célebre pai-de-santo da Bahia, que muito sofreu no tempo das perseguições, conforme quadra popular: "Galinha tem força n'asa / O galo no esporão / Procópio no candomblé / Pedrito é no facão" (REGO, 1968: 63). Pedrito é o não menos famoso delegado Pedro de Azevedo Gordilho, grande flagelo dos candomblés da Bahia nos anos 1930. Vê-se que a herança de Meninazinha se apóia em tradições das mais significativas.

morreu e ele é meu pai-de-santo. Com ele fiz a minha obrigação de sete anos, foi ele que me entregou a cuia."

Como vimos, as relações entre membros do templo seguem regras complexas. A entrevista de Meninazinha dá um bom exemplo disso: "Minha avó era a mãe-pequena da casa onde raspei o santo. Tinha outra mãe-de-santo que era dona da casa, uma dona de Oxalá, e minha avó era mãe-pequena da casa. Antes de mim, teve uma de Oxum. Eu fui do segundo barco da minha avó quando eu fiz santo. Entrei com uma de Iansã. Depois desse barco teve outro: uma de Oxum, uma de Obaluaê e uma de Nanã. Foi o último barco que ela raspou. Tenho outras irmãs-de-santo mais velhas, mas feitas pela outra mãe-de-santo. São minhas irmãs-de-santo porque são do mesmo *axé*, da mesma casa, e elas todas eram filhas pequenas da minha avó, então são minhas irmãs-de-santo". Vale dizer: a avó (de sangue) é sua mãe (-de-santo). O dignitário que ajudou a iniciação é, portanto, seu pai (-de-santo). As demais sacerdotisas, iniciadas pela mesma mão, recebendo a mesma força sagrada, são, por conseguinte, suas irmãs.

Tais ligações de parentesco envolvem os próprios deuses. Conforme os mitos, Omolu é filho de Nanã com Oxalá, enquanto Oxum é filha de Oxalá com Iemanjá. São, portanto, meio irmãos.

Ocorre que Meninazinha é filha de Oxum e Oxalá, mas foi Obaluaê quem exigiu a iniciação, para que ela pudesse herdar o cargo da avó, assegurando a continuidade do culto de Omolu. Por isso, o tempo é-lhe dedicado, junto com Oxum. Obaluaê desempenha papel relevante na própria vida da *Ialorixá*, que resume de modo sintético as relações estabelecidas entre a dona de sua cabeça e o deus herdado da avó: "O meu Omolu e a minha Oxum se entendem bem. Além de tudo, ele é pai dela. Ele é pai-de-santo dela porque é o santo da minha avó e foi minha avó que fez o meu santo".

Os homens não são instrumentos passivos dos deuses. Os homens também têm seu papel, multiplicando as relações entre os próprios deuses, tecendo complexas redes de comunicação entre os orixás, permitindo que toda a comunidade participe ativamente do intercâmbio. Podemos repetir com Lewis que, entre o possuído e o deus, se estabelece uma ligação biunívoca: "cada um possui o outro". Verifica-se agora que a posse não existe apenas no momento privilegiado do transe sagrado. É constante. Instaura-se desde a iniciação, é reforçada periodicamente nas "obrigações" sucessivas, e renovada nas festas, quando toda a comunidade presente se torna testemunha e fiadora da aliança, e dela se beneficia.

Expressões de grandes forças cósmicas, os orixás de muito ultrapassam as pobres forças humanas. A partir do momento em que consentem em manifestar-se no meio da comunidade, no entanto, eles se tornam dependentes dos homens que, então, passam a possuí-los. O discurso dos iniciados traduz isso claramente. Do mesmo modo que Meninazinha fala do *seu* Omolu, recebido por herança, e da *sua* Oxum pessoal, os fiéis costumam comentar a dança do Xangô de Fulano, ou a majestade do Oxalá de Sicrana. Inversamente, diz-se, como Meninazinha, "é um Ogun da casa". Ao mesmo tempo que os deuses são designados como propriedade das *adoxu*, os mesmos são identificados sob o nome do deus dos quais eles são a propriedade. Ocorre, portanto, um jogo constante de trocas entre o indivíduo concreto e o princípio abstrato que ele manifesta.

Desde a entronização, Mãe Meninazinha iniciou vários barcos, ao todo treze, até a data da entrevista (1979), correspondendo a um total de 22 *iaô*. Além dessa descendência direta, por assim dizer, a casa abriga duas sacerdotisas, "filhas" de outra *Ialorixá*, e das quais Meninazinha foi a "mãe-pequena".

O corpo auxiliar compõe-se de vários *ogã*. Seis deles já foram confirmados. Cuidam da parte administrativa do templo. O presidente da sociedade é o sacrificador (*axogun*) que vem do tempo em que a avó de Meninazinha tinha sua própria casa de santo na Bahia.

Ele foi confirmado pelo próprio Obaluaê de D. Davina há vinte e sete anos, e seu prestígio é enorme. Vários *ogã* foram apenas "suspensos", preparando-se para a confirmação. É o caso do próprio filho da *Ialorixá*, que só tem dez anos (na época das entrevistas).

A casa conta ainda com seis *ekedi*, das quais quatro já foram confirmadas (assistimos, inclusive, a uma das confirmações). A mais antiga desempenha função de *Ialossaim*, colhendo, portanto, as folhas dos rituais.

Mãe Meninazinha tem plena consciência de todas as responsabilidades inerentes ao cargo de suma sacerdotisa. Pesam em seus ombros às vezes, mas ela nunca pensou em fugir do dever: "Minha mãe, quando estava grávida, já sabia que vinha uma menina que, mais cedo ou mais tarde, teria que fazer o santo para herdar o cargo de minha avó". Houve problemas, e comentários, mas a vontade de Obaluaê é soberana. "Graças a Deus não me arrependo até hoje, nem de ter feito o santo, nem de ter tomado essa responsabilidade que o santo me deu".

O poder dinástico e a vontade dos deuses juntam-se para assegurar a preservação dos ritos. O templo *Ilê de Omolu e Oxum* apresenta exemplo típico das leis que regem o mundo do candomblé. Embora de fundação recente, desfruta do prestígio merecido pela atuação da *Ialorixá* e pela tradição herdada dos templos da Bahia. Para usar expressiva imagem do jargão próprio dos terreiros, é "casa de muita raiz".

6

OS FILHOS DOS DEUSES

O homem é o microcosmo, onde se enleiam todas as forças do mundo. Possui significado individual (*ori*, cabeça), caminho pessoal (*odu*, destino), capacidade própria de transformação (Exu). Realiza a síntese dos antepassados paternos, simbolizados pelo lado direito do corpo, e dos antepassados maternos, representados pelo lado esquerdo. Herdou os deuses de seus pais. Sua cabeça foi moldada pelo oleiro divino, a partir de algum material que o aparenta com os orixás.

Todos esses deuses, de origem, de herança, de destino, congregam-se no indivíduo, desenhando determinada configuração, tão complexa e tão dinâmica que é chamada *enredo*. O *enredo* de uma peça é a intriga que anima as personagens, os rumos da ação. O indivíduo está situado no centro de um drama divino, em que o dono da cabeça se exprime em primeiro lugar, por ter sido "fixado" pelos ritos da iniciação. Mas o processo iniciatório tem a função de "assentar" igualmente os demais deuses do *enredo*, em seus respectivos lugares, de maneira que as relações entre todas essas divindades sejam vividas do modo mais harmonioso. Fala-se muitas vezes do orixá segundo (*ori ekeji*, "a segunda cabeça"), do terceiro, que podem ter influência poderosa. A responsabilidade da suma sacerdotisa, ou do sumo sacerdote, afirma-se nesse trabalho que consiste em colocar cada um dos deuses do *enredo* no lugar que lhe cabe[1].

Como se vê, o indivíduo não é simples joguete nas mãos das Potências. Pelos ritos, ele recria o mundo, e até os próprios deuses, já que ele *faz* o santo. Ele participa da distribuição da força sagrada, sabe até mesmo como proceder para aumentá-la. Alimenta os deuses. Empresta-lhes seu corpo, sua dança, sua voz. Ele pode ser apenas uma pessoa humilde, um fiel sentado no último banco lá no canto do barracão, que jamais orixá algum chamará, e que nem por isso deixa de ter o seu papel na estrutura do mundo, na distribuição da energia sagrada. Ele tem deveres para consigo próprio, e a primeira de suas obrigações é saber quem ele é.

E para identificar quem são os deuses que o acompanham, decifrar o seu destino, entender qual é o seu papel neste mundo, é preciso consultar o oráculo.

Desde o início deste livro, o oráculo aparece. O preâmbulo esclarece que foi necessário solicitar o apoio dos deuses, para realizar o trabalho de campo. Mais tarde, vê-se Oxalá fracassar ao criar o mundo, por ter desprezado a consulta do oráculo. As referências vão-se multiplicando: para oferecer um sacrifício, para fundar um templo, para estabelecer a data das festas, para saber como viajar, em cada momento da vida do terreiro e da comunidade, é preciso, antes de mais nada, consultar o oráculo.

É o único meio que permite decifrar a leitura do *enredo*. O dono da cabeça pode-se revelar pelo meio de sonhos, ou, de modo mais espetacular, ao possuir de repente um dos assistentes, em meio à celebração pública. Mas é preciso saber exatamente de que divindade se trata, qual é sua "qualidade" espe-

---

1. De acordo com Rego (1980), existe um caso extremamente particular, de *olòri merin*: "a pessoa tem a cabeça pertencente a quatro donos, em pé de igualdade. Esses quatro *orisà* juntos formam um só *orisà*, e a pessoa é chamada *olòri merin*, mesmo assim eles mantêm a sua individualidade. Se se pudesse fazer alguma coisa, teria que ser feito por cada um isoladamente. As divindades que formam o *olòri merin* são *Sangò*, *Ifa*, *Osala*, *Odudua*". Nesse caso, é impossível fazer santo, mas essa configuração tão estranha é raras vezes encontrada.

cífica, o que deseja. É necessário identificar os demais deuses que o cercam, o destino reservado ao indivíduo.

O deus que molda a cabeça de cada um, o "oleiro" divino, é ajudado nesse mister por dezesseis assistentes: *Eji Ogbe, Oyeku meji, Iwori meji, Odi meji, Irosum meji, Owonrin meji, Obara meji, Okanran meji, Ogunda meji, Osa meji, Ika meji, Oturupon meji, Otuá meji, Irete meji, Oje meji e Ofun meji* (REGO, 1980). São divindades muito antigas, que se revelam concretamente nas dezesseis figuras do oráculo.

Falavam outrora por meio de Ifá, filho de Orumilá, deus do destino, com Iemanjá, mãe da possibilidade de ser. Ao nascer, Ifá tinha na cabeça, no lugar sagrado entre todos, um sinal em forma de coco-de-dendê, pois, na terra, ele é o filho do dendezeiro. Os adivinhos africanos faziam um rosário, *Opelé Ifá*, com quatro cocos-de-dendê serrados ao meio. O rosário de Ifá compunha-se, portanto, de oito metades de cocos, amarradas numa fieira de palha-da-costa, terminada na extremidade "macho" por um nó, e, na extremidade "fêmea", por uma franja. O *babalaô*, "pai do segredo", possuía o uso exclusivo do *opelé*. Jogava-o sobre esteira apropriada, e observava as configurações formadas pelas metades de coco, caídas do lado externo ou interno. Havia, portanto, dezesseis mensagens possíveis, que são os *Odus*. Sua distribuição podia gerar outras figuras, que lhes eram subordinadas – por isso chamadas *omo odú*, "filhos de Odu" – dando lugar a 256 combinações. Estas últimas ainda podiam combinar-se entre si, gerando enorme variedade de mensagens possíveis. Usamos tempo do passado, pois hoje parece não haver mais ninguém, no Brasil, que esteja capacitado a decifrar todas as mensagens do rosário de Ifá, ninguém que tenha memorizado todos os contos oraculares.

O significado das mensagens não era "lido" diretamente. Cada configuração lembrava determinada estória, em que os deuses falavam, brigavam às vezes, resolviam suas contendas, explicavam por que a gente tem de atuar de certo modo, e mostravam o que acontece quando se obedece (ou não) às prescrições do oráculo.

Pouquíssimos sacerdotes conhecem hoje os detalhes dessas estórias. Martiniano Eliseu do Bonfim, que deixou lembrança de grande *babalaô*, nascera na Bahia, mas os pais mandaram-no aprender as tradições na África. Não parece ter deixado herdeiros do seu saber. Além da complexidade das configurações, a prática da divinação de Ifá exige que se obedeça a inúmeras proibições, e, hoje em dia, as vocações são escassas.

Bastide (1978) descreve amiúde o sistema de divinação do *Opelé*, em texto ao qual o leitor terá de reportar-se, já que nenhum membro de nossa equipe teve oportunidade de assistir ao "jogo" de Ifá.

O oráculo que hoje se utiliza no Brasil, *erindilogun*, é o jogo de búzios, que pertence a Exu.

Lembramos que a *iaô* recebe, no decorrer da iniciação, um pote que contém o seu *Bara* pessoal, ou seja, o símbolo do seu próprio destino. É nesse pote que são conservados os 21 cauris que lhe correspondem, por ser 21 o número simbólico de Exu, senhor do poder de transformação: um búzio representa o próprio Exu Oxetuá, o *guardião*, o Grande Transformador; quatro cauris correspondem aos quatro elementos fundamentais; os dezesseis restantes representam as mesmas figuras que comparecem no oráculo de Ifá.

Pareceu-nos mais fácil opor os dois oráculos, Ifá e Exu, mas isso é na verdade simples artifício expositivo. Ambos estão presentes, Exu e Ifá, em todas as atividades oraculares. O mito de Exu Yangi mostra claramente que Orumilá é seu pai, e os inúmeros Exus e seus criados.

Sendo o deus das comunicações, Exu preside necessariamente a todo enunciado. Ele fala em nome de todos os deuses. Além disso, o oráculo não serve apenas para dar conselhos. Cada mensagem inclui a estipulação de oferenda. Oferenda essa que será necessariamente transportada por Exu Elebó, Senhor do despacho, já que seu objetivo último acaba sendo a redistribuição da energia sagrada. Exu desempenha, portanto, papel indispensável no oráculo de Ifá.

Do mesmo modo, Ifá participa do destino individual, desde que os Dezesseis ajudem a moldar a cabeça de cada um de nós. Por isso o jogo de búzios chama-se *erindilogun*, que simplesmente quer dizer "dezesseis" em ioruba. As mesmas figuras aparecem no jogo, mas é preciso jogar os cauris oito vezes seguidas para obter a configuração de *Odu*.

Ao passo que apenas grandes adivinhos são autorizados a praticar o oráculo de Ifá, o domínio dos cauris parece ser alcançável pelos demais sacerdotes. Os templos tradicionais recorrem aos serviços de um adivinho, ou então, de uma sacerdotisa de Oxum. Uma lenda recolhida por Verger explica as relações entre Ifá, Exu, e Oxum: *Éshou Èlègba, por ser mensageiro dos demais deuses, possuía a faculdade de fazer a adivinhação, mas, a seu pedido, Orounmilá transmitiu tal poder para Ifá, em troca do privilégio, concedido a Eshou, de sempre ser o primeiro a receber oferendas e sacrifícios, antes dos demais deuses. Oshun era a companheira de Ifá, e os homens solicitavam constantemente que ela respondesse a suas perguntas; ela levou o problema para Orounmilá que lhe concedeu o poder de fazer a adivinhação pelos 16 cauris, mas as respostas lhe seriam indicadas por Eshou* (1954: 169). *Exu voltou a ter trabalho, e dizem que, por causa disso, ele tem raiva de todas as filhas de Oxum.*

Mais uma vez, deparamo-nos com uma estória que escamoteia o significado profundo dos rituais, na hora em que parece esclarecê-lo. Lembramos que a participação de Oxum foi imprescindível para devolver o valor do oráculo, quando ela aceitou gerar novamente Exu, para transformá-lo na décima sétima pessoa. Oxum é, portanto, a mãe do significado, aquela que faz o oráculo funcionar. Nada mais justo, portanto, que as filhas de Oxum compartilhem com os adivinhos o poder de jogar os búzios.

Quando se trata de saber quem são as divindades protetoras, quem é o dono da cabeça, ou simplesmente de consultar os deuses para qualquer empreendimento, é o oráculo dos cauris que é interrogado. Foi ele que deu resposta favorável para os nossos trabalhos, e que indicou as oferendas prescritas.

Cada terreiro possui local reservado para esse tipo de consulta. Os consulentes costumam oferecer um pagamento, bastante módico. Os búzios são africanos, serrados do lado convexo, que passa a chamar-se "lado aberto", enquanto é designado como "fechado" o lado em que se encontra a abertura natural da concha (vide desenho). O adivinho pega todos os búzios nas mãos juntas, sacode e joga em cima de uma peneira. Conforme caem do lado aberto ou fechado, forma-se a "resposta".

Para dar um exemplo, seguem as notas redigidas por membro de nossa equipe após assistir ao jogo de Pai Romeu, que se intitulava *oluô*, isto é, Grande Adivinho[2]:

A cliente e o adivinho sentam frente a frente. A mesinha entre eles está coberta por pano branco que, quando dobrado, serve para guardar o "jogo". O adivinho joga os búzios no espaço delimitado por duas "guias", dispostas de maneira a formar uma espécie de um quadrado. A "guia" externa é marrom e branca e traz enfiado o machado de Xangô; a interna é amarela e verde, cores de Ifá. No ângulo interno superior esquerdo há um búzio, maior que os outros e também cortado; no lado direito uma moeda antiga; nos ângulos inferiores há duas sementes, uma redonda, outra oval e achatada.

Antes de começar a jogar, Pai Romeu pede licença a Deus e Nossa Senhora; bate com a mão direita na parede mais próxima, pedindo licença aos *Odu*, e faz a mesma coisa com a esquerda, para os antepassados. Toma os búzios na mão, levanta-os e pede a ajuda de cada um dos orixás.

A primeira jogada destina-se a saber qual o orixá que responderá às perguntas. Uma vez confirmado o nome (jogando quatro búzios, ver adiante), todas as perguntas serão feitas em voz alta e dirigidas a ele.

Xangô responde. Se uma resposta não ficar clara, pedir-se-á que explique melhor, "em nome de Iemanjá" (sua mãe).

---

2. Embora, a rigor, *babalaô* seja o sacerdote de Ifá, todos os adivinhos brasileiros dão-se esse nome. *Oluô* seria uma categoria ainda acima, também ligada ao culto de Ifá.

Pergunta-se qual o santo de frente da pessoa. É Oxalá. Pai Romeu passa em revista sucessivamente todas as "qualidades" desse orixá, até que um dos nomes seja confirmado duas vezes. A primeira confirmação é dada pelo jogo dos quatro búzios. A segunda chama-se *ibô*. O adivinho dá as duas sementes para a consulente, pedindo que guarde uma em cada mão. Joga todos os búzios. Se o resultado for par, a cliente deve abrir a mão direita; se ímpar, a esquerda. Se na mão indicada estiver a semente redonda, a resposta é afirmativa; caso contrário, negativa. O dono da cabeça é Oxalá Orixá Okô (um deus da agricultura, que não costuma manifestar-se).

O mesmo processo repete-se para o orixá segundo, Xangô Airá, "aquele que carrega Oxalá nas costas", e para o terceiro, Iansã Oyá Onira, que seria uma das filhas de Iansã com Oxossi.

Passando em revista os demais orixás, chega-se ao *enredo* seguinte: *Ogun Gunôko, Iemanjá Iya Sabá*, "que mora no fundo do mar", *Ode Obá Okê*, que é um Oxossi, sua mulher *Oxum Ié Ié Okê*, e *Oxum Ié Ié Pandá*. O Exu que acompanha a consulente é nada menos que *Exu Yangi*.

Para acabar, o adivinho pergunta qual é o *odu* da cliente. É *Odi meji*, pelo qual fala Oxalá".

O jogo de búzios permite, portanto, elaborar minuciosa descrição da constelação dos orixás que acompanham a consulente. O procedimento usado por Pai Romeu, enumerando sucessivamente todas as "qualidades" de orixá, nem sempre é utilizado, talvez por ser demais fastidioso. Na maioria das vezes, o adivinho observa apenas a configuração desenhada pelas conchas, interpretando-a de acordo com a pergunta. Determinadas configurações podem sugerir de imediato o nome de certa "qualidade" de orixá, que se impõe, por assim dizer. No entanto, quando a consulta é motivada pela urgência da iniciação, ou pela necessidade de indicar o nome de uma nova *Ialorixá*, todo cuidado é pouco. Os búzios são jogados repetidas vezes, até se ter certeza da resposta. D.M. dos Santos (1962) conta que, após o falecimento da veneranda Tia Massi, os notáveis dos grandes templos tradicionais da Bahia reuniram-se em volta do último grande *babalaô* Nezinho (hoje falecido)[3], e, no final da tarde, já sabiam quem deveria suceder-lhe no trono no Engenho Velho. Tanta celeridade é, no entanto, fora do comum. No Rio de Janeiro, todo mundo lembra do caso de oráculo consultado *dias a fio* para descobrir o sucessor do Pai falecido, e até hoje, passados mais de dez anos, há quem discorde do resultado final[4].

No caso que nos interessa aqui, ou seja, a identificação do dono da cabeça, é freqüente consultar diversas vezes o oráculo, e até mesmo diversos adivinhos.

Coloca-se então o problema da validade dos resultados do oráculo ou, mais precisamente, do adivinho. Ninguém duvida da validade do próprio jogo de búzios. Mas todo mundo sabe que errar é humano: quem garante a "leitura" feita pelo adivinho?

Em primeiro lugar, a função de vate requer aptidões bem específicas. Nos templos tradicionais, não é qualquer um que pode intitular-se *babalaô*. Com o tempo, ocorre uma validação por consenso, quando todos têm oportunidade de verificar a excelência dos resultados obtidos. Mãe Meninazinha, por exemplo, goza de grande reputação a esse respeito. Ouvimos dizer repetidas vezes que "o jogo dela é muito bom". Supomos, portanto, que os adivinhos cujo desempenho é duvidoso passam a dedicar-se a outras atividades, ou se afastam. No Rio de Janeiro, assiste-se atualmente à proliferação das videntes que pretendem jogar búzios, o que muito escandaliza gente de candomblé. A única semelhança que esse tipo de atividade mantém com o *erindilogun* é o uso de conchinhas, mas todo o referencial mítico e ritual fica esquecido.

O oráculo de Exu é conduzido como uma espécie de diálogo que o *babalaô* mantém com as configurações que aparecem. O papel da intuição, da associação de idéias, parece predominar: determinado mito é colocado em relação direta com

---

3. Nezinho de Gantois, *Babalaô Ogun Jubé*, de nome civil Manuel Cerqueira de Amorim, costuma ser citado como o último dos Grandes Sábios.
4. É verdade que se trata de casa de nação Angola, de reputação bastante ambígua.

a vida do consulente. É preciso conhecer os mitos, e saber observar o cliente. Mas todas as conclusões são minuciosamente verificadas por meio do *ibô*, como vemos, e sobretudo, pelo oráculo de quatro elementos, ao qual já aludimos várias vezes.

Esse oráculo, fundamentado nas combinações de quatro elementos duplos, é utilizado na vida diária dos terreiros. Todo mundo sabe jogá-lo. Até nossa equipe aprendeu. Para atividades estritamente litúrgicas, a *Ialorixá* costuma usar noz-de-cola (*obi*) cortada em quatro pedaços. A consulta do *obi* dirá, por exemplo, se os deuses ficaram satisfeitos com as oferendas. O princípio é o mesmo do oráculo dos quatro búzios, que vamos descrever agora, por ser o mais simples. Além do mais, é utilizado pelo *babalaô* para confirmar a identidade do dono da cabeça, que é o nosso assunto específico.

Este oráculo é simples e responde através do sim ou não. Há, contudo, graus na afirmativa e na negativa. Os búzios são os mesmos do *erindilogun*.

A resposta é dada pela proporção de cauris "fechados" ou "abertos". Há cinco respostas possíveis:

1) dois abertos, dois fechados: *Ejila Ketu*, ou *Meji*: resposta *afirmativa*;

2) três abertos, um fechado: *Etaiwa*, resposta ambígua que se pode traduzir por "talvez". É preciso jogar os búzios duas vezes mais para ter certeza da resposta;

3) um aberto, três fechados: *Okanran*, resposta *negativa*;

4) quatro fechados: *Oyaku*, ou *Odi*, resposta desastrosa. Expressa um *definitivo não*, e, além disso, prenuncia infortúnio;

5) quatro abertos: *Aláfia*, resposta *totalmente afirmativa*, de excelente augúrio, anuncia sucesso e felicidade.

A verificação sistemática das respostas pelo oráculo simples permite que o adivinho "leia" as configurações do *erindilogun* com certa margem de segurança.

Mesmo assim, o que poderá acontecer se, apesar de tantos cuidados, o adivinho acaba enganado, indicando outro dono da cabeça que não o verdadeiro?

Muita gente, Bastide (1978) inclusive, conta casos tristíssimos, de pobres *iaô* que definham e acabam enlouquecendo por ter "raspado o santo errado", por culpa de um pai-de-santo incompetente. Do ponto de vista da ortodoxia, no entanto, isso é simplesmente impossível. Acontece, é verdade, que muita gente oferece sacrifício a outro orixá que não o seu, ou usa um colar que nada tem a ver com o verdadeiro dono da cabeça. Sem dúvida, é lastimável. Ao chegar-se a iniciação, a coisa muda de figura. O orixá não é fixado e recriado passivamente. Ele próprio participa do processo iniciatório, a tal ponto que, no dia em que a noviça é apresentada solenemente à assembléia dos fiéis, é ele mesmo que grita pela sua boca. No momento de dar o Nome, é o deus quem fala e se nomeia para todos ouvirem. Se a Mãe raspou a cabeça da noviça em nome de algum outro orixá, o problema é dela. No *orunko*, um deus manifesta-se publicamente, e afirma que ele é o dono da cabeça. Quem duvidará?

Os velhos sábios dos templos tradicionais têm-nos afirmado repetidas vezes: "Não há santo errado".

Mais uma vez, é preciso lembrar que a comunidade só funciona pela vontade dos deuses. Em última análise, estão eles a determinar os mínimos detalhes do culto e da vida dos fiéis. Como poderiam deixar de intervir, em pessoa, quando se trata do momento de fusão do individual e do coletivo, do concreto e do transcendente, que se cristaliza no reconhecimento público da posse do homem pelo deus, do deus pelo homem? Os deuses sabem quem eles são.

Entrevistamos exclusivamente pessoas iniciadas, *adoxu*, que sabem, portanto, a quem pertencem. Ficamos limitados às pessoas que tiveram a bondade de aceitar nossas perguntas. A aquiescência do pai e da mãe-de-santo nem sempre basta para assegurar a disponibilidade dos seus "filhos". Quando os filhos e filhas-de-santo estão no terreiro, encontram-se

Figura II

Búzio aberto

Búzio fechado

Figura III

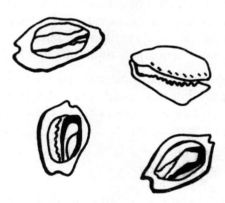

Etawa, "talvez", configuração do oráculo simples.

ocupados por tarefas religiosas, das quais não convém distraí-los. Quando fora do terreiro, vão para casa, em lugares freqüentemente bem afastados e de difícil acesso. Tivemos de contentar-nos com as vinte e uma entrevistas que conseguimos realizar. Em relação ao efetivo total de dois templos, é pouco. Na medida, porém, em que se trata de entrevistas em profundidade, que buscavam compreender a visão do mundo, e sobretudo a vivência específica dos filhos dos deuses, parece-nos que algum conhecimento pode ser alcançado. O número de 21 pessoas não foi estipulado *a priori*. Quando fizemos a contagem das entrevistas a duras penas realizadas, e chegamos a esse total de tão significativo simbolismo, por ser o número sagrado do Senhor da transformação, consideramos que dificilmente alcançaríamos número de melhor augúrio, e ficamos satisfeitos.

Dos grandes deuses descritos no capítulo 4, dois faltarão. Não nos foi possível entrevistar filhos de Nanã nem de Oxumaré. Quanto a Exu, não costuma ter filhos, como vimos. Ficaremos, portanto, na descrição daqueles que podemos encontrar: uma filha de Ogun, um filho e uma filha de Oxossi, um filho e duas filhas de Obaluaê, uma filha de Ossaim, três filhos e duas filhas de Xangô, duas filhas de Iansã, cinco filhas de Oxum, uma filha de Iemanjá, e uma filha de Oxalá.

Para evitar constrangimento ou indiscrições, todas as pessoas receberam pseudônimo, escolhido pelas próprias, na maioria das vezes. Do mesmo modo, evitar-se-á indicar de modo preciso a casa à qual pertencem.

Filha de Ogun: a batalha

Carmen é mulata clara, de estatura mediana, sorridente. Nas festas do terreiro, jamais fica parada. Nos intervalos entre as danças, vai e volta ao barracão, sai da sala, dando a impressão de estar cuidando de mil detalhes de suma importância. Quando Ogun se manifesta, seu rosto contrai-se em careta feroz, beiço saliente, cenho franzido. Os gestos tornam-se bruscos, Ogun percorre o barracão em passos largos, suspendendo de cada lado da cintura as saias que lhe atrapalham o andar. Dança, cortando os ares com a espada, pula sobre um pé só, gira sobre si mesmo, desafia os demais orixás à luta, agita-se sem parar.

Na entrevista, Carmen apresenta-se tensa, falando baixinho, em tom quase inaudível. Parece que essa conversa vai ser uma das raras oportunidades que se lhe apresentam para falar livremente de tudo aquilo que a aflige. Carmen tem muitos problemas, sobretudo, familiares. Única filha de família pobre de oito filhos, ela sempre foi um "verdadeiro moleque", por desgosto de seus pais que desejavam vê-la ficar em casa, brincando de boneca, e ajudando nas lides domésticas. Logo que podia, no entanto, Carmen fugia para brincar na rua com os garotos. Na volta, recebia "beliscões do pai e pancadas da mãe".

O estilo das relações entre as pessoas de sua família parece ter sido marcado por uma violência constante. Paroxística, poder-se-ia dizer, pois todos os irmãos, sem exceção, têm passado por fases de violência aguda, que se aquietam de repente. Um deles, contudo, permanece continuamente violento, muito agressivo, já tentou estrangular a mãe, que foi salva pelo soco que Carmen deu no estômago do rapaz. Certo dia, ao chegar em casa, "dei por falta de uma espada, que eu tinha mandado fazer para Ogun. Meu irmão X disse que a tinha guardado, pois esse meu irmão doente tentou matar a sobrinha com ela". Este irmão, a quem Carmen se refere constantemente, está atualmente internado em hospital psiquiátrico. Ela se preocupa muito com ele, embora o julgue insuportável e perigoso. A violência, porém, não constitui apanágio exclusivo dos irmãos. "Certo dia peguei uma faca e teria matado meu irmão se minha mãe não se metesse no meio". Carmen julga do seu dever proteger a mãe, que por sua vez tem certo medo dela, dizendo que não a consegue controlar.

Outro irmão, caçula da família, era o preferido de Carmen. Davam-se muito bem. Ele também era do candomblé, tocava atabaque. Era diferente dos demais, ria e chorava alternadamente com muita facilidade, pelo que era considerado "meio estranho". "Às vezes parecia meio tonto". Morreu aos dezessete anos, caindo da porta do trem. Carmen pensa que "foi alguma coisa de santo que o pegou no momento". Viajava como "pingente".

Quando o irmão faleceu, Carmen estava recolhida no terreiro e nem pôde assistir ao enterro. Atualmente, ela não vive mais com sua família, morando com uma irmã-de-santo. Carmen está trabalhando na lanchonete de uma empresa, e gosta do ambiente de lá. Tem muitas colegas, que a acham engraçada, uma delas até comentou "se você fosse homem, seria um sacana". Já foi empregada de gráfica, trabalhando no seu ofício verdadeiro, de retocadora, mas era muito explorada pelo chefe, e acabou demitida ao arrepio das leis trabalhistas. "Eu pedi a Deus, a Exu e a meu orixá que fizessem justiça. Meu patrão era pessoa de posses, não precisava me prejudicar". Carmen chegou até o segundo grau, mas teve de abandonar os estudos para trabalhar. Sonha em seguir algum curso técnico, no ramo do seu interesse.

Ela tem namorado, mas não gosta de falar desse assunto, e logo desconversa. Não pretende casar tão cedo, "estou muito nova (tem 27 anos). Daqui a dez anos, vou pensar no assunto".

Carmen julga-se pouco afeita à vida social. "Se me cumprimentam, é um favor, se não, são dois". Esse fechamento é desmentido pela intensidade do desabafo com a entrevistadora, e pela gentileza que demonstra em cada uma de nossas visitas ao terreiro. Dá antes impressão de sensibilidade sofrida e à flor da pele, afastando-se do contato por medo de rejeição. É preciso reconhecer que a carência geral do ambiente familiar dificilmente pôde estimular grandes expansões afetivas: "Sou muito fechada, guardo aquilo lá dentro até que não agüento mais. Aí sai um grito de desespero".

"Não gosto de muita gente junto. Prefiro andar de noite, quando as ruas estão vazias. Muitas vezes, chego ao terreiro depois das onze, quando ninguém mais me espera".

Gosta de ajudar as pessoas. "Se fosse rica, ajudaria todo mundo. Como não sou, divido o que tenho. Não sou nada egoísta. Sou capaz de dar até a roupa do corpo, mas não tolero ofensas".

"Sou calma, até que me provocam. Aí parto pra briga. Brigo pra me arrebentar. O que tiver na mão, atiro em cima do outro. Não gosto de discussões, prefiro partir para a briga". O primeiro namoro acabou assim. Numa discussão, Carmen convidou o namorado a ir lá fora, e "esquecer que ela era mulher porque brigaria como homem".

Qual é a parte de Ogun nisso tudo? "O santo não me permite brigar. Diz que as brigas são para ele". Mais belicosa que o próprio deus da guerra, Carmen encontra-se em dilema singular.

A coisa que mais a irrita é fofoca. Se alguém fala dela por trás, ela sente, e prefere que digam na cara qual é o problema. De maneira que ela possa então resolver o caso "no braço". Possui grande senso de justiça: "Quando alguém me faz uma injustiça, não fico remoendo aquilo, mas espero a volta. Deus é pai, não é padrasto. Abaixo dele ainda tenho o meu santo. Se eu tiver razão, o outro vai ver. Eu não preciso me vingar, Deus e meu santo cuidarão da pessoa. Se a culpa for minha, eu pago".

Antes de entrar para o candomblé, Carmen freqüentou a umbanda, onde "recebia" uma entidade feminina e um Exu. A primeira vez que foi visitar o terreiro, jogaram búzios. "Não deixei falar, falei o tempo todo. Tinha que fazer um *bori*, levei a lista (das coisas necessárias) que foi roubada junto com a bolsa da minha mãe e o dinheiro para comprar as coisas. Aí não pude fazê-lo".

Mais tarde, estava assistindo a uma festa do terreiro, e uma das *iaô* disse "para ir falar com Oxum. Fiquei sem graça, sem saber o que fazer. Oxum me abraçou com muito carinho, pegava minha cabeça, botava as mãos no peito, como a indicar que era minha. Fazia sinais para minha tia, que disfarçava". Passado algum tempo, a tia veio buscar Carmen para ficar recolhida. "Minha mãe deu força, não me agüentava mais em casa!" Ela aceitou e agora tem seis anos de feita. Ficou morando no terreiro por mais de ano.

Conhece pouco da religião: "Nunca pergunto nada. Imagino Ogun como moço moreno e bonito, um guerreiro, que detesta fofoca e gosta das coisas às claras". Carmen desconfia que algumas irmãs-de-santo fizeram comentários a seu respeito, muitas brigas ainda estão para vir.

O que nos chama a atenção em primeiro lugar é a rejeição quase total do papel feminino, com nítida identificação masculina: brincadeiras de moleque, recusa das tarefas domésticas, escolha de um estilo tipicamente masculino para resolver as contendas, a ponto de "sair no braço" com o namorado. Ao comentar a amizade com as colegas, o único exemplo que cita é a opinião "se você fosse homem, seria um sacana". Essa identificação não é simples, contudo. As duas figuras masculinas que se destacam na vida de Carmen, os dois irmãos, compõem imagem ambivalente. O caçula, gentil, ainda que meio "tonto", parece ter sido o único a freqüentar candomblé, mas acabaram separados por aquilo mesmo que os unia. Ela nem sequer pôde velar seu corpo, o templo não permitiu. Seu contrário e seu complemento, é o irmão louco furioso, que ameaça matar a mãe e a sobrinha, dois seres indefesos, do sexo feminino. O caçula falece na ausência de Carmen, "recolhida" no templo. Logo que o irmão violento é internado no asilo, Carmen sai de casa. Observa-se o movimento alternativo, entrar-sair, mansidão-violência, agressão-proteção, movimento esse que parece ocorrer também em relação à realidade interna.

As figuras femininas são igualmente ambivalentes. Carmen coloca-se como filha dedicada, defendendo a mãe, que não mais a suporta, a ponto de encorajar seu recolhimento no terreiro. Ela mora agora com uma amiga, também sacerdotisa, mas da *umbanda*; esse fato alimenta os mexericos das filhas do candomblé. Na primeira vez que visita o terreiro não faz o *bori* exigido pelos deuses, por ter perdido a lista e o dinheiro das compras necessárias. A bolsa da mãe foi roubada. Até mesmo em relação aos símbolos mais comuns, é desapossada da feminilidade. Esse episódio parece extremamente revelador: a feminilidade não é negada, mas sentida como falta, como apelo talvez. Pois são figuras femininas que guiam Carmen até o candomblé, são suas amigas, sua mãe, sua tia. Quando assiste à festa, uma das filhas-de-santo diz que deve procurar Oxum, mas é a deusa quem a procura: "Fazia uma porção de sinais, pegou na minha cabeça, botou as mãos no peito, como a indicar que era minha". Parece que a deusa do poder feminino a quis seduzir para restituir-lhe a própria feminilidade. Nessa perspectiva, a iniciação poderia ser considerada como meio de fixar miticamente o aspecto masculino da personalidade de Carmen, de modo a permitir que o aspecto feminino, tão pouco assumido, possa desabrochar. Será que isso aconteceu realmente?

Sublinhamos uma frase inteira, por achá-la particularmente significativa: "Ogun não me permite brigar. Diz que as brigas são para ele". A partir do momento em que a necessidade da batalha passa a ser afirmada no modo mítico, a briga deve desaparecer em nível cotidiano. Identificando-se de modo consciente com o deus da guerra, Carmen parece, contudo, sentir a necessidade de somente lutar por motivos justos, como ele.

Chamou nossa atenção a real passividade de Carmen frente ao infortúnio. Demitida do emprego, nem tenta lutar na Justiça do Trabalho, remetendo-se à vontade de Deus, de Exu e de Ogun. As grandes decisões a seu respeito são tomadas por outras pessoas: é levada para o terreiro, trazida de volta para casa, levada de novo; é roubada e não faz *bori*; é recolhida, faz o santo e nunca pede explicações de nada. Quanta passividade para alguém tão briguento! Carmen situa-se entre as pessoas que possuem um *locus of control* externo. Tudo acontece por vontade alheia. Poder-se-ia julgar que esse tipo de personalidade é freqüente entre pessoas de baixa renda, e particularmente entre as pessoas religiosas em geral, que tenderiam a deixar as decisões por conta da vontade das Potências. Mas veremos adiante que tal atitude não é necessariamente ligada à visão mística do mundo. Muitas filhas dos deuses poderiam, do mesmo modo, ilustrar o provérbio "Ajuda-te, que Deus te ajudará". A passividade demonstrada por Carmen frente às agressões do meio, real e objetivamente hostil, parece devida em grande parte à ambigüidade de suas identificações. Desapossada dos valores femininos, perde-se na agitação das batalhas sem vitória. Identifica-se com Ogun guerreiro, mas, na medida em que disputa com ele o direito à briga, não consegue afirmar-se em sua individualidade.

Vejamos o episódio da espada: Carmen deixa em casa a arma de Ogun, o irmão tenta usá-la para trucidar a sobrinha. Esse irmão é o negativo de Carmen, o duplo refletindo sua imagem ruim. Ele se apossa da arma do deus, para fazê-la instrumento de absurdo crime, mas felizmente não consegue matar a criança, em que seria possível reconhecer uma imagem simbólica do feminino, ainda pouco desenvolvido.

Talvez seja preciso explicitar aqui o nosso esquema interpretativo. Os episódios relatados por Carmen não são tratados como simples fantasias. Não desprezamos seu caráter de realidade. Do ponto de vista fenomenológico, todo enunciado é significativo. Não nos cabe distinguir *a priori* aquilo que aconteceu concretamente, ou não. Consideramos que o fato de relatar tais eventos, não outros, evidencia a importância que possuem para a entrevistada. São, portanto, carregados de todos os valores que qualificam sua vida. Sua significação é tão concreta quanto mítica, daí nossa postura hermenêutica.

Desse ponto de vista, o episódio da espada poderia ser decifrado da seguinte maneira: quem não dá ao deus aquilo que lhe pertence, está arriscado a destruir-se a si próprio. A causa da agressividade desenfreada não deve ser buscada apenas em nível de carência econômica e afetiva, mas sim no conflito entre tantos "Outros" internos: nenhum deles é aceito por Carmen como representando imagem satisfatória de si mesma.

Na medida em que Ogun reivindica o uso exclusivo da violência, é de esperar-se que Carmen consinta transferi-la ao plano mítico, despojando-se da guerra no plano concreto. Seu próprio testemunho mostra que ainda está longe disso.

A vivência do espaço é algo notável na visão do mundo de Carmen, tanto no plano mítico como no concreto. Pode-se observar que ela é também desapossada do espaço pessoal: criança, vive fugindo para a rua, hoje mora na casa de uma ou outra amiga, não possui "cantinho pessoal". Ao mesmo tempo, volta periodicamente o tema da clausura (internação do irmão, recolhimento no terreiro) que se opõe ao tema dos caminhos (gosta de andar pelas ruas desertas, de noite, de chegar sem ser esperada). Ocorre que Ogun é precisamente o senhor dos caminhos, o primeiro entre os deuses de ar livre. Na África, sua casa não possui teto, para evitar que seja consumido pelo fogo da forja. Será que, se Carmen conseguir transferir todas as tensões ao plano mítico, Ogun lhe fará encontrar caminho seguro e morada estável para assentar a vida caótica?

A religião pode fornecer apoio para equilibrar as tensões internas, mas, no presente, Carmen ainda está longe de integrar as diversas tendências de sua personalidade, de modo satisfatório.

A severa majestade de Oxossi

É difícil encontrar pessoas menos parecidas do que Hilda e Paulo, ambos filhos de Oxossi. A personalidade manifesta de cada um infirma o suposto comum, de que o temperamento dos filhos dos deuses espelha o do dono da cabeça. Entre Paulo, bonito demais, e Hilda, tão fechada, será possível descobrir algum parentesco?

Hilda foi iniciada por sacerdotisa ligada ao *Ilê Ogunjá*, da Bahia. Sua mãe, filha de Oxalá, resolveu que ela deveria fazer o santo, aos doze anos de idade. Passava mal a todo instante, tinha desmaios. Chegou-se à conclusão de que deveria "raspar" o santo. "Fiquei revoltada no começo, não podia mais brincar nem ir à festa". Fizeram parte do mesmo "barco" dois Oxossi, um Oxalá, uma Iansã, e sua própria irmã, que era de Oxum. Todos eram crianças, "até hoje se fala da bagunça que fizemos na camarinha. As esteiras ficaram em pedaços!"

Hilda continuou rebelde, mesmo depois de iniciada. Queria ir ao baile, em vez do terreiro. Tinha vergonha de que os outros soubessem que ela era filha-de-santo. Sempre procurava escapar das obrigações, mas os deuses cuidavam de endireitar-lhe o comportamento: "Um dia, eu saí do terreiro enquanto Omolu estava comendo, não cheguei nem na esquina". Onde estivesse, Oxossi a "pegava", arrastando-a até o terreiro[5].

Hilda mostra-se reticente quando perguntada acerca do orixá. Ela não gosta de mostrar emoções; para ela, as coisas mais íntimas nem deveriam ser comentadas. "Não sei falar de mim. Tem pessoas que me acham simpática, outras, antipática. Minha maior qualidade é ser muito sincera, dizer sempre a verdade. O meu maior defeito é guardar as coisas. Se alguém me magoar, eu me fecho, não digo nada".

Sua mãe casou pela primeira vez com treze anos, enviuvando aos quinze. Casou de novo e teve oito filhos, dos quais dois apenas sobreviveram, Hilda e a irmã mais velha. Com vinte e dois anos de idade, viúva de novo, casou pela terceira vez, com homem que Hilda trata como pai. Ficou sabendo, aos sete anos, que ele era apenas o padrasto. "Adoeci com o choque, tive febre alta durante vários dias".

Sua mãe tinha princípios morais rígidos. Logo que uma filha sua começava a namorar, chamava o rapaz para interrogá-lo acerca de suas intenções. A filha mais velha casou contra a vontade da mãe, com rapaz que ela não aprovava. Para não magoá-la novamente, Hilda aceitou o marido escolhido pela mãe. Teve o primeiro filho com quinze anos. O marido tinha trinta. Hoje, com 34 anos, Hilda já é avó. Seus filhos (a moça, já casada, com 18 anos, e o rapaz com 16) são "a melhor coisa do casamento". Hilda dá-se bem com o marido. Só teve problema com a sogra, mas conseguiu impor-se finalmente. Sua própria mãe faleceu aos quarenta e cinco anos.

Hilda é enfermeira aposentada, "por sofrer dos nervos. Eu assimilava todo o sofrimento dos pacientes. As outras enfermeiras não ligavam. Eu, quando chegava em casa, tudo aquilo me voltava à cabeça, não conseguia dormir". Tomou tranqüilizante, mas não gosta de tomar remédios e acabou aposentando-se.

---

5. Ao que parece, é de Hilda a história contada no capítulo precedente, nota 7.

A melhor época de sua vida é o presente, pois fica em casa para cuidar do netinho.

"Meus filhos não freqüentam candomblé, graças a Deus! É muita responsabilidade, e muito castigo se a pessoa não cumpre suas obrigações. É muito sacrifício!" Em criança, gostava de carnaval, fantasiava-se de índia, o que assentava muito bem com seu tipo moreno de cabelos lisos. Nesse aspecto, "foi penoso raspar o santo. Por ser filho de Oxossi, nunca mais eu pude me fantasiar de índia, nem usar máscara, por ser filha-de-santo".

Ela gosta de passear, ir a bailes, a teatro, tem particular aversão a praia e mato. "Tenho muito medo de mato, medo de cobra, de bichos que podem atacar".

Hilda sente-se muito ligada ao terreiro. "É como se fosse minha própria casa". Vai muito lá, ajuda a cuidar dos "barcos" de noviças, mas não pretende tornar-se *Ialorixá*: "Deus me livre de mais responsabilidades!"

Quando pedimos para descrever Oxossi, Hilda fecha-se de imediato. Não sabe o que acontece no transe, e não acredita que exista qualquer relação entre o temperamento da pessoa e do santo.

"Oxossi é um índio, um índio sisudo. Ele me ajuda, mas seus castigos são muito severos."

Aos olhos de Hilda, o dono da cabeça é a Lei, a imagem do pai que não conheceu, protetor e severo. Criança, fantasiava-se de índia. Agora incorpora um orixá que descreve como índio. A fantasia torna-se tabu. A eventual ambigüidade vira sacrilégio. Só brinca de índio quem não é. Enquanto Carmen de Ogun se perdia nos conflitos entre todos os seus duplos, Hilda desenvolve o tema da metamorfose.

O candomblé é antes de mais nada imposição. A infância termina. As fantasias são proibidas. Não se pode mais usar máscaras, pois na religião nagô os únicos mascarados são os *Egun*, os espíritos dos mortos. A tradição afirma que, sob tais disfarces, não há ninguém. Melhor dizendo: nenhum ser vivo.

A alteridade deixa de ser brincadeira, fantasia. O outro afirma-se como realidade transcendente. Hilda luta com todas as forças contra esse mundo de proibições e obrigações. Não se coloca entre as pessoas para quem o candomblé constitui meio de promoção social. "Tinha vergonha que os outros soubessem que eu era filha-de-santo". Tenta fugir, mas o orixá não a deixa escapar. Domina-a, obriga-a a servi-lo. Um dos requisitos clássicos para reconhecer a autenticidade da possessão é a falência da vontade pessoal: é o caso de Hilda, que Oxossi precisa arrastar até o templo.

Ela já teve de obedecer às leis de mãe tirânica. Mostra contudo, em sua vida pessoal, capacidade para impor-se, até mesmo para libertar-se de sogra desagradável. Quando se cala de repente, talvez não seja por timidez. Talvez lhe seja impossível descrever Oxossi, na medida em que ele é a manifestação do Outro? Sua atitude em relação ao candomblé é bem ambivalente. Na infância, não gostava de acompanhar a mãe nas cerimônias, e lá também sabia impor sua vontade: "Ia, com a condição de não ter nem que beber água lá. Minha mãe levava água e comida para mim", como se tivesse medo de algum contágio, que pudesse pegar. Pegou.

Iniciada contra a vontade, tenta fugir das obrigações. Oxossi parece domador, dobrando-lhe a rebeldia. Agora que Hilda desfruta de certa posição no terreiro, proclama em alto e bom som, que não ambiciona cargos mais elevados, e agradece aos céus pela indiferença dos próprios filhos.

Pode-se duvidar um pouco da sinceridade dessas declarações, mas, em todo caso, a possessão pelo deus é sentida como estranheza. Hilda não suporta o mato, por causa dos bichos perigosos que há nele. Ocorre, no entanto, que Oxossi é precisamente *orixá do mato*, e comanda a todos os bichos. Ela o descreve como índio, ou seja, o próprio representante da natureza selvagem, do mato que tanto a amedronta em nível consciente.

Oxossi é, para Hilda, a total alteridade. No seu discurso, só encontramos, repetidas vezes, a afirmação da estranheza do Outro, apoiada talvez na figura do pai ausente.

A rebeldia de Hilda contrasta com o entusiasmo de Paulo. Logo que um sacerdote fala em iniciação, ele vai correndo para a camarinha. "Fiquei muito entusiasmado!", mas a empolgação não perdurará.

Paulo tem 25 anos, olhos verdes, cabelos castanhos, e bem sabe o quanto é bonito: "Sou lindo de morrer... Tenho um gosto incrível, tudo que vejo, sei fazer. Se não sai parecido, sai melhor... Acho que sou muito inteligente e capaz. As pessoas falam que sou metido, esnobe. Sou metido quando as pessoas são, mas é só por questão de afronta. Posso ser grosso, respondão, implicante. Mas eu sou bom, prestativo, carinhoso, agradecido". Tanta vaidade seria irritante, se não deixasse perceber que recobre, na verdade, funda insegurança e grande carência afetiva. Seu pai morreu quando tinha oito anos. Da mãe, ele não fala, apenas relata que foi criado "por outra família" a partir dos doze anos. Tem uma irmã mais velha. Em criança, sua tia, que pertence à umbanda, levava-o para assistir a festas de candomblé. Achava lindo, mas logo adormecia, por ser muito pequeno.

"Conheci um rapaz, aos quinze anos, que tinha muitos problemas de saúde. Eu fiz uma promessa para Omolu. Se o rapaz ficasse bom, eu faria alguma coisa". O adivinho que consultou disse que Paulo era de Iansã, e "precisava raspar". Ele concordou na hora. "Fiquei empolgado mas depois, no *roncó* (camarinha), enchi o saco. Tirei o santo da prateleira (o "assento"), tirei a telha e fugi. Voltei para ver a saída dos irmãos".

Imaturidade, precipitação, inconstância, tais características vão marcar seus passos por muito tempo. Toda a vida pessoal e sentimental de Paulo passa a girar em torno do candomblé. "Conheci uns cinco mil candomblés". Ele vai mudar de terreiro, e de santo padroeiro, ao sabor de suas aventuras amorosas.

Amor talvez não seja bem a palavra: "Não gosto de ninguém. Tenho fé de que um dia ainda vou gostar de alguém, adorar, e chorar pela pessoa. Acho que sou carente de afeto. Gosto muito das pessoas, dos irmãos-de-santo, dos amigos, mas tenho facilidade para desgostar, principalmente das pessoas que transo. Gosto de mudar de casa no mínimo cinco vezes por ano". As pessoas de quem fala, tanto podem ser moças como rapazes, mas Paulo não consegue fixar-se, embora tenha conhecido algumas ligações mais duradouras.

Pouco depois da fuga da camarinha – ele tinha por volta de quinze anos – conheceu uma moça que já era "feita" e foi morar com ela. Ela disse que o dono de sua cabeça era provavelmente Oxossi, ou então Logumedê. Chegaram a pensar em montar um terreiro juntos, mas brigaram e se afastaram. Com dezoito anos, Paulo ligou-se com um filho de Oxum, A., já iniciado, que o levou até o presente templo. Os búzios confirmaram tratar-se de Oxossi. "Fiquei triste por não ser de Iansã, mas depois passou".

Orixá parece enfeite: que pena não poder escolhê-lo conforme o gosto! Em toda essa atmosfera de leviandade, surge de repente o dono da cabeça, aquele que se escondia lá no fundo, que ninguém esperava. No relato de Paulo, é fácil perceber a diferença entre o deus da fantasia e o deus da realidade interna. Um sacerdote não muito confiável propõe o nome de Iansã, que agrada de imediato. É a rainha dos ventos, deusa da tempestade, aparece em toda parte, vestida de chamas. Quanto contraste com Oxossi, que se esconde no íntimo das florestas, paciente caçador que é! No primeiro episódio, Paulo fica entusiasmado, mas acaba fugindo, ao passo que no segundo, não se empolga, mas reconhece Oxossi como seu *eledá*, e submete-se à iniciação.

Desta vez, porém, as coisas não correram tão facilmente. Paulo entregou-se primeiro a memorável bebedeira, no casamento da irmã, num 22 de abril. No dia seguinte, festa de São Jorge (Oxossi), um amigo veio buscá-lo para ir a candomblé. Saiu de lá passando mal, a tal ponto que foi hospitalizado. A mãe-de-santo mandou A., com quem Paulo então vivia, tirá-lo do hospital para trazê-lo ao terreiro. "Dei um *bori*, mas alguém da casa faleceu, e tive de esperar um ano para fazer o santo". Estamos longe da facilidade. Voltamos a encontrar a severidade e a austeridade apontadas na entrevista de Hilda. Oxossi não admite brincadeiras. Pega os filhos na hora e no lugar que lhe convém.

"Minha melhor lembrança foi ter feito o santo, porque não tenho afinco com pessoas nem com família, só posso ter com o santo". A partir da iniciação, Paulo parece ter começado a elaborar, no íntimo, uma espécie de núcleo sólido, em torno do qual pode reconstruir sua realidade pessoal, bem diferente do jovem Narciso inconstante. "Oxossi é grande, o maior. Dentro do estilo dele, é bonito, rústico, bem rústico, sem luxo. Valente, farto em comida e bebida. Majestoso. Antigo. Mesmo tendo Oxalá, acho Oxossi o mais antigo. Tenho pena, é mal amado pelas mulheres. Meu Oxossi é tudo isso, e mais alguma coisa. Ele muda, é como se eu planejasse ele no meu íntimo. É humilde, até humilde".

Oxossi talvez seja projeção idealizada do pai ausente, mas é também tudo aquilo que falta a Paulo. É bonito, porém rude, vestido sem luxo (Paulo gosta muito de costurar e faz roupa de santo para fora). Suas qualidades não provêm da aparência, são morais: valentia, majestade. Sabemos que, nos mitos, Oxossi é caçador solitário, sem mulher. Não é amado como deveria ser: Paulo não ama como deveria amar. Sobretudo, Oxossi, *seu* Oxossi, que constrói aos poucos interiormente, é *humilde*!

Paulo é consciente do processo de transformação: "O Santo me mudou como pessoa. Parei de beber, deixei de depender de muita coisa, de muita gente. Deixei de passar coisas tristes e chatas porque antes não tinha uma motivação, agora tenho Oxossi. Tenho por quem lutar, por quem fazer alguma coisa. Me sinto bem mais forte".

O dono da cabeça não é apenas o modelo ao qual conformar-se. Constitui símbolo elaborado pelo grupo cultural, mas expressa também uma realidade interna, à qual o símbolo religioso dará forma. O testemunho de Paulo permite-nos aprender a oposição entre a personagem de superfície, e a irrupção de um poder que o domina, transcende, leva a reconstruir seu eu autêntico. Do mesmo modo que proíbe a fantasia de Hilda,

Oxossi dá a Paulo uma razão de viver, alguém "por quem lutar", ele próprio.

Filha de Ossaim

Descrevemos Ossaim como divindade bastante misteriosa, que gosta de esconder-se na floresta, descobre os segredos, e, como médico, sabe o justo preço do seu trabalho. Como Oxossi que ele criou, é orixá do mato, aliado aos espíritos da floresta, pouco afeito à vida em sociedade. Será por esse motivo que sua filha Marta é tão desconfiada, tão arredia à entrevista?

Enquanto os demais filhos dos deuses relatavam episódios de sua vida sem a menor dificuldade, Marta dá o mínimo de informações sobre sua pessoa e sobre o candomblé. Por mais sucinto que seja o seu testemunho, mesmo assim fornece dados relevantes.

Marta é uma negra de 39 anos, discreta, trajando vestido bem simples. Não tem tempo para conversar, está com pressa, ela está sendo esperada em casa e tem muito que fazer no terreiro. Nascida na Bahia, é filha-de-santo da famosíssima Mãe Menininha do Gantois. A mãe de Marta costumava freqüentar essa casa, e levou a filha para ser iniciada com a idade de quatro anos. Todos os seus filhos morriam bem pequenos, e o oráculo avisou que, se a filha não fizesse logo o santo, morreria também. De fato, foi a única que sobreviveu, e hoje está, portanto, com 35 anos de "feita". Veio morar no Rio de Janeiro por volta dos 18 anos. Ascendeu, há certo tempo, ao grau de *Ialorixá* e fundou seu próprio templo, onde já tem vários filhos-de-santo. Mas gosta de vir ajudar nos terreiros amigos, como é o caso no dia da entrevista.

Marta não acha nada demais nas iniciações precoces. "Eu tenho um filho-de-santo que só tem dois anos de idade". A entrevista deixa supor que se trata de seu próprio caçula. Tem outro filho mais velho, de vinte e poucos anos. Entre os dois filhos, teve uma menina, que faleceu: "Ela morreu, porque não deixei fazer o santo. Sabia que tinha que fazer, mas não deixei. Depois, fiquei tão revoltada, que larguei o candomblé.

Virei crente". Não explica, contudo, como nem por que voltou a praticar a religião nagô.

Ossaim é o dono de sua cabeça, e Oxossi, o orixá segundo. Marta pertence, portanto, aos deuses da floresta. "Ossaim é um caboclo, santo das folhas, ao qual se deve prestar homenagem antes de entrar na mata". Dito isso, despede-se, quase foge.

Mais uma vez, a iniciação é considerada como dever, os deuses são vistos como terríveis senhores, que devem ser obedecidos, custe o que custar. Encontramos, no relato de Marta, vários elementos comuns como a história de Hilda: a iniciação precoce, imposta pela mãe, a revolta, a tentativa de fuga. No caso de Marta, a história se repete, invertendo-se: sua mãe salva-lhe a vida, pagando o preço da iniciação; Marta recusa a iniciação da filha, que morre. Ossaim é deus que exige o pagamento estipulado, nem mais nem menos. Não perdoa as dívidas.

Os orixás do mato são deuses terríveis. Oxossi castiga severamente aqueles que pretendem escapar. Ossaim mata. Mais adiante, encontraremos outros episódios semelhantes, e particularmente entre os filhos de Obaluaê.

Na perspectiva teórica que nos orienta, devemos observar que o domínio dos deuses implacáveis é vivenciado no modo da mais total alteridade. A vontade pessoal não importa. Os deuses mandam, impõem a lei, exigindo uma só resposta, a submissão. As filhas mais rebeldes recusam-se a descrever o orixá, chegando a rejeitar qualquer hipótese de semelhança entre ele e elas. Com a mesma convicção de Hilda, Marta afirma: "Não há relação entre o temperamento da pessoa e o santo que a protege. Cada um tem seu jeito".

A alteridade é experimentada como tal, e vivenciada exclusivamente no plano mítico. A possessão é metamorfose e incomunicabilidade.

Filhos de Obaluaê – a iniciação ou morte

Obaluaê é o santo padroeiro de Pedro, que se refere a ele ora pelo nome mais comum de Omolu, ora pelo título de Rei dos Espíritos da Terra (*Oba olu aiê*). Pedro nasceu numa cidadezinha do interior da Bahia. "Bisneto de africano de nação Mobá", foi, no entanto, o único da família a ingressar no candomblé. Fala ioruba fluentemente, e seu saber é grande. Mulato claro, alto e magro, tem 66 anos, mas parece bem menos. Isso é comum de se observar entre gente de santo que, embora pertença geralmente a estratos de baixa renda, parece encontrar tanta valorização no seio da comunidade que permanece jovem por muito tempo.

Pedro é adivinho, vive de jogar búzios. Faz também colares de encomenda. Mostra-se bastante orgulhoso de sua posição. Considera-se como pessoa muito sensível, suscetível, e de fato parece conveniente darmos mostras constantes de respeito e admiração. Se alguém lhe fizer algum mal, ele perdoa, mas não esquece. Contenta-se em proferir: "Deus o abençoe, longe de mim!" Muita gente pede que ele faça "trabalhos" de magia negra, que recusa sistematicamente: "Não posso dar a vida, não tenho o direito de tirá-la!" Se uma pessoa está perseguindo outra, ele separa-as, já que é para o bem de todos.

A história de Pedro ilustra nitidamente a verdadeira luta entre o homem e o deus. Seu primeiro contato com o mundo do candomblé situa-se por volta de 1926. Um vizinho chamou-o para ir a uma festa. Pensou que fosse algum baile, mas o vizinho o levou para uma casa de nação Angola. O sacerdote disse-lhe que era filho de Ogun, e que o santo queria ser "raspado". Pedro concordou, mas enquanto estava recolhido na camarinha o processo iniciatório foi brutalmente interrompido. Era no tempo das perseguições. A polícia invadiu o templo.

Como se vê, não é fácil "fazer o santo errado!" Paulo interrompeu de repente seu noviciado, realizado em nome de Iansã, e nada impede pensar que foi o próprio Oxossi o inspirador da rebelião; no caso de Pedro, até a polícia torna-se instrumento da vontade de Obaluaê, impedindo a tempo a iniciação.

Naquela fase, Pedro encontrava-se em estado de *erê*, de semi-inconsciência, que produz infantilidade e hebetude. Ficou assim "abobalhado, feito maluco", por dez longos anos. Acatava humildemente qualquer ordem, vinda de qualquer pessoa. De repente, zangava-se e fugia, saía andando sem rumo, vagando de cidade em cidade.

Em 1936, chegou a Salvador. Seus passos o levaram até o templo *Axé Opô Afonjá*, então dirigido pela fundadora, Mãe Aninha. Ela cuidou de Pedro, fez vários trabalhos para livrá-lo de seus problemas, e conseguiu. Quis também que voltasse à camarinha, mas Pedro não concordou, e foi para o Rio de Janeiro.

Passou aqui momentos terríveis. Ficou tuberculoso, teve ainda uma úlcera, e, para arrematar, ficou "completamente mudo" durante certo tempo. Resolveu então voltar para morrer na Bahia, e foi para casa das irmãs, que moravam em Salvador. "No mesmo dia" de sua chegada, ocorria uma festa de Iemanjá na roça de São Gonçalo (*Opô Afonjá*). "Mas Iemanjá recusou a oferenda. Então perguntaram a ela por que, e ela disse que queria falar com alguém da casa de Omolu". Passaram em revista os nomes de todas as pessoas que poderiam enquadrar-se nessa definição, e, por exclusão, chegou-se finalmente ao nome de Pedro. Ninguém sabia que ele tinha chegado do Rio, mas Iemanjá exigiu que fossem buscá-lo em casa das irmãs.

Foi Pedro quem abriu a porta. Disseram para ir até a roça de São Gonçalo, onde havia um recado de Iemanjá para ele. O recado dizia que lhe restavam dois caminhos: *"fazer o santo ou morrer"*. Pedro explicou que não tinha dinheiro. A mãe-de-santo, Mãe Senhora, – Aninha falecera em 1938 – sugeriu que fosse pedir esmola[6].

Pedro tinha, em casa, mala cheia de colares que não conseguira vender. "Pensei que não iria pedir esmola aos vivos, mas sim a Xangô, que prometeu me ajudar". Lembramos que Xangô é o protetor do *Axé Opô Afonjá*.

Pedro fez uma promessa, e, ao chegar em casa, já encontrou pessoas a sua espera para comprar "guias". Ganhou tanto

---

6. Ainda se usa essa modalidade, hoje em dia, que pode inclusive fazer parte da obrigação.

dinheiro que ainda pagou a iniciação de mais quatro *iaô*, além da sua.

A história de Pedro é contada de modo assumidamente mítico. Nosso propósito não é destrinchar a realidade concreta dos fatos, mas sim apreender a significação da experiência religiosa. Não nos interessa saber em que medida o nosso herói embeleza o relato. Por incrível que pareça, existe outra versão, mas mítica ainda. Pessoas do templo onde Pedro foi finalmente iniciado contam que ele ainda relutava muito, procurando fugir da iniciação. Obaluaê "pegou-o" um belo dia, e o levou a percorrer os poucos quilômetros que o separavam do terreiro, "rastejando no chão e grunhindo como porco". Chegou todo arrebentado e coberto de chagas.

Depois de fazer o santo, todos os problemas desapareceram de repente, "sem eu tomar nem um chazinho". Sete anos depois, Pedro tornou-se adivinho, especialista do jogo de búzios, e também do oráculo da noz-de-cola.

Hoje, só joga búzios quando se encontra sem dinheiro. Cobra pouco, mas se alguém de posses quiser dar mais, ele aceita: "se a pessoa não pode pagar, jogo da mesma maneira. No próprio jogo, dá para ver se a pessoa pode pagar ou não".

"Omolu não tem pena, dá tudo quanto é castigo, menos de fome. Se um filho de Omolu disser que morreu de fome, é mentira, não era filho de Omolu".

Toda a vida de Pedro é determinada pelos deuses. É chamado para ir à festa, e vai sem saber que se trata de candomblé e que, daí para diante, tudo vai mudar. Submete-se passivamente à primeira iniciação, o resultado é o estado de "bobeira", que dura dez anos. Toda sua história segue um caminho iniciático: o tema do chamado aparece repetidas vezes, bem como o da fuga. Seus passos inconscientes levam-no a Salvador, onde ele encontra refúgio, no *Opô Afonjá*. Passou antes por um período de regressão que chama de "bobeira", agora renasce, e Mãe Aninha deseja consagrar o renascimento pela iniciação. Pedro foge. Na capital federal, adoece. Volta para morrer em Salvador, Iemanjá em pessoa o manda chamar.

Mesmo assim, Pedro tenta recuar mais uma vez, apesar do ultimato, "fazer o santo ou morrer".

Obaluaê é o deus terrível da morte necessária ao renascimento, assegurando desse modo a manutenção do ciclo vital. Envia as epidemias e cura os doentes. Seu capuz de palha-da-costa, seus colares de búzios, seu cetro de dendezeiro falam ao mesmo tempo de perigo e de mistério, de morte e de nascimento. Pedro, filho rebelde, deve passar por muitas mortes (morte psíquica da regressão, rebaixamento em nível animal, doenças mortais), para admitir a necessidade do próprio renascimento.

Conforme a versão que corre a seu respeito, é feito animal, coberto de chagas, que Pedro se apresenta no terreiro onde Omolu poderá, enfim, viver através dele. Na versão que ele mesmo conta, somente escapa da humilhação pública da mendicância, graças ao apoio de Xangô, dono do fogo celeste, deus da criação e da necessária destruição. Pedro era pobre, torna-se rico. Doente, recobra a saúde. O acesso ulterior à categoria do adivinho mostra claramente que tantas provações só podem acontecer com um homem particularmente amado dos deuses.

Como nos casos precedentes, a "fixação" do deus representa antes metamorfose do que duplicação. O orixá é vivenciado como Outro soberano, que se apossa do filho na hora e no modo que quiser, como força externa, tão poderosa que sempre acaba vencendo. Do ponto de vista psicológico, é possível admitir que as forças destrutivas internas são tão poderosas que necessitam ser projetadas em suporte externo, na forma proposta pelo grupo cultural, para garantir a sobrevivência do indivíduo. Do ponto de vista místico, há morte simbólica e renascimento. Esse tema faz-se presente em todas as iniciações, é claro. Aqui, se afirma com maior clareza, pois se trata de pertencer ao deus que, debaixo do seu capuz, esconde os mistérios da morte e do renascimento.

Jussara, filha de Omolu, conta, embora de modo menos lendário, como teve de aceitar a iniciação.

De formação católica, casada cedo com militar, Jussara viveu em meio tradicionalista, de princípios rígidos. Problemas de saúde levaram-na a procurar o terreiro, após breve passagem pelo espiritismo kardecista: pneumonia, febres, fases de prostração nas quais "não conseguia levantar da cama, sem comer, nem beber, nem urinar". Um amigo da família levou-a ao templo, onde o pai-de-santo declarou que tantas perturbações "vinham das irradiações de um orixá muito poderoso, Obaluaê", que a queria por sacerdotisa.

Jussara hesitou muito em "raspar o santo". Leu todos os livros que pôde encontrar, para tentar entender alguma coisa. A única conclusão de tanta leitura foi que a recusa da iniciação poderia atrair a ira de Omolu sobre seus familiares também, e que seria mais prudente obedecer.

Quarenta e sete anos, branca, oriunda da pequena burguesia, Jussara faz questão de causar boa impressão, e dificilmente poderia relatar episódios tão dramáticos quanto as peripécias da vida de Pedro. De sua entrevista, reteremos, contudo, a motivação ligada a doenças, pulmonares sobretudo, o pouco entusiasmo frente à iniciação, a percepção do Orixá como vontade estranha. A respeito do dono de sua cabeça, diz apenas: "Quem sou eu para defini-lo? Quando ele quer alguma coisa, ele luta até obtê-la". Jussara acaba de ser iniciada, seus cabelos nem cresceram ainda, ela continua recolhida no terreiro, e, sem dúvida, faltam-lhe experiência e distanciamento para falar com mais detalhes.

Na entrevista de Giovanna, "Mãe-Pequena" do mesmo templo, voltamos a encontrar o mesmo tom dramático da perseguição pelo orixá, como no relato de Pedro.

Sua percepção de Obaluaê revela que ela tem plena consciência do simbolismo morte-renascimento: "Os orixás são forças da natureza. Obaluaê representa a terra. Na umbanda, é associado a São Lázaro, que Cristo ressuscitou, e que passou a correr os bosques com o sino na mão, para avisar os outros de sua aproximação. Ele se cobre de palha, não gosta que lhe vejam o rosto, coberto de chagas. Ele abre os caminhos... É muito anterior a Cristo, pois é uma força da natureza, não um homem".

Giovanna descreve muito adequadamente o papel de Obaluaê, deus da terra, das epidemias e do renascimento. Chega a contar a história de sua iniciação com palavras quase idênticas às de Pedro: "A alternativa era o candomblé ou a morte". Coincidência notável, essa, pois as trajetórias de Pedro e de Giovanna, embora cheguem ao mesmo ponto, começaram de modo bem diferente. Enquanto Pedro, descendente de africanos, nasceu na Bahia, Giovanna é imigrante italiana.

Chegou ao Brasil com a idade de quatorze anos, hoje está com trinta e sete. Casada com português, tem dois meninos. Giovanna já sonhou ter "um monte de filhos", mas acha que deve dedicar muito tempo aos afazeres religiosos, e desistiu de aumentar a família. Seu marido mostra-se extremamente orgulhoso da alta posição de sua mulher, e não perde uma festa.

Em criança, Giovanna tinha pesadelos freqüentes, acordava gritando. Parecia-lhe ouvir portas abrindo e fechando, uma porção de ruídos estranhos. Quando chegou à adolescência, deu para desmaiar facilmente, e ficar longo tempo desacordada. Mais tarde, sentia fortes dores no peito, falta de ar, e todos diziam que era "nervoso". Com o casamento, piorou: dores no peito, do lado esquerdo, braço quase paralisado. Aos poucos, as dores foram ganhando o corpo todo. Os médicos asseguravam que ela não tinha doença alguma. Ao mesmo tempo, sentia-se muito deprimida.

Uma vizinha aconselhou a ida a um centro espírita, mas Giovanna não concordou com isso, por ter sido criada no catolicismo. Em seguida, passou por período de ausências freqüentes, durante as quais ficava completamente inconsciente. Hoje, julga que tais ausências devem ter sido, na verdade, possessões por caboclos e "povo das almas".

Um amigo disse que ela era provavelmente "médium" e aconselhou que se consultasse com determinado pai-de-santo. De início não concordou, mas piorou ainda mais, chegando até cuspir sangue. Resolveu então procurá-lo, e ficou sabendo que ela deveria entrar no candomblé para dedicar-se a Obaluaê. O pai-de-santo disse que a decisão cabia somente a ela, mas que a alternativa seria a morte.

"Logo que raspei, fiquei boa de todo. Não sei o que foi que o Pai viu em mim, logo que fiz o santo, ela começou a me preparar para as funções de mãe-pequena".

Giovanna passa quase todo o tempo no terreiro, dedicando-se totalmente à religião. Depois que entrou no candomblé, sente-se mais segura, e, por conseguinte, sabe lidar melhor com as pessoas. Todos a tratam com respeito. Ela julga que seu papel é ajudar a quem procura o terreiro em busca de apoio.

Mais uma vez, encontramos os mesmos temas: doença estranha, com problemas pulmonares (de novo), depressão (junto com hipocondria generalizada), recusa imediata da iniciação, escolha sem alternativa, transformação iniciática, e, como Pedro, acesso a altas funções. Ao período de "bobeira" de Pedro, correspondem as "ausências" de Giovanna. O primeiro atribui o seu estado à possessão pelo *erê*, a segunda interpreta como possessão pelos caboclos ou pelo "povo das almas". Em ambos os casos, manifesta-se a regressão, ao estado infantil, ou ao estado de natureza (caboclos de Giovanna, animal de Pedro). A possessão pelo "povo das almas" sugere a presença de algo ligado à morte, do mesmo modo que pudemos observar as "mortes" sucessivas de Pedro.

Embora pertençam a meios socioculturais bem diversos, os três filhos de Obaluaê dão o mesmo testemunho: o seu orixá é um deus implacável, que sempre obtém o que exige, sem deixar outra escolha senão a submissão. Nele, morte e renascimento entrelaçam-se de modo inextricável. Apresenta-se como sendo o Outro, e, se admitirmos que, no plano existencial, a integração pessoal passa necessariamente pela assunção da dimensão mortal do ser, parece que a submissão a Obaluaê exprime tal integração. A morte já foi definida alhures como "Outro absoluto" (AUGRAS, 1978). Obaluaê, o Rei dos espíritos da terra, é um deus terrível, pois resume a angustiante dialética da vida e da morte. Sua implacabilidade é a da morte, cuja necessidade é corolária da vontade de sobreviver.

Lembramos os mitos de sua mãe Nanã, que só podia dar monstros à luz. Interpretamos esse tema como expressão da duplicidade do ser no mundo. É pena que não tenhamos conseguido, até hoje, entrevistar filhos de Nanã, para testar nossa hipótese. Parece, no entanto, confirmada na pessoa de Omolu-Obaluaê, seu filho, cuja designação é dupla, e cujo reino terrível afirma que é necessário morrer para renascer.

A iniciação ou a morte, esse *leitmotiv* dos filhos de Omolu, deve ser lido nos dois sentidos: passagem ou morte, morte e passagem, iniciação/morte, iniciação/renascimento.

Xangô – os filhos do rei

O fato de nossa amostra contar com maioria de filhos de Xangô e de Oxum não se deve ao acaso. Esses orixás são protetores dos templos onde se realizou a investigação. Além disso, parece que os filhos de uma e outra divindade são de acesso mais fácil. Os filhos de Oxum costumam ser extremamente afáveis. Os de Xangô são mais distantes, mas não resistem ao prazer de fala do seu orixá, e proclamar sua força, sua grandeza.

Sérgio tem trinta anos de idade, mas aparenta muito menos. De classe média, é economista, recém-casado, sem filhos ainda. Ele é o filho mais velho de Jussara de Omolu, que acaba de ser iniciada. Quando ela resolveu abraçar a religião nagô, foi Sérgio o intermediário. Ambos passaram, antes, pelo espiritismo.

Desde a infância, ele tinha visões: "Quando estava no colégio, via constantemente dois meninos a meu lado. Na missa, eu via um padre imaterial ao lado do padre real. Meus colegas me chamavam de maluco". Filho de pai católico praticante, Sérgio estudava em colégio de jesuítas, e nada daquilo que lá aprendia lhe permitia entender as visões. Aos doze anos, foi para um centro kardecista, provavelmente em companhia da mãe. Freqüentou esse centro por muito tempo, embora cheio de dúvidas. Um amigo do pai levou-o para um centro de umbanda, onde um Preto-velho[7] lhe disse coisas que o impressionaram. Sérgio consultou o jogo de búzios, e passou a freqüentar um terreiro. Os búzios disseram que o seu orixá queria ser "raspado".

Naquela época, Sérgio começou a sentir "falta de ar e dormência". Atribuiu esses sintomas a certa distonia neurovegetativa que já tinha tratado. Mais tarde, chegou à conclusão de que era mal-estar ligado ao orixá.

Sérgio considera a iniciação como "sacrifício necessário". "Valeu a pena, eu faria de novo". O pai-de-santo fez também trabalhos, para tirar-lhe a vidência, no que conseguiu. Para ele, os filhos de Xangô se parecem com o orixá: "Xangô se torna violento quando se trata de combater injustiças. Eu também me revolto, saio de perto. Não posso ver uma injustiça sem ter impulso de agredir o injusto". Veste-se geralmente nas cores de Xangô, das quais sempre gostou, bem antes de saber do significado. De fato, no dia da entrevista, estava trajando marrom e branco.

Xangô é antes de mais nada vivenciado como pai, protetor e poderoso: "Xangô me protege, não tenho medo de nada, ninguém pode me prejudicar". Sérgio assegura que o dono de sua cabeça é o mais poderoso: "É o rei de todos os Xangô. É protetor da agricultura, o mais velho e mais forte dos Xangô".

"Existe uma árvore muito frondosa, que é semelhante a Xangô. Se um passarinho transporta uma semente desta árvore para outra, esta se desenvolve, cresce, e envolve a outra árvore. Xangô age do mesmo modo, ele abraça os filhos para transmitir-lhes sua força".

Será que podemos, legitimamente, aproximar essa imagem da visão do padre, duplo espiritual do sacerdote real? Sérgio conta pouca coisa sobre sua vida pessoal, a interpreta-

---

7. Na umbanda, os pretos-velhos são espíritos de escravos do passado. Apesar de muito sábios, representa uma etapa inferior da evolução espiritual. Como bem mostrou Ortiz (1978), revela-se claramente a adesão à ideologia evolucionista e escravista, mantendo a equação: negro igual inferior.

ção é arriscada. A visão dos dois meninos, tão insistente, sugere que, no caso de Sérgio, foi preciso deslocar esse duplo incômodo para a figura do Pai todo-poderoso. Na imagem da árvore (que ele mesmo inventou, não é mito de Xangô), encontramos o mesmo desdobramento: de um lado, a árvore que cresce sozinha, do outro, a árvore nova, que se desenvolve a ponto de envolver a outra com seus galhos. Sérgio encontra-se sozinho, entregue às visões, mas, aos poucos, a semente de Xangô desenvolve-se, transformando-se em nova forma, cheia de força e segurança. No mesmo momento, Sérgio consegue livrar-se da visão duplicada que o atormentava. A projeção do duplo sobre um suporte mítico permite-lhe, portanto, recobrar a unidade do seu ser. O duplo deixa de ser visão angustiante. Cresceu, transformou-se em pai protetor, e, por conseguinte, Sérgio beneficia-se do seu poder, quanto mais que passa a manifestá-lo, nos rituais. A assunção da duplicidade é necessária à metamorfose.

A força de Xangô traz confiança e paz. Laura, cuja vida é bastante deprimente, atribui-lhe seus poucos momentos de felicidade: "Quando estou crente que estou bem, aí é que acontece alguma coisa ruim. A única coisa boa que tenho na vida, é meu santo". A maior parte dos entrevistados julga que a vida melhora a partir da iniciação, e dão graças ao seu santo padroeiro. Laura toma o cuidado de distinguir aquilo que é bom em sua vida, graças a Xangô, daquilo que não presta, por puro azar: "do lado de santo, sempre dei sorte. Meu azar é do lado de homem". Laura é negra, baiana de 25 anos, é muito pobre, e tem uma filha para criar. Quando tinha dezesseis anos, foi seduzida e abandonada por um rapaz. Ela veio então para o Rio de Janeiro, na companhia de uma senhora, cujo filho se tornou seu companheiro. É ele o pai da menina, mas Laura se declara bem infeliz: "Às vezes tenho vontade de largar tudo e voltar à Bahia com minha filha".

Laura "fez" o santo com sete anos de idade. Já estava acostumada com o ambiente, pois acompanhava a mãe quando ia às festas. Numa festa de *erê*, o santo "pegou-a", ela foi imediatamente levada para a camarinha para ficar recolhida. "Não senti medo, achei muito divertido". Isso aconteceu na Casa Branca, ou seja, no templo de Engenho Velho, o mais antigo dos templos da Bahia.

Com a iniciação, "a gente fica melhor, fica com pescoço mais leve, só tem bons pensamentos, deseja o bem para os outros". Essa curiosa maneira de falar, que jamais ouvimos antes, parece significar que a pessoa iniciada sente menos o peso dos problemas, o corpo e a alma tornam-se mais leves, livres dos pesares (no sentido etimológico da palavra).

Laura procura economizar, para, um dia, tornar-se *Ialorixá*. No momento, está ajudando o pai-de-santo a preparar um "barco" de noviças. Ela sabe que, para chegar a mãe-de-santo, é preciso oferecer muitas "obrigações", que custam caro. Mas tem certeza de que Xangô vai ajudar.

"Xangô é santo grande. Alguns Xangôs são bravos, o meu, não, é um Xangô menino". Como no caso de Sérgio, encontramos novamente a figura de Pai protetor e todo-poderoso, associado à imagem de menino. A percepção que Laura tem do orixá segue a informação dos mitos clássicos: "É mulherengo, gosta de dar uns passeios. Ele era casado com Iansã, mas quando viu a mulher do ouro, ficou maluco. Casou com ela, ficou com as duas mulheres". A "mulher do ouro" é Oxum. Laura, sem ouro nem marido, encontra o único conforto de sua vida atribulada no fato de ela encarnar o poderoso Rei Xangô.

Outro filho de Xangô, Fernando, relata a mesma revelação precoce, a mesma ambição, e, sobretudo, a mesma identificação com a majestade real.

Nascido no Maranhão, Fernando tem 28 anos. Seus pais não freqüentavam candomblé. Ele tinha apenas um ano e meio, quando adoeceu gravemente. Os médicos não sabiam mais o que fazer. Um dia, chegou em sua casa uma mulher pedindo esmolas. Ao saber da doença do menino, ela disse que não era doença material, mas sim do espírito. Afirmou ainda que deveria "fazer" o santo para ficar bom. "Minha mãe estava tão desesperada, que concordou. Me enrolou em panos e me levou para dentro do barracão. Saí curado".

O pai-de-santo daquele terreiro disse que Fernando não poderia ser iniciado ainda, por ser pequeno demais. Teria de fazer "obrigações" de sete em sete anos, para enfrentar os "trancos" que a "feitura" de santo implicava. Fernando, é claro, não se lembra de nada dessa história, foram os parentes que contaram mais tarde. Lembra apenas que, aos seis anos de idade, foi levado a um terreiro: "Achei lindo, era noite de lua cheia, o terreiro era uma praia de areia muito branca. Achei também muito engraçado aquela gente dançando e cantando ao som dos tambores. Fui apresentado ao pai-de-santo, que era um negro muito forte, ele me levantou no ar. Lembro muito bem da cena".

No ano seguinte, no dia do seu aniversário, Fernando "recebeu" o santo pela primeira vez. Caiu sem sentidos em cima da mesa e rachou a testa. Tem cicatriz até hoje. Uma senhora presente, e que "entendia das coisas", disse que precisava "fazer" santo. Mas Fernando só foi iniciado afinal, com a idade de 19 anos, "por causa de problemas físicos e espirituais".

A família foi contra. Os irmãos chamavam-no de macumbeiro, mas hoje em dia, nas horas de aflição, todos recorrem a ele, para que peça ajuda aos santos. Depois da iniciação, Fernando nunca mais ficou doente. Atualmente, ele está juntando dinheiro para fazer a obrigação de sete anos e, em seguida, abrir seu próprio terreiro. "Eu preferiria não assumir essa responsabilidade, mas o santo está pedindo".

Fernando julga que ele tem o mesmo temperamento do orixá: "Não é só por ter feito o santo, eu também procuro seguir os caminhos do meu orixá". Vê-se que o dono da cabeça é claramente colocado como modelo de comportamento.

"Xangô é justiceiro e calmo, mas quando se irrita fica perigoso e castiga. Eu também sou assim. Se alguém me faz mal, sou capaz de punir severamente a pessoa". Seu orixá segundo é Oxum: "por causa dela tenho coração mole, não posso ver ninguém chorar sem correr logo para ajudar". O terceiro é

Ogun, "que me dá energia no calor da luta, quando estou brigando por alguma coisa". Juntando a violência de Ogun com a força de Xangô, Fernando não deve ser muito fácil de lidar quando se aborrece. Espera-se que a suavidade de Oxum consiga temperar a influência dos dois.

Vê-se que a identificação com os deuses que compõem o *enredo* é consciente. Fernando parece, até, tirar partido disso para impor-se no meio em que vive. Ao mesmo tempo, seu relato repete várias das trajetórias que já analisamos. Mais uma vez, irrompe uma vontade externa. É uma estranha, uma mendiga, que serve de mensageira dos deuses. Parece que, no primeiro tempo, o "Outro" impõe-se em sua total estranheza, afirmando suas exigências, utilizando todas as armas, e, particularmente, a doença, para designar o eleito, e forçar-lhe a submissão. No segundo tempo, as exigências são cumpridas, por meio dos rituais, quando o grupo cultural interpreta a vontade divina, e submete o noviço às leis do universo sagrado. No terceiro momento, que poderia constituir a síntese, o iniciado acabaria identificando-se conscientemente com esse "Outro" que os ritos lhe permitem manifestar, e passaria a desempenhar um papel ativo no seio da comunidade. A autoridade dos filhos de Xangô, até mesmo certo autoritarismo, leva-os a desejar assumir papel de primeiro plano. Todos, ou quase todos, querem fundar o próprio terreiro.

A trajetória de Antônio, no entanto, é bem diferente do comum do candomblé. Nela a vontade pessoal tem tanta importância quanto o apelo da transcendência. Isso explica a inconteste liderança que Antônio exerce.

Homem pardo, de 57 anos, ele nasceu em pequena cidade do interior do Espírito Santo. Teve problema de saúde, aos quatorze anos, "que não conseguia solucionar pela medicina". Foi consultar uma "senhora muito antiga que dirigia um Centro Espírita". Ela descobriu que Antônio tinha "poderes", e que toda a energia se acumulava nele, provocando dores de cabeça. Propôs ajudá-lo a desenvolver tais "poderes", e, aos poucos, ele foi melhorando. Ensinou-lhe rezas para curar febre, doenças de pele, mordidas de cobra... "Logo começaram a surgir os efeitos, com dezoito anos, já era bem conhecido como curador naquela região... Mesmo para parto, quando havia dificuldade, eu tinha mão boa mesmo, vinham me chamar. Eu era tomado por uma entidade chamada Maria Conselheira. Me botava uma saia, eu então ia auxiliar". Quando soube desse detalhe, Antônio não gostou, pensou seriamente em abandonar o curandeirismo.

Na época, outros "dons" se manifestaram: "Se eu olhava um passarinho que me agradasse, não posso bem dizer se admirava, se eu queria pra mim ou não queria, mas, no dia seguinte, o passarinho amanhecia morto. E eu não sabia corrigir esse meu olhar. Criança também eu olhava, e por mais que eu desejasse bem, a criança ficava um pouco adoentada. Eu tinha o olho de seca-pimenteira".

Convidado por um grupo de estudiosos paulistas que investigavam tais fenômenos, Antônio chegou à conclusão de que esse "mau-olhado" era devido a magnetismo forte demais, que era preciso aprender a controlar, para utilizar sem prejudicar ninguém.

"Vim me descobrindo essas forças. Certa ocasião fui rezar um gado, os bois estavam cheios de bicheiras, aí me chamavam pra rezar os bois. Eu estava cansado de rezar, já ia embora, com meu falecido pai, aí chegou um senhor com um boi puxado que 'tava cheio de bicheira'. Eu já tava cansado, estava com preguiça de rezar, fiquei olhando o boi, mas isso me mexeu por dentro, de eu estar com preguiça e o boi sofrendo. Assim que eu senti aquela pena do boi, vi as bichas caírem no chão. Aí disse comigo mesmo: então, não é a reza que cura as bichas, sou eu mesmo. Dali pra diante, só passei a olhar, a manifestar o desejo que as bichas caíam, e pela minha força magnética, as bichas caíam".

Descoberto o magnetismo, Antônio não mais rezou queimaduras ou mordidas de cobra, mas curava.

Chegou no Rio de Janeiro em 1939, para sentar praça. Faltou-lhe dinheiro, e ele descobriu em momento oportuno que tinha iguais poderes de divinação. Além de ganhar muito dinheiro com jogo de búzios, ainda conseguiu regime de favor junto aos oficiais. Foi no Rio de Janeiro que Antônio entrou em contato com a nova religião, que começava então a expandir-se, a Umbanda. Começou a freqüentar o "Centro" de Maria Bahiana, que parece ter gozado de certa notoriedade na época. Ela o iniciou numa variedade do culto chamado *Omolocô*, que, segundo dizem, mantém ligações com certos aspectos de magia negra[8]. Mais tarde, Antônio iniciou-se também em "ritual de Guiné"[9]. "Veio a aumentar muito os meus poderes".

Vê-se que as iniciações sucessivas de Antônio apresentam aspecto bem sistemático, delineando um currículo progressivamente mais complexo, como se Antônio se estivesse especializando nas diversas seitas, estagiando em cada uma delas. Acabou fundando seu próprio "Centro" umbandista, em subúrbio do Rio de Janeiro, que colocou sob a invocação de Ogun Beira-mar.

Ficou dez anos dirigindo o "Centro", "sentindo cada vez mais força". Mas houve muita perseguição na época, e Antônio fundou uma federação para agrupar os diversos centros do Rio de Janeiro, e defender os direitos dos umbandistas. Até hoje é presidente dessa confederação, e goza de grande prestígio. Mas Antônio sentia que nenhum dos cultos que aprendera bastava para dar soluções a todos os problemas que as pessoas traziam. Havia situações, que nem o magnetismo, nem os "passes" de umbanda, nem as "folhas" de Guiné sabiam tratar. Resolveu "iniciar-se na nação de Keto".

---

8. Conforme Cacciatore (1977), seria um culto originário de Angola, que parece ter sido absorvido por completo pela umbanda.

9. Desse ritual, só conhecemos a descrição de Cacciatore (1977): "culto afro-brasileiro bastante antigo mas pouco conhecido e que parece existir ainda em Minas Gerais e Rio de Janeiro. Seu atual Mestre-de-preceito (Chefe do terreiro) é Fabico Durumilá (nome ritual). Há também o Mestre-de-cerimônia (ogã colofé) e a Iá Kekerê (Mãe-Pequena). Trabalha com Exus, Caboclos e Tata Massambis (velhos negros-mina, antigos sacerdotes do culto). Anualmente seus membros são obrigados a visitar ritualmente o mar e a cachoeira, havendo, no retorno, a dança da fogueira, em homenagem a Exu. Quem cai em transe faz uma rápida iniciação, sendo feito também o 'assentamento' do orixá".

Fez santo "pelo lado do Gantois, com o Nezinho", há uns dez anos. Nezinho do Gantois, ilustre *babalaô* que já citamos, dirigia um templo nos subúrbios de Salvador, em Muritiba, sendo ele mesmo filho da Casa do Gantois, daí o apelido. Antônio resolveu, em seguida, fundar o seu próprio terreiro, em homenagem ao dono de sua cabeça, Xangô Ogodó. O templo é situado em bairro quase central da cidade do Rio de Janeiro (construído em terreno arrendado), e conta atualmente com mais de trinta filhos e filhas-de-santos, "feitos" por Antônio.

Esse tipo de trajetória não é incomum no Brasil, mas o relato de Antônio parece-nos exemplar: de curandeiro a vidente, "médium" da umbanda, e finalmente *Babalorixá* na religião nagô. Na idade madura, acaba aderindo às tradições africanas, afiliando-se ao Gantois, casa das mais antigas da nação Keto. Sua brilhante carreira não desperta apenas admirações: muita gente insinua que ele mistura umbanda e candomblé, e que a pureza dos rituais é precária. Antônio defende-se com energia: "Umbanda é umbanda, e candomblé não se mistura, principalmente a nação de Keto, onde não se admite traçar"[10].

Sua definição ilustra com precisão a escala de valores vigentes: "A umbanda vai até o nível do ginásio, e o candomblé é a universidade". Como pudemos observar, Antônio cursou literalmente todo o currículo das seitas.

Em sua história, nenhuma revelação mística, nem apelo da divindade. Ele é quem decide o que convém fazer. Não consulta o oráculo, e sua vida segue um plano coerente. Suas iniciações sucessivas são vestibulares. A voz soberana da divindade, a ruptura da vida profana, a renúncia à própria vontade, não estão presentes.

"Xangô", diz ele, "é a força que está dentro de mim". Os orixás são vibrações cósmicas, forças superiores que os africanos divinizaram. Antônio fala a linguagem da umbanda, na qual passou a maior parte de sua vida. As figuras dos orixás re-

---

10. Terreiro "traçado" é terreiro misto, com prática de umbandismo, espiritismo, etc., misturados com candomblé. Os terreiros traçados ocupam a mais baixa cotação na hierarquia latente de que falamos no capítulo 5.

presentam uma expressão "mitológica" dos grandes princípios cósmicos. Não são deuses pessoais, mas sim grandes correntes de energia que se aprendem a canalizar. Embora Antônio afirme o valor das tradições africanas, no seu discurso, Xangô aparece como um dos nomes possíveis para designar certa qualidade de "energia magnética".

Com Nair, a última das filhas do Rei, voltamos, porém, à personalização do dono da cabeça.

Nair é uma menina de treze anos, que se encontra ainda recolhida no terreiro, pois acaba de ser "feita". Miúda, magrinha, retraída, nasceu no Nordeste. Seu pai morreu, e Nair vive com a mãe no Rio de Janeiro, junto com uma irmã solteira. Os demais filhos (mais quatro) estão casados, sendo que Nair é a caçula.

Aos seis anos de idade, adoeceu. Desmaiava a toda hora, e os médicos não sabiam o que fazer. Uma de suas irmãs a veio buscar para levá-la consigo para o Rio de Janeiro, contando que a mudança de ares lhe fosse benéfica. Não deu resultado. A irmã já freqüentava o terreiro, e o pai-de-santo aconselhou a iniciação.

Nair mostra-se muito orgulhosa de ser *iaô*. Foi, de longe, a melhor coisa que lhe aconteceu. "Antes, vivia numa maré de azar, tirava notas baixas no colégio, agora tudo já começou a correr bem. Tudo o que eu quiser, vou conseguir". Xangô Ogodó até ajudou a passar numa prova. O que mais a encanta é o prestígio que passou agora a desfrutar em casa: "Todos estão orgulhosos de mim. Minha mãe disse que o dia de minha 'saída de santo' foi o mais feliz de sua vida".

O orgulho faz parte das características dos filhos de Xangô, e Nair mostra isso claramente: "Sinto-me orgulhosa de ser filha de Xangô. Tudo que eu preciso, ele me dá. Todos os filhos de Xangô são bons como ele. Eu própria sou boa, em primeiro lugar, porque sou filha de Xangô, em segundo lugar, porque nasci assim".

A humildade não combina com o quarto rei de Oyo, nem com seus descendentes míticos. Não costumam cultivar a falsa modéstia.

Nair sonha muito com seu orixá: "Ele estava em cima de um monte de pedras, que pedra é dele, olhando para mim. Aí ele dizia: – minha filha, em primeiro lugar, Deus é muito bom para você; em segundo lugar, eu estou te protegendo. Eu fiquei um pouco assustada. Aí saí. Andava, andava, andava, e ele atrás de mim. Aí eu caía num buraco e ele pegava uma corda e me puxava. Quando saía eu encontrava meu pai-de-santo todo sorridente. Aí Xangô me abraçava e perguntava o que eu queria. Aí eu dizia que queria ir embora para casa. Então ele dizia: – não, você não vai, se você for, eu fico com raiva de você. Eu respondia: – então eu quero ir para onde estou. Eu vinha e ele vinha comigo. Aí eu chegava e ele desaparecia. Aí eu o procurava e ele baixava em mim".

Até mesmo na fantasia, no sonho, o dono da cabeça é dominador. Protege os filhos, mas exige obediência. É pai carinhoso, mas autoritário. No sonho, Nair é colocada entre a vida cotidiana, a casa – mãe simbólica – e a submissão ao deus, o templo – o pai mítico.

O dono da cabeça é situado como Potência exterior à personalidade, mas, a partir do momento em que seu poder é reconhecido, encarna-se na sacerdotisa. Vale dizer: o reconhecimento da alteridade é condição indispensável para estabelecer a unidade do ser. A fusão com o deus parece operar a mesma síntese que hipotetizamos antes: Xangô afirma seu poder, segue a noviça no templo, desaparece, ela procura-o, e ele reaparece nela. Do mesmo modo que no caso de Fernando, a identificação consciente com o dono da cabeça parece apoiada em síntese profunda.

Entre os filhos dos deuses, os de Xangô apresentam-se até agora como os mais conscientes da sua semelhança com o pai mítico. Tal parecença, no entanto, é alcançada mediante o reconhecimento da existência do "Outro" e do seu poder. Menos distante do que Oxossi, menos ameaçador do que Obaluaê, Xangô representa uma imagem paterna e real, que inspira confiança e orgulho, como Nair diz tão bem: "Xangô Ogodó é muito bom, muito protetor, muito corajoso. É o dono da casa e o dono da minha cabeça".

Duas filhas de Iansã

Dalila é filha de Iansã de Balé, a deusa que se veste de branco para mandar nos espíritos dos mortos. No dia de sua festa, dança, majestosa, rosto severo e fechado, atraindo os *Egun* à sua volta, para depois afastá-los, braços estendidos. Sendo uma das Grandes Mães, chega levando na cabeça grande bacia cheia de acarajés, que distribui aos assistentes.

Negra forte, e bonitona, muito bem conservada em seus cinqüenta e dois anos, Dalila não apresenta essa severidade. Para dizer a verdade, antes eu a vira dançar como Iansã de Balé, e não a reconheci. Desaparecidas a gravidade e a majestade da Rainha dos Mortos, Dalila é uma comadre muito divertida. Inteligente e viva, sabe contar muitos casos, com toque de malícia bem pessoal.

Irmã e neta de mãe-de-santo, por assim dizer, nasceu no candomblé. Em criança, freqüentava o terreiro da avó. "Tudo o que eu queria na vida, era ser *ekedi* e *Oxaguiã*. Botava uma roupa bem branca, e sentava na primeira fila. O santo suspendia *ekedi*, *ogã*, nunca eu".

Um dia, sentiu-se mal durante uma festa. Jogados os búzios, disseram que "o santo queria ser raspado". "Eu não queria, na festa de Oxaguiã, fui cobrar dele a suspensão. Ele disse que era por isso que não podia me suspender. Sabia que Iansã queria ser raspada. Aí me conformei, e fiz todas as obrigações". Mais uma vez o dono da cabeça é vivenciado como vontade estranha. Dalila sonhava ser *ekedi* de Oxaguiã, que é, como saberemos mais tarde, seu orixá segundo. Mas ela pertence a Iansã, que decidiu de outro modo. Não se escolhe o deus. Ele é quem dispõe dos fiéis, a seu bel-prazer.

Dalila foi iniciada em terreiro da Baixada, que possui afiliação com a Casa Branca do Engenho Velho. Sua mãe-de-santo era filha de Oxalufã (Oxalá velho), casada com "africano" de muito saber. Quando a mãe-de-santo morreu, Dalila refez as obrigações no terreiro de sua avó, e, após a morte desta, no templo atual. Ela tinha 24 anos quando foi iniciada.

Ela rejeita as interpretações comuns, que atribuem à iniciação valor terapêutico ou profilático: "Não senti a menor alteração particular na minha vida ou na minha pessoa. Apenas me tornei responsável, nas minhas obrigações. As pessoas costumam atribuir todas as suas dificuldades a erros do pai-de-santo (durante a "feitura"). Isso não é verdade. O que acontece é que quando a pessoa larga o santo de lado, ele a castiga. Mas ele não a livra das dificuldades da vida". Opõe-se, portanto, a muitas opiniões registradas aqui mesmo, conforme as quais todos os problemas desapareciam com a iniciação. Segundo Dalila, iniciação não é remédio. Se a pessoa adoecer por ter desprezado o chamado do orixá, vai evidentemente melhorar depois de submeter-se a essa vontade. Criada no candomblé, Dalila insiste no valor religioso, não mágico, dos rituais iniciáticos.

Todos os seus filhos praticam a religião nagô. Por mais de trinta anos, Dalila viveu um grande amor com aquele que chama "meu falecido". Ela tinha vinte e dois anos quando o conheceu: "Eu vinha de cabeça baixa, e ele mexeu comigo. Olhei pra trás, vi aquele crioulo boa pinta, sorri para ele. Ele me acompanhou até minha casa, conversando. No dia seguinte, a gente saiu junto, aí é que foi o negócio". Ela já tivera vários namorados, mas desta vez era para valer. Quando ela ficou grávida, resolveram morar juntos, mas nunca casaram. "A gente brigava, ele saía de casa, voltava". Ao sabor das reconciliações, tiveram cinco filhos. Ele também pertencia ao mundo do candomblé. Era filho de Oxalá, e seu pai era importante *babalorixá*. Apesar disso, não aceitava bem as ocasiões em que Dalila tinha de ir ao terreiro para alguma obrigação. "Ele me conheceu assim, não podia reclamar. Falava que ia sair de casa se eu fosse para o terreiro. Eu ia, ele saía. Meses depois, voltava dizendo que não podia viver sem mim. É isso mesmo: ele era muito gostoso, mas mulher como eu, ele não ia encontrar!" Faz três anos que faleceu, numa época em que estavam separados. Dalila vive atualmente com um filho de Ogun, que já conhecera do tempo do falecido, numa de suas inúmeras separações. Seu companheiro atual é bem menos exigente, gosta de dançar, e costuma convidá-la, de repente, "para farrear". Dalila adora esses imprevistos. Brigam muito, mas se dão bem.

O filho mais velho é casado, pai de uma menina linda, que é o "xodó" da avó. Esse rapaz é filho de Nanã, não é *adoxu* (sem o que, o teríamos incorporado à amostra), mas *ogã* de Oxossi.

A filha mais velha é *iaô* de Omolu, a segunda *ekedi* de Oxum, a terceira, *ekedi* de Oxum em outro terreiro, e, finalmente, a caçula, que tem 17 anos, é *ekedi* de Iansã. "Meus filhos se parecem comigo, são muito carinhosos, me abraçam e me beijam o tempo todo". As relações familiares parecem de fato muito calorosas.

Com os pais dela, a coisa não era bem assim. Os pais preferiam a irmã mais velha, que se aproveitava disso para bater nos menores. Um dia, Dalila rebelou-se, todo mundo ficou contra ela, mas ela sentiu-se muito satisfeita por ter ido à forra.

Quando julga estar com a razão, Dalila briga até o fim. Relata como aconselhou o mestre-de-obra que a roubava quando construía sua casa a conseguir dinheiro de outra maneira que não a exploração de gente honesta e pobre (dito conselho é claramente impublicável). Dalila é aposentada, e procura gozar a vida em todos seus aspectos.

"Quero viver muito e aproveitar a vida. Não quero nem saber de morrer. Quero comer, tomar cerveja, ver tevê e fazer fofoca!" Dança muito bem, já participou de *shows*, e sai no afoxé[11].

Dalila transborda de vida, tudo o que diz é em tom de brincadeira: "Detesto gente metida. Não suporto que me chamem a atenção. Ninguém é mais do que ninguém! Eu sou muito sincera, se não gosto de alguma coisa, digo logo... Defeitos, eu? Não tenho, sou toda boa mesmo!", e como ri, ao dizer isso! Vende também saúde: teve todos os filhos sozinha, em

---

11. O *afoxé* é um grupo carnavalesco formado por gente de candomblé. No Rio de Janeiro, existe o grupo "Filhos de Gandhi", que desfila durante o carnaval, vestido de branco com echarpes azuis, dançando e cantando em nagô. Esse grupo tem em Xangô seu padroeiro.

casa, em partos rápidos, "para não acordar os outros". É uma senhora mulher.

"Iansã é muito quente, eu também sou. Não gosto de palpites, se eu sou assim é por causa dela".

A dona da cabeça é mais situada aqui em relação ao duplo do que à metamorfose. A história e o temperamento de Dalila se parecem muito com os mitos de Iansã: coragem frente à vida, amores sucessivos, tempestade e ardor, até mesmo os partos (lembramos a união de Iansã com Oxossi). O tema da rivalidade e da exclusão, constante nos mitos de Iansã, aparece claramente no relato de Dalila, quando fala dos preliminares da iniciação: "Sentava na primeira fila, o santo suspendia outra, nunca eu". Tal exclusão, embora justificada pela lógica da história, deve ter sido vivenciada de maneira bem marcante, para ser evocada deste modo, trinta anos depois.

A humildade não condiz com a deusa da tempestade, digna consorte de Xangô. Dalila ri muito ao declarar que não tem defeito, mas diz. Não há dúvida de que ela se identifica totalmente com a dona de sua cabeça. Isso não impede, contudo, que sua experiência mística seja igualmente vivenciada no modo da alteridade.

Criança, desconhece Iansã, só olha para Oxaguiã que deseja servir e que lhe revela sua qualidade de filha de Iansã de Balé. Suas relações com Oxalá são singulares: "enamorada" de Oxaguiã, por assim dizer, é iniciada por uma filha de Oxalá Velho e vive o grande amor de sua vida com um filho de Oxalá. Ocorre que seu orixá segundo, *ori ekeji*, a "outra cabeça", é de fato Oxaguiã, este Oxalá jovem a quem desejava agradar. Nossa investigação limitou-se a aprofundar o estudo das relações com o dono da cabeça, tarefa essa que nos pareceu suficientemente complexa para um começo. Temos de observar, no entanto, que as relações que se estabelecem entre o iniciado e o seu *enredo* desenham uma curiosa configuração de identificação. No caso de Dalila, parece que uma parte dela mesma, masculina, sedutora, leva-a contra a vontade, a manifestar a realidade de um "Outro" bem mais profundo, e tão verdadeiro, que no final do processo, a identidade mítica e a conduta pessoal se confundem, a tal ponto que, frente a Dalila, exclamamos: "É a própria Iansã!"

Sentimos quão completa é a visão da personalidade, no sistema nagô, e quanto temos por aprender, para chegar a aprender as leis do dinamismo interno que rege as relações entre os diversos "Outros" míticos. No caso de Dalila, podemos ao menos delinear a estreita relação que parece existir entre o duplo e a metamorfose. Em suas atitudes, Dalila representa a perfeita encarnação de Iansã, mas quando ela se torna a Rainha dos Mortos, porte e rosto transformam-se. É austera e majestosa. Ela identifica conscientemente Iansã como sendo seu modelo mítico, mas sua história mostra que ela nem se preocupava com ela, até que outra parte sua apontasse nessa direção.

A respeito do transe, ela declara: "Quando o santo está para vir, tenho uma emoção de sumir nas nuvens, de estar morrendo. De repente, não vejo mais nada. Quando volto, parece que estive fora há muitos anos". Viagem ao fundo de si e longe de si, ao mesmo tempo, morte e ressurreição: a essência da experiência mítica que parece situada no cerne da dialética morte/renascimento.

As filhas de Iansã parecem possuir, no mais alto grau, a capacidade de identificar-se conscientemente com o modelo mítico. Dalila nasceu no candomblé, toda sua família pertence ao terreiro. É preta e pobre. Cláudia é loura e clara, sua família é abastada, seus pais são católicos e ela estudou em colégio de freiras. Noiva de um médico, ela é estudante de psicologia, fazendo atualmente estágio em hospital psiquiátrico. Nada mais afastado da vida de Dalila; no entanto, quando uma fala de Iansã, parece que estamos ouvindo a outra: "Iansã é maravilhosa, alegre, decidida, forte, guerreira, que sabe se impor, persuasiva, inteligente. Também a considero inteligente. Tudo isso, me sinto em comum com ela. Eu jamais poderia ser de Oxum". Reaparece velha rivalidade.

O orixá segundo é Xangô, "ele é decidido, forte, como Iansã, sabe o que quer. Os filhos de Iansã são teimosos e caprichosos".

Filha da burguesia, Cláudia chegou até o candomblé por caminhos incertos. Quando estava no colégio de freiras, pensou ingressar no convento, "para ajudar as pessoas. Mas, lá dentro, entrei em contato com problemas políticos e homossexualismo". Decepcionada, Cláudia tentou cursilhos, grupos de encontro de jovens, mas nada encontrou que a satisfizesse. Mais tarde, procurou o espiritismo, e, em seguida, os "Centros" umbandistas, mas "só queriam tomar meu dinheiro". Passou também pelo divã do psicanalista, que abandonou para ensaiar diversas modalidades de psicoterapia. Diz ela que foi um psicoterapeuta que a encaminhou para o presente terreiro. "Estava muito desiludida, e apostei com o pai-de-santo que ele não ia conseguir me fazer acreditar em coisa alguma. Ele me pediu três dias de prazo, e conseguiu. Saí de lá me sentindo outra".

"A entrada para o candomblé foi a maior experiência de minha vida, uma experiência de renúncia, de simplicidade, de despojamento de si". Estudante de psicologia, com 28 anos, Cláudia considera a experiência mística sob o ângulo da integração da personalidade. Sem dúvida, isso explica a importância da identificação consciente com o orixá. Pouco se detém nos aspectos inconscientes. Reconhece, no entanto, que a iniciação não se processa como as pessoas imaginam. "Não recordo nada. Duvidava que fosse ficar inconsciente, mas fiquei". A coisa mais difícil de aceitar, para ela, é a matança, pela violência que representa. Mesmo sabendo o significado do sacrifício, não aceita. "Nunca poderia chegar a mãe-de-santo, porque sou incapaz de matar uma mosca".

A família de Cláudia ficou muito chocada com sua conversão. O noivo aceita, mas com receios, "acha difícil compreender o que está acontecendo". O pai dela achou "um absurdo".

Podemos também perguntar se a entrada de Cláudia no candomblé, tão própria para chocar os pais, e assustar o namorado, ocorrida no final de procura existencial um tanto sistemática, sem nenhuma motivação específica, não será fundamentalmente diferente da adesão dos demais entrevistados. É possível também que a formação de Cláudia a impeça de expressar-se numa linguagem que não seja racionalista. Além do mais, seria muito presunçoso emitirmos juízo de valor a respeito da autenticidade das vocações que examinamos. Tanto o discurso como as motivações de Cláudia diferem do testemunho dos demais iniciados. Não é menos verdade que em relação à identificação consciente, Iansã aparece conforme o modelo mítico tradicional: guerreira, ardente, orgulhosa e forte.

Oxum: a melhor das mães

Sabina é mãe-de-santo e, por isso, teve de "assentar" todos os orixás, mas não deixa ninguém ignorar que o dono de sua cabeça é Oxum. "Eu sou de Oxum, com muito prazer, tenho muito orgulho. Ela é uma mãe muito bacana. Todas as mães têm que ser igual a ela. Melhor do que ela não existe. Tem uma lenda que diz que Oxum é falsa, mas eu não acredito. É uma lenda que existe com Obá, até muito conhecida[12], mas eu não acredito. Para mim, ela é bacana, muito bacana demais. Tudo que tenho, agradeço a ela. Tudo de bom que tenho agradeço a ela. De mim não tenho nada, tenho problemas como todos nós temos. Tudo que peço a minha mãe, com fé, ela me atende. Às vezes demora um pouquinho, que as coisas dela é meio demorada. É muito calma, né? Eu sou feliz e orgulhosa de ser filha de Oxum".

"Tem umas pessoas que, por despeito, dizem que os filhos de Oxum são orgulhosos. Que é que eu vou fazer? Sou filha da Oxum, né?

Dizem que ela não briga, que vence tudo na calma. Inclusive na guerra.

Quando foram convidar ela para lutar, ela estava se aprontando: se arrumando, se penteando. Foi tomar banho, foi pentear o cabelo, se perfumar... e assim o tempo passou. Quando ela acabou de se arrumar, quando resolveu sair:

– Onde você vai, Oxum?

---

[12]. Trata-se evidentemente da estória da orelha cortada de Obá.

– *Na guerra.*
– *Já acabou.*
Eu sou assim também. Eu levo tudo na paz, na calma". Sabina, como Dalila, nasceu no candomblé. Toda sua vida é comandada pelo serviço dos deuses. O santo exigiu um templo, e escolheu Sabina, enquanto havia no terreiro outras sacerdotisas capacitadas, com muito mais anos de "feitas".

A suavidade e a mansidão de Oxum não impede que se saiba fazer respeitar:

"Tinha uma festa e Omolu chegou, uma festa muito bonita. Tinha gente grã-fina, inclusive minha mãe né? Ela estava muito bem vestida, muito perfumada, nem precisa dizer. Aí Omolu chegou e pegou no vestido dela dizendo que era muito bonito. Ela empurrou a mão dele pra lá. Disse que o vestido dela era muito bonito, mas que não tocasse nele porque foi o marido dela que deu". Aquilo que pertence a Oxum, é só dela. É o caso de Sabina. Por mais que coexistam nela todos os orixás do *enredo* sagrado, não deixa lugar a dúvidas. São os deuses, vivenciados como forças externas da personalidade, que impõem sua vontade em todos os instantes da vida de Sabina. Mas a partir do momento em que aceitou de manifestar Oxum, ela é a deusa, a Grande Mãe benevolente, que se sabe impor, pela suavidade sorridente. Sabina transmite impressão de total integração entre o modelo mítico e a personalidade individual. Quando Oxum se manifesta, ela se torna ainda mais graciosa, ainda mais suave, ainda mais materna. Ao vê-la, todos gritam, convictos: "*Ora iê iê ó!*" (Salve, Mãe benevolente).

Os filhos de Xangô e de Iansã expressam antes de mais nada orgulho e altivez. Sabina mostra que as filhas de Oxum possuem outra característica: o gosto da felicidade. "Eu sou feliz de ser filha de Oxum". A alegria, o gosto da beleza, a atração por todas as coisas que dão prazer, domina a visão do mundo das filhas de Oxum.

Renata tem dezenove anos, é preta, roliça, bem-humorada, muito extrovertida. Encontra-se em fase de recolhimento no terreiro, pois acaba de ser "feita".

Ela estava preparando vestibular de medicina, e teve de parar os estudos para "raspar o santo". Filha única, é noiva e pretende casar no ano que vem. Gosta de baile, de esportes, da vida ao ar livre, das crianças. "Acho que nunca vou ficar velha". Seus pais, bem como os do noivo, sempre freqüentaram o candomblé. "Já era esperado" que ela se tornasse filha-de-santo. Seu noivo não é praticante, mas não se opôs.

Renata passou recentemente por uma série de problemas, em vários setores de sua vida, para os quais não encontrava solução. Não conseguia concentrar-se nos estudos, brigava à toa com o noivo, sentia-se muito nervosa. Chegou a consultar um psicanalista, mas não houve melhora. "Então resolvi fazer o santo para abrir os meus caminhos". Sente-se bem melhor agora, e tem certeza de que tudo vai dar certo.

"Acho o máximo ser filha de Oxum. Ela vive na cachoeira, é bonita, vaidosa, linda mesmo. É muito rica e senta em trono de ouro. Ela gosta muito de ouro". Oxum parece ser a deusa do superlativo. Brilha de toda a magnificência do ouro e da beleza. É o mais sedutor dos modelos míticos.

A sensibilidade é característica que todas vão assinalar: "Ela é muito emotiva, chora à toa. Eu vejo por mim mesma, sempre fui emotiva desde pequena, chorava à toa". A modéstia não permite que a filha se identifique com Oxum pela beleza, resta, portanto, a sensibilidade à flor da pele. Renata é muito suscetível, magoa-se com pouca coisa, e fica remoendo a mágoa. "Quando faço alguma coisa errada, fico dividida entre pedir desculpas ou deixar como está. Vou adiando a hora de falar com a pessoa, e acabo não falando". Igual a Oxum partindo para a guerra, ela espera que as coisas se resolvam por si.

Oxum é mãe superprotetora. Nunca castiga os filhos, sempre perdoa. "Ela não deixa os outros orixás me bater. Quando, antes, me revoltava e não queria fazer as obrigações, mesmo assim ela nunca me castigou". Quando Renata tem de tomar uma decisão, pede-lhe ajuda, e assim escolhe sempre a melhor opção. "Ai de mim se não tivesse ela na cabeça!"

O orixá segundo é Oxaguiã, "que é orgulhoso e senta em trono de prata. Ele é menos gentil que Oxum. É dele que tomei o orgulho e o gosto pela prata". De fato, contrastando com as demais filhas de Oxum, que geralmente se cobrem de ouro, Renata só usa jóias de prata. Seu Oxaguiã é muito poderoso. Tem muita influência sobre ela: "Oxum e Oxaguiã disputam minha cabeça, eu não posso dar nada a um, sem dar igual ao outro". Renata mantém relações de franca familiaridade com seus orixás, que trata e vê como pessoas reais. Um sonho mostra claramente esse aspecto: "Sonhei que o Pai-pequeno conversava comigo e me dizia de falar com Oxum, para dizer que não iria deixar de gostar dela por causa de Oxaguiã. Telefonava para ela, e tudo ficava bem".

Parece faltar firmeza à identificação mítica de Renata. Orgulha-se de ser filha de Oxum, mas ela usa as pratas de Oxaguiã. Podemos supor a presença de um conflito interno, que a iniciação não conseguiu resolver. Embora o *enredo* esteja presente, o dono da cabeça exerce inconteste predomínio. Na Bahia, ouvi muitas vezes dizer: "A gente só tem um pai, o outro é o padrinho", para significar o domínio que o dono da cabeça possui sobre o filho.

Renata sabe disso: "a gente já nasce com o santo. O santo sabe que a criança que ainda está na barriga é dele". Apesar dessa certeza, parece que Renata, como Carmen em outro tipo de conflito, ainda não conseguiu integrar os "duplos" de maneira harmoniosa.

Com pouco mais de idade, Dora parece totalmente dominada pela identificação com Oxum. Ela também acaba de "raspar", e encontra-se recolhida. Negra, pequena, magra e muito bonita, tem 23 anos e está encantada de ser entrevistada, adotando poses de manequim o tempo todo. Solteira, mora com a mãe e duas irmãs. Sua mãe é pessoa de gênio difícil, mas Dora acha que ela leva jeito para lidar com ela. Ela mesma descreve-se como pessoa calma, comodista, gosta de jóias, de perfume, de música.

Trabalha como datilógrafa (sic), desde os dezoito anos. Logo que começou a trabalhar, tinha dor de cabeça, dormia mal, com pesadelos horríveis onde via caixões, e sapatos pretos, em volta de um vestido de noiva. Acordava gritando. Tinha medo de ficar sozinha. Caía na rua, via tudo rodar, ouvia vozes, e ficava apavorada. Sua mãe "entendia de candomblé", mas, no início, Dora não comentava nada em casa. Tomava muitos tranqüilizantes, sem resultado algum.

"Eu me sentia num quadradinho, sem poder sair para nenhum lado". Vemos que Dora apresentava síndrome fóbica clássica. Acabou conversando com a mãe, que explicou que tudo isso era ligado aos orixás.

Lendo uma reportagem sobre determinado pai-de-santo, resolveu consultá-lo. Quando soube que teria de "raspar o santo", ficou apavorada: "Meu Deus do céu, como é que eu vou trabalhar careca?"

Depois de analisar a situação, resolveu fazer o santo de uma vez, para acabar com os problemas. Sua mãe ficou contentíssima. "Todos que vieram à saída do meu santo comentaram que eu estava linda. Antes, estava preocupada, não sabia dançar, mas na hora, tudo correu bem". As colegas de trabalho assistiram à "saída de *iaô*". Dora sente que elas ficaram com certa inveja: uma delas necessita "raspar" também, mas não teve coragem.

Parece fora de dúvida que a iniciação permitiu que Dora recuperasse uma auto-imagem favorável, auto-imagem essa que se foi degradando à medida que ela entrou no mundo do trabalho. Seu triunfo total, já que conseguiu – até que enfim! – impressionar as colegas de escritório. Dora deixa de ser apenas uma humilde datilógrafa (sic), entre tantas, no Rio de Janeiro. Doravante, ela manifesta a presença da Dama do ouro, deusa da beleza. "Agora, as dificuldades acabaram. É como se eu tivesse renascido, como se eu tivesse quinze anos novamente. Durmo bem, me sinto livre". No caso de Dora, a iniciação desempenhou nítida função terapêutica. A identificação com o modelo mítico é muito consciente: "Oxum é orixá que sofreu muito, tem um sentimento guardado com ela, uma mágoa. Me influencia, eu choro à toa. Eu também, como ela, gosto das coisas caras, de boa qualidade. Eu também sou vaidosa, gosto de ficar um tempão diante do espelho. Oxum é muito rico. É por causa dela que eu quero subir na vida, que sou ambiciosa e também comodista".

Tal como a dona de sua cabeça, que "fica em casa e estende a mão para a riqueza" (VERGER, 1965: 248), Dora espera que a vida tudo lhe traga, pelo simples motivo dela ser filha de Oxum. Do mesmo modo que a maioria das *iaô* que acabaram de ser iniciadas, ainda não parece ter tido tempo suficiente para elaborar internamente a transformação sofrida. Sua relação como orixá parece situar-se mais no plano da contemplação de auto-imagem glorificada, de "eu ideal", fornecido pela cultura à qual pertence.

Ao passo que Renata e Dora são descendentes de africanos, e encontraram no berço, por assim dizer, os conceitos que lhes permitem elaborar suas vivências em termos de candomblé, Mônica e Joelma são brancas, e provêm de meios protestantes, fundamentalmente hostis às religiões africanas. Por isso, a semelhança entre as quatro *adoxu* impressiona ainda mais.

Mônica, trinta e três anos, morena, simpática, mostra-se muito cooperante na entrevista. Até o ano passado, ela morava junto com os pais, que vieram do Nordeste, trazendo consigo os oito filhos. Mônica trabalhava em secretariado. No ano passado, de repente, abandonou tudo para dedicar-se ao candomblé.

Desde a infância, tinha "visões" e premonições. Às vezes, quando alguém da família ia falecer, ela "recebia o aviso" antes: sonhava que a pessoa estava deitada numa cama cheia de flores. Era morte na certa.

Os seus pais são Testemunhas de Jeová, e, em pequena, Mônica participava ativamente das atividades do grupo religioso. De repente, sem nenhuma razão aparente, "comecei a me sentir perdida, sentia tonteiras, desmaiava em cima da máquina de escrever (sic). Tinha dores de cabeça, não ouvia as buzinas dos carros, quase morri atropelada, mais de uma vez". Os médicos não encontraram motivo algum para tanta perturbação.

Uma colega de trabalho aconselhou que procurasse determinado pai-de-santo. Mônica "tinha muito medo de macumba", e hesitou bastante antes de ir ao terreiro. Foi assistindo a algumas festas, até que, um dia, pediu para jogarem os búzios para ela. Soube então que seu problema não era físico, mas espiritual: "É santo". De início, recusou-se. As colegas, no entanto, acabaram por convencê-la. Seus pais reagiram contra sua decisão, e Mônica disse que era apenas uma experiência. As vertigens e as dores de cabeça foram sumindo, ela voltou a viver normalmente, e resolveu então entrar de vez para o candomblé. Acha que sua vocação é essencialmente religiosa: "Se eu não estivesse aqui, estaria num convento". Saiu do emprego, desligou-se totalmente do mundo exterior, e entrou no terreiro para ser "raspada". Uma vez por mês, visita os parentes. Fora isso, permanece no templo, cuidando das pessoas que vêm à procura de ajuda. É ela o braço direito do pai-de-santo.

A agitação do mundo desagrada-lhe. Não gosta de sair. Desde que chegou ao Rio de Janeiro, há dez anos atrás, o burburinho da cidade grande lhe meteu medo. Lembra com saudades da fazenda dos avós, em Pernambuco. Sua necessidade de retiro é evidente. Mas, por que o candomblé? Por que Oxum?

"Eu a vi. Eu estava num caminho cercado de plantas e de flores, como se fosse um jardim, na entrada de um palácio. Numa colina, havia um castelo, e Oxum vinha descendo as escadarias com suas roupas douradas e finíssimas arrastando-se nos degraus. Era uma mulher bonita com cabelos longos que o vento sacudia".

Essa linda princesa nos degraus do palácio parece vir, em linha direta, do imaginário europeu, que a literatura de cordel tem divulgado em todo o Nordeste, e particularmente no Estado de Pernambuco, onde Mônica nasceu. De novo, deparamos com imagem narcisista, notavelmente idealizada.

"Oxum é calma, como as águas. Eu também sou muito calma. Ela mora num palácio, diante do qual existe um riacho, onde ela toma banho. É muito calma, e também dengosa. Sempre as pessoas trazem uma característica do orixá.

Essa relação existe desde que a pessoa nasce, mesmo que não raspe o santo".

A semelhança independe da vontade individual. A identificação com o modelo mítico dá segurança e permite, talvez, alcançar glória e riqueza: "Eu sei que vou ser alguma coisa um dia. É dela que tenho essa segurança. As filhas de Oxum vêm do ouro. Sabem fazer valer seus direitos na hora exata. As filhas de Oxum são boas mães e boas filhas, como ela. Talvez eu venha a ser uma mãe-de-santo famosa".

Para Mônica e felicidade consiste em ascender aos mais altos cargos do candomblé. A sorte de ter nascido filha de Oxum basta, para assegurar-lhe o êxito. Joelma, outra filha de Oxum, demonstra a mesma confiança, e também certa alegria de viver que parece própria das filhas da Mãe do ouro: "Minha vida é ótima. O que tenho de melhor é meu santo. Tudo que tenho de bom, eu obtive através dela, boa saúde, e bom marido!"

Joelma é baixinha, gordinha, sorridente. "Raspou" o santo no ano passado, e está atualmente no terreiro para fazer as obrigações. Casada, tem 24 anos, e não trabalha fora. Seu marido é empregado em firma de transportes, e por enquanto o casal não tem filhos. Joelma gosta de falar do pai, jardineiro, e da mãe, costureira. Ela passa os fins de semana junto com eles, a casa fica cheia de amigos. Tem muitos irmãos e irmãs, e todos dão-se bem.

A avó era batista, e Joelma seguiu essa religião até a idade de treze anos. "Certa tarde, estava na porta de casa, ouvindo a Ave-Maria de Júlio Louzada quando, de repente, me senti tonta, com mal-estar. Entrei em casa e comecei a chorar. Os problemas começaram. Me sentia nervosa, triste, achava que o mundo para mim não adiantava mais nada, não dormia, não comia, vivia chorando pelos cantos". Tomou horror pelo pai, que antes era seu melhor amigo. Detestava vestir-se, pentear-se, tomar banho. Tomou tranqüilizantes, sem resultado. No fim de quatro anos com esse tipo de problema, "pesava 37 quilos e me sentia a beira da loucura".

Uma vizinha disse que era mediunidade, e os pais levaram-na a um Centro espírita, onde o Pai aconselhou a suspender a medicação. Joelma obedeceu, e melhorou. Em seis meses, ficou boa. Entre os 18 e os 20 anos, dedicou-se a umbanda, e só recentemente passou para o candomblé.

Pouco depois de começar a freqüentar o terreiro, conheceu o rapaz que hoje se tornou seu esposo. Os pais, no início reticentes, aderiram à umbanda. O marido respeita sua religião. Toda a família assistiu à "saída de *iaô*". Ficaram muito comovidos.

"Fazer o santo não muda a pessoa, mas sua vida fica mais fácil. Desde que raspei o santo, meu marido mudou de emprego e já teve dois aumentos em três meses". Joelma tem, da iniciação, visão predominantemente mágica. A dona de sua cabeça tratou-a duramente, levando-a à depressão e anorexia. Agora que Joelma lhe obedeceu, acha natural receber vantagens daí para diante. Oxum, no entanto, não é vivenciada apenas como poder externo. Joelma identifica-se conscientemente como modelo mítico: "Oxum é uma moça muito bonita e formosa. É dengosa, chora por qualquer coisinha. Quando eu me conforto da mesma maneira, meu marido comenta: '*Filha de Oxum é assim mesmo*'". Com Joelma, afirma-se certa tendência que já se havia delineado antes: a possibilidade de manipular os demais, graças às peculiaridades do dono da cabeça.

"Eu tenho o mesmo temperamento. Sou muito carinhosa. Como ela, tenho pavor de doença, e de falta de dinheiro. Quando estava para casar, vivia com medo de não ter dinheiro bastante. Acabou sobrando".

Fortuna, amor, saúde e felicidade, acompanham os passos da Oxum, e, por conseguinte, de suas filhas. O gosto pela felicidade é, nelas, dom de nascença: "Nasci assim, não fiquei assim só depois de raspar". O período depressivo que começou na adolescência representou, portanto, total desvio da vocação verdadeira de Joelma. Seu orixá segundo é Iansã, "mais estourada, de briga, de guerra. Quando as pessoas me atingem, eu reajo. Poderia deixar passar, mas vem aquela força maior, que me obriga a reagir. Isso é por causa de Iansã". Pelo que sabemos da rivalidade entre essas deusas, podemos prever muitos conflitos internos. Como no caso de Sabina, porém, aquilo que pertence a Oxum, é só dela. Joelma relata um sonho que deixa bem claro o predomínio de Oxum sobre Iansã: "Sonhei com ela. Eu estava num terreiro que eu tinha construído. Coberto de palha, com chão de terra. De um lado, era o assentamento de Iansã, e do outro, o de Oxum. Eu via uma saia amarela, brilhante, fora do comum. Não via o rosto porque estava muito longe. Se pudesse chegar até lá, eu teria conversado com ela, mas acordei".

Com apenas um ano de iniciação, Joelma ainda não conseguiu elaborar uma imagem completa de Oxum. Pressente a deusa, não a vê. Só lhe percebe a cor, amarelo brilhante, incomum, luzindo na penumbra. É a saia da Oxum, tem forma de grande sino de ouro, é símbolo de gestação, da felicidade de ser Mãe.

Seja qual for o estrato da população em que se situam, as filhas de Oxum revelam a mesma consciência de pertencer à Grande Mãe benevolente. Em graus diversos, integram a imagem mítica em seu próprio ser. Nesse aspecto, Sabina fornece o exemplo mais perfeito de síntese entre o "Outro" sagrado e a identidade pessoal.

Uma filha de Iemanjá: a paz que chega do mar

Entre as *iaô* recentes que entrevistamos, uma só é de Iemanjá. É Isabel, 23 anos, branca, descendente de norte-americanos. "Meus avós paternos eram americanos, e, como todo americano, protestantes". Isabel estuda química, seu pai é general, espírita. Sua mãe tinha pavor a espiritismo, candomblé e umbanda, e todos em casa seguiam a religião dela. Certo dia, porém, uma amiga a levou para o terreiro, ela gostou, voltou, e trouxe toda a família. Isabel recusou-se a acompanhá-la. O pai-de-santo recorreu a um ardil: mandou-lhe dois recados contraditórios, por duas pessoas diferentes. Sem entender coisa alguma, Isabel foi para o terreiro esclarecer a mensagem. Ficou lá. "Sabe que até hoje não descobri qual era o recado!"

"A decisão de raspar o santo foi inteiramente minha. Ninguém me obrigou. Se eu me sentisse obrigada, aí mesmo é que não fazia". É a primeira vez que uma *iaô* nos fala nesses termos. A maioria contou que a iniciação fora resultado de uma submissão, exigida pelo dono da cabeça mediante provações. Isabel, agora, fala em livre-arbítrio: "Eu resolvi raspar, devido a longo período de azar. Meu corpo estava enfraquecido, agora me sinto bem mais forte. Se nossa parte espiritual está bem, o físico fica mais forte".

Isso não quer dizer que a pessoa nunca mais adoeça, "mas nunca será nada de grave". Curiosa atitude, a de Isabel, que se apresenta de modo racionalista, para, logo em seguida, brindar-nos com interpretação estritamente mágica dos efeitos da iniciação.

Na camarinha, "passei a maior parte do tempo meio tonta, dormindo muito, não me lembro das coisas. São três meses de recolhimento. Depois, durante um ano, ainda há restrições. É necessário, porque a pessoa sai de uma aura tão pura que tem que amortecer o choque com o mundo". O discurso de Isabel não fala a linguagem do candomblé. Fala de "aura", e descreve os orixás do modo seguinte: "Não são figuras, são vibrações da natureza. Iemanjá é uma vibração do mar. Com a feitura do santo e com o cumprimento das obrigações, a gente entra na vibração do orixá. Essa sintonia de vibrações reforça as características da pessoa, que se torna semelhante ao seu orixá. Fazer o santo é como uma luz que tenta passar através de um vidro sujo.

Quando se limpa o vidro, a luz passa melhor". Isabel fala a língua da umbanda, na qual tudo no mundo é vibração[13]. Não encontramos mais a encarnação das Potências. O "Outro" desagregou-se em miríades de partículas. A sacerdotisa, quando

---

13. O *Dicionário* de Cacciatore (1977) assinala que os "orixás são o poder que determina e comanda a vibração de certo elemento ou força natural [...]. Os trabalhos de magia agem através das vibrações das forças dos elementos empregados".

muito, transmite uma mensagem. Não manifesta Presença alguma. "Iemanjá é a calma e a tranqüilidade". A Grande Mãe africana que dá a possibilidade de ser no mundo tornou-se símbolo abstrato.

Uma filha de Oxalá velho

Ao passo que suas companheiras aceitaram as entrevistas de muito bom grado, Maria Rita recusa-se a falar, de imediato. Não por ser tímida demais. Tem medo do ridículo: "Só sei dizer besteiras, o Pai vai brigar comigo". Com sessenta e seis anos de idade, Maria Rita é analfabeta. As outras *iaô* do terreiro passaram quase uma hora, procurando convencê-la a falar. Concorda afinal, mas com a condição de não gravar.

Iniciada a entrevista, é uma verdadeira enxurrada de palavras, difícil de anotar. Mineira, Maria Rita cedo ouviu falar nos orixás. Dá a entender que seu pai fora sacerdote na umbanda. Órfã, ela teve de trabalhar em casa de família. Foi com uma dessas famílias que se mudou para o Rio de Janeiro.

No Rio, conheceu um rapaz pelo qual se apaixonou. Viveram onze anos juntos, sem casar. Tiveram um filho homem. O companheiro adoeceu gravemente, teve de ser operado de um rim. A toda hora, pedia ao médico que cuidasse de Maria Rita, no caso de ele falecer. Este insistiu, então, para que casassem. Maria Rita nunca "ousou" pensar em casamento, por considerar-se inferior ao companheiro. Estimulados pelo médico, casaram, então, no hospital. No dia seguinte, o marido morreu. Maria Rita tinha 44 anos, e um filho para criar. Além dele, arranjou depois mais cinco crianças, para tomar conta. Uma delas é o próprio neto. Sua nora não desejava a criança, tentou abortar, mas não conseguiu. O menino nasceu antes do tempo, ele é quase cego, e um de seus pés não tem dedos. A mãe recusou-se a vê-lo.

Outro de seus filhos de criação é uma menina, filha de uma prostituta, que não podia ficar com ela. Maria Rita conta que todos a adoram, e, mesmo conhecendo os pais verdadeiros, a chamam de mãe. Sente-se feliz e realizada.

Maria Rita não sabe ficar parada. Alta e magra, tem cardiopatia, mas trabalha sem cessar. O pai-de-santo ralha com ela, insiste para que ela descanse, mas, recentemente, ela mesma consertou o telhado de sua casa que estava com goteiras. Não adianta chamar-lhe a atenção.

É filha de Oxalufã, Oxalá Velho. Seu marido era filho de Ogun. Desde a infância, tinha visões. Via "caveiras, de ossos chacoalhantes, que me acompanhavam na rua. Era bastante desagradável". A primeira possessão ocorreu aos 24 anos, e Oxalufã disse que queria ser "raspado". Mas o pai-de-santo do terreiro que ela freqüentava julgou que ela estava muito enfraquecida para poder fazer o santo no candomblé. Resolveu iniciá-la, primeiro, na umbanda. Deste modo, Maria Rita passou longos anos "recebendo o povo das almas". Conforme Cacciatore (1977) esse culto proviria de Angola, onde eram revelados os espíritos dos antepassados. No Rio, parece estar associado com rituais bastante macabros, celebrados junto dos cemitérios. Essa primeira iniciação de Maria Rita parece, portanto, relacionada diretamente com as visões de "ossos chacoalhantes". Ela chegou a ter seu "centro", dedicado a tais práticas.

"Recebia" também um Exu, que é um dos servidores de Oxalá. Cada vez que um homem lhe faltava com o devido respeito (bastava assoviar à sua passagem), ela ficava possessa, agredindo o atrevido com unhadas e dentadas. Da maneira como relata esses casos, dá a entender que ficava perfeitamente consciente do que fazia. Outra coisa que a irrita é a teimosia (alheia, já que, conforme a opinião geral, Maria Rita, como Oxalá, é particularmente teimosa, mas não reconhece).

Viu Oxalá, mais de uma vez, em sonhos: "Apareceu para me avisar que me mataria se não resolvesse logo fazer o santo. Fui adiando, adoeci. Os remédios não faziam efeito, tive uma ameaça de enfarte. No hospital, entrou um médico e me passou um pito. Falou que eu sabia que só podia me vestir de branco. Eu estava usando uma blusa de cor. Falou que eu tirasse a blusa imediatamente, que ele ia me mandar um guarda-pó".

Com Maria Rita, voltamos ao estilo deliberadamente lendário, que tanto nos encantou no relato de Pedro. O médico, que veste branco, vira mensageiro de Oxalá. Em vez de cuidar dela do ponto de vista médico, chama-lhe a atenção, por desrespeitar as quizilas do dono de sua cabeça.

O hospital parece desempenhar função de *passagem* na vida de Maria Rita. É no hospital que um médico a leva a casar com o filho de Ogun, logo falecido. É lá que outro médico lhe lembra os avisos já recebidos em sonho. Vestido de branco, qual filho de Oxalá, coloca-se na charneira que articula a ligação da vida com a morte. Oxalá leva-nos de volta aos deuses implacáveis, que propõem apenas duas alternativas: a iniciação (renascimento pelo meio da morte simbólica) ou a morte.

Oxalá voltou, em outro sonho: "Era um velhinho de cabelos brancos e olhos azuis que vinha descendo um rio, pulando em cima das pedras. Apoiava-se na bengala, me mostrou todos os animais que eu devia comprar para fazer o santo". Até no sonho, Oxalá mostra que a iniciação é, antes de mais nada, um sacrifício. O rio e as pedras parecem representar outros tantos símbolos de passagem.

O orixá segundo de Maria Rita é Nanã, a velha esposa de Oxalá. "Numa noite de 31 de dezembro, não fui à praia levar flores, porque não sabia quem era minha Mãe. Fui dormir, e sonhei com Nanã. Era uma moça linda, loura, com cabelos compridos e olhos azuis. Sentou no chão e disse que era minha mãe. Para provar isso, indicou um trabalho que uma mulher que morava lá na casa tinha feito contra mim. Mostrou um papel onde estava escrito meu nome, cheio de agulhas cruzando por todos os lados. No dia seguinte, achei como ela tinha dito, no lugar que tinha dito".

Essa Nanã loura, de olhos azuis (como Oxalá), parece-nos bem aculturada. Maria Rita é parda, e mostra claramente a introjeção dos modelos da sociedade global, dos tempos em que Miss Brasil era sempre loura. Para Maria Rita, deve representar a beleza suprema. Atrás da máscara euro-americana, porém, encontramos a deusa dos mistérios: só fala de segredos e de magia. Certos aspectos da vida de Maria Rita lembram nitidamente os mitos de Nanã, como se ela repetisse, invertendo os papéis, o episódio da rejeição de criança aleijada. Nanã só gerava monstros, jogava-os n'água, outra mãe os recolhia. Aqui, é Maria Rita quem recolhe a criança rejeitada. Esse episódio parece dar razão a Bastide (1978) quando sustenta que todos os detalhes da vida dos filhos dos deuses são pautados pelos modelos míticos. No caso de Maria Rita, não encontramos consciência de identificação, mas, em relação à vivência, o modelo mítico transparece. Do mesmo modo, suas visões, que interpretou em termos umbandistas, lembram o mito conforme o qual Oxalá roubou de Nanã o poder sobre os Mortos. Da mesma forma como Oxalá tirou de Nanã o domínio dos *Egun*, será a consagração a Oxalá que permitirá que Maria Rita se livre da companhia indesejável dos esqueletos que caminhavam a seu lado.

A morte, ou a vida mística, eis a escolha proposta por Oxalá Velho. Aceitando a morte simbólica para renascer pela iniciação, Maria Rita escapa ao domínio dos espíritos dos mortos. Nanã deixa de ser a Mãe terrível, transforma-se em bela moça, e Maria Rita pode viver feliz. "Tô velha, sou pobre, mas muito feliz, porque todos gostam de mim e me tratam muito bem".

Maria Rita, que se recusava a falar, porque "só sabe dizer besteiras", dá-nos belíssimo exemplo de mito vivido, que as palavras, em verdade, são inábeis para descrever.

CONCLUSÃO

No término de nova edição do seu livro sobre os Azande (1978), Evans-Pritchard perguntava por que tantos autores escrevem livros irrepreensíveis, que enriquecem o campo das ciências sociais, mas onde não se encontra o menor indício que possa sugerir que, um dia, o autor tenha sentido alguma simpatia pelas pessoas que estudou: "Raramente se tem a impressão de que o antropólogo alguma vez sentiu-se em comunhão com o povo sobre o qual está escrevendo. Se isto é romantismo e sentimentalismo, aceito a pecha" (1978: 316).

Assumo também esse romantismo. Compartilhei da vida de comunidades de candomblé. Ainda compartilho. O universo nagô é tão complexo, tantos aspectos novos apareceram no decorrer desta primeira pesquisa, que espero aprofundar muito mais no futuro. Se, no entanto, consegui transmitir alguma coisa da realidade viva do candomblé, retratar com fidelidade a vida dos meus amigos das comunidades e dos terreiros, acredito que este livro não terá sido apenas mais uma publicação acerca dos cultos de possessão.

A população que estudamos, gravitando em volta de dois templos do Rio do Janeiro, é bem representativa do conjunto da gente de candomblé. Podemos observar nela toda a variedade das ligações que unem os diversos templos. Poder-se-iam distinguir várias "gerações", por assim dizer. A última geração, a mais recente, constitui-se das pessoas que foram iniciadas por Mãe Meninazinha, ou por Pai Jerônimo. Podemos, no entanto, seguir a ascendência de várias *adoxu*, até reencontrar as fontes baianas próximas. Com efeito, temos:

- duas sacerdotisas iniciadas por mãe-de-santo "feita" no Ilê Ogunjá, Bahia (Sabina, Hilda);
- uma sacerdotisa iniciada por mãe-de-santo oriunda do terreiro do Engenho Velho (Dalila);
- uma sacerdotisa iniciada pela própria mãe-de-santo do Engenho Velho (Laura);
- uma sacerdotisa iniciada por Mãe Menininha do Gantois (Marta);
- um sacerdote iniciado por Nezinho do Gantois (Antônio);
- um adivinho iniciado por Mãe Senhora do Axé Opô Afonjá (Pedro).

Encontramos, portanto, em nossa população, pessoas que pertencem, em linha direta, aos mais ilustres templos da Bahia. No capítulo 2, aludimos à história dos três últimos, por serem os mais carregados de tradição: *Ilê Iyá Nassô*, do Engenho Velho, *Ilê Iyá Omi Axé Iyá Massé*, do Gantois, e *Ilê Axé Opô Afonjá*, de São Gonçalo do Retiro.

Embora nossa investigação tenha sido limitada ao Rio de Janeiro, encontramos, bem viva, a influência direta dos grandes templos da Bahia. Nosso grupo oferece, portanto, amostra bem típica da população das comunidades religiosas em seu conjunto.

Do ponto de vista sociológico, verifica-se que diversos estratos de população estão representados. Vários dos entrevistados "nasceram" no candomblé, foram iniciados na infância ou na adolescência, todos são pretos e pobres (Hilda, Marta, Laura, Dalila, Sabina, Renata). Entre aqueles que, sem pertencer ao candomblé, possuíam amigos ou parentes que dele faziam parte, encontramos tantos descendentes de africanos (Pedro, Dora) como brancos, bastante pobres também (Paulo, Fernando, Nair). Entraram na religião nagô, porque o meio onde viviam oferecia esse tipo de solução para seus problemas.

Outro subgrupo poderia reunir aqueles que chegaram mais tarde ao candomblé, passando antes pelo espiritismo ou pela umbanda. O espiritismo difundiu-se entre membros da classe abastada (branca em sua maioria), ao passo que a umbanda, pelo forte sincretismo, é essencialmente uma religião mestiça.

Encontramos exatamente isso em nosso grupo: no primeiro caso, situam-se os representantes da pequena burguesia branca (Jussara e o filho Sérgio, Cláudia, Mônica, Joelma, etc., até Isabel, filha de general), enquanto as pessoas que se iniciaram primeiro na umbanda são pardas e pobres (Carmen, Antônio, Maria Rita).

O ingresso nas religiões de origem africana parece obedecer a causas antes sociais do que individuais. Passamos do berço preto à conversão por etapas da burguesia branca, que não encontra mais, nas religiões clássicas, as consolações que busca (Cláudia é um bom exemplo), nem tampouco acha remédios para seus males na medicina oficial. Para que o retrato da sociedade brasileira seja completo, inclui uma imigrante italiana, que parece introjetar a ideologia nagô sem maiores problemas, e alcança alto cargo.

A prática da religião oferece compensações às pessoas mais pobres. Compensações psicológicas, em primeiro lugar, pelo brilho do modelo mítico que representam na frente de todos. As pressões sofridas da sociedade global opõem-se os deveres livremente aceitos. Os fiéis deixam de ser simples meios de produção que o sistema econômico da sociedade global explora conforme seus interesses. Tornam-se sujeitos de uma busca espiritual, e suportes da manifestação divina.

À promoção religiosa pode acrescentar-se a promoção social. É o caso de Antônio, que alcançou notoriedade certa. Será talvez o caso de Mônica, que aspira aos cargos mais prestigiosos. É também, em nível mais modesto, a afirmação perante os pares, de acordo com o papel atribuído pela comunidade.

As motivações individuais que impulsionam a entrada no candomblé são geralmente conscientes. São fracassos de toda espécie e, sobretudo, problemas de saúde. A sintomatologia não é variada, como se viu. O quadro é dominado por manifestações psicossomáticas de todo tipo, interpretadas como resultado do conflito entre a vontade divina e os desejos pessoais. Nossos entrevistados declaram, unânimes, que os sintomas desaparecem com a iniciação. Em diversos casos, a função psicoterápica da iniciação não pode ser colocada em dúvida. Os filhos dos deuses implacáveis, Obaluaê, Oxalá, falam em doenças orgânicas (tuberculose, cardiopatia). Maria Rita deixa claro que não se curou. Pedro afirma que todos os males desapareceram com a iniciação, mas, no caso dele, parece que muitos sintomas de cunho neurótico se entremearam com as doenças orgânicas. É bem possível que tais sintomas tenham regredido. De qualquer maneira, nosso propósito não é avaliar o valor terapêutico da iniciação, mas sim compreender o que significa a experiência religiosa na vida do adepto.

Para todos, salvo Antônio, talvez a iniciação represente antes de mais nada uma *ruptura* em sua vida. Espontaneamente, organizam o relato em dois grandes templos, *antes* e *depois* da iniciação. Sentem que mudaram profundamente. A iniciação é passagem.

O testemunho de Paulo é particularmente significativo. Era leviano, inconstante, agora sabe "por quem lutar", e descreve Oxossi como "núcleo" sagrado em volta do qual está reconstruindo sua vida.

Apenas Dalila declara que "fazer o santo não muda ninguém", mas a análise detalhada do seu relato permitiu verificar que, em relação à experiência religiosa, a iniciação, e a possessão correlata, situam-se no âmago da dialética morte/renascimento. A passagem pela iniciação parece reproduzir as etapas de um processo heróico.

As histórias mais dramáticas, dos filhos dos deuses implacáveis – Oxossi, Ossaim, Obaluaê, Oxalá –, organizam-se em torno do dilema: a iniciação ou a morte.

Os rituais iniciáticos parecem operar duplo nascimento: o do deus, assim recriado, ou *feito*, no esclarecedor jargão dos fiéis; o do indivíduo, que passa da inconsciência ao estado de criança (*erê*) para, finalmente, crescendo e desenvolvendo-se, voltar ao estado adulto.

Seja quem for o dono da cabeça, a iniciação é a porta aberta para a morte, necessariamente assumida no modo simbólico. A morte é a alteridade absoluta, e os filhos dos deuses apresentam sua experiência como a revelação da estranheza. Ao longo das entrevistas, o dono da cabeça apareceu sucessivamente como "Outro" estranho e poderoso, como imagem materna ou paterna, como modelo de comportamento.

Embora tais aspectos não se excluam mutuamente, uma ou outra tendência destaca-se mais nitidamente, conforme o orixá. Os deuses terríveis são vivenciados como manifestação de alteridade, freqüentemente ameaçadora, e sempre dominadora. Xangô e Oxum, em contraste, parecem representar perfeitas imagens paterna e materna. Nesse sentido, são também modelos de comportamento. Iansã, e, em certa medida, Ogun também são vistos como modelos.

Em relação à experiência pessoal, o dono da cabeça parece ser vivenciado ao mesmo tempo como alteridade e como identidade. A função dos rituais, da iniciação secreta como da festa pública, seria de propiciar a realização da síntese.

Nem todos os entrevistados alcançam essa fusão. Sabina de Oxum pareceu apresentar modelo de integração, em todos os níveis, pessoal, social, religioso. Mas até mesmo entre aqueles que lutam em meio a conflitos internos, o fato de pertencerem aos deuses, permitiu afirmar a identidade mítica, concretizada na possessão. O drama representado pelos filhos dos deuses, no palco ritual, é a revelação de que é preciso ser duplo para tornar-se Um.

Do mesmo modo que a iniciação exprime a necessidade de morrer para renascer em plano transcendental, a possessão mostra que o homem se pode desdobrar para manifestar os deuses, e que os deuses se devem duplicar para manifestar no modo concreto. A dança dos deuses e dos homens, que se confundem e mutuamente se possuem, recria o Múltiplo e o Único no instante e na eternidade.

O duplo e a metamorfose não são aspectos antagônicos do ser: é preciso desdobrar-se para transformar-se. Tornar-se outro, diferente em tudo e, no entanto, idêntico, restabelecer a duplicidade fundamental, que doravante é síntese.

REFERÊNCIAS BIBLIOGRÁFICAS

ABRAHAM, R.C. (1981). *Dictionary of Modern Yoruba*. London: Hodder & Stoughton.

AMADO, J. (1977a). *Bahia de Todos os Santos:* guia de ruas e mistérios. Rio de Janeiro: Record.

_____ (1977b). *Tenda dos milagres*. Rio de Janeiro: Record.

_____ (1970). *Mar Morto*. São Paulo: Martins.

AMARAL, R. (2005). *Xirê!* – O modo de crer e viver no candomblé. Rio de Janeiro: Pallas.

ANTHONY, M. (2001). *Des plantes et des dieux dans les cultes afro-brésiliens* – Essai d'ethnobotanique comparative Afrique-Brésil. Paris: L'Harmattan.

ASSUNÇÃO, L. (2006). *O reino dos mestres* – A tradição da jurema na umbanda nordestina. Rio de Janeiro: Pallas.

AUGRAS, M. (2006). Umbanda revisitée. *Bastidiana*, 53-54, p. 151-170.

_____ (2005a). A construção da identidade mítica no candomblé [1996]. In: MOTTA, R. (org.). *Roger Bastide hoje:* raça, religião, saudade e literatura. Recife: Bagaço, p. 295-314.

_____ (2005b). Vida e lendas de Airá Tola. In: MOURA, C.E.M. de (org.). *Somàvó: o amanhã nunca termina* – Novos escritos sobre a religião dos voduns e orixás. São Paulo: Empório de Produção, p. 121-132.

_____ (2004a). Quizilas e preceitos – Transgressão, reparação e organização dinâmica do mundo [1987]. In: MOURA, C.E.M. (org.)

O culto aos orixás, voduns e ancestrais nas religiões afro-brasileiras. Rio de Janeiro: Pallas, p. 157-196.

_____ (2004b). Trance y mediación. *Idea viva* – Gaceta de Cultura, 19, p. 79-80. Buenos Aires.

_____ (2003a). Diferenças e semelhanças entre as nações das casas-de-santo. In: SILVA, J.M. da (org.). *Religiões afro-brasileiras e saúde.* São Luís: Centro de Cultura Negra, p. 12-19.

_____ (2003b). O corpo nas religiões de matriz africana. In: SILVA, J.M. da (org.). *Religiões afro-brasileiras e saúde.* São Luís: Centro de Cultura Negra, p. 92-99.

_____ (2001). Maria Padilla, reina de la magía. *Revista Española de Antropología Americana,* 31, p. 293-319. Madri.

_____ (2000a). De Iyá Mi a Pomba-Gira: transformações e símbolos da libido [1989]. In: MOURA, C.E.M. de (org.). *Candomblé:* religião do corpo e da alma. Rio de Janeiro: Pallas, p. 17-44.

_____ (2000b). O Terreiro na Academia. In: MARTINS, C. & LODY, R. (orgs.). *Faraimará, o Caçador traz alegria* – Mãe Stella, 60 anos de iniciação. Rio de Janeiro: Pallas, p. 46-61.

_____ (1999). L'apothéose de Pierre Verger. *Bastidiana,* 25/26, p. 207-217.

_____ (1998). Imaginaire et altérité: rois et héros de l'histoire de France dans les cultes populaires brésiliens. *Bulletin de liaison des Centres de Recherches sur l'Imaginaire,* 1, p. 12-23. Grenoble.

_____ (1997). Zé Pilantra, patrono da malandragem. *Revista do Patrimônio Histórico e Artístico Nacional,* 25, p. 43-49.

_____ (1995). *Alteridade e dominação no Brasil* – Psicologia e cultura. Rio de Janeiro: Nau.

_____ (1994). Os Gêmeos e a Morte: notas sobre os mitos dos *Ibeji* e dos *Abiku* na cultura afro-brasileira [1989]. In: MOURA, C.E.M. de (org.). *As Senhoras do Pássaro da Noite* – Escritos sobre a religião dos orixás, V. São Paulo: Edusp/Axis Mundi, p. 73-84.

AUGRAS, M. & GUIMARÃES, M.A. (1996). A cozinha sagrada. In: LIMA, T. (org.). *Sincretismo religioso:* o ritual afro. Recife: Fundação Joaquim Nabuco, p. 33-43.

AUGRAS, M. & SANTOS, J.B. dos (2005). Uma casa de Xangô no Rio de Janeiro [1985]. In: MOURA, C.E.M. de (org.). *Somàvó: o amanhã nunca termina* – Novos escritos sobre a religião dos voduns e orixás. São Paulo: Empório de Produção, p. 109-120.

AZEVEDO, S. & MARTINS, C. (1988). *E daí aconteceu o encanto*... Salvador: Axé Opô Afonjá.

BACELAR, J. & CARDOSO, C. (org.) (1999). *Faces da tradição afro-brasileira*. Rio de Janeiro: Pallas.

BARROS, J.F.P. de (2005a). *A fogueira de Xangô, o orixá do fogo*. Rio de Janeiro: Pallas.

_____ (2005b). *O banquete do rei:* Olubajé. Rio de Janeiro: Pallas.

_____ (2003). *Na Minha Casa* – Preces aos orixás e ancestrais. Rio de Janeiro: Pallas.

_____ (1993). *O segredo das folhas* – Sistema de classificação dos vegetais nos candomblés jêje-nagô do Brasil. Rio de Janeiro: Pallas.

BASCOM, W. (1980). *Sixteen Cowries* – Yoruba Divination from Africa to the New World. Bloomington/London: Indiana University Press.

_____ (1969). *Ifa Divination* – Communication between Gods and Men in West Africa. Bloomington/London: Indiana University Press.

BASTIDE, R. (1978). *O candomblé da Bahia* (Rito Nagô). São Paulo, Cia. Editora Nacional.

_____ (1973). *Estudos afro-brasileiros*. São Paulo: Perspectiva.

_____ (1971). *As religiões africanas no Brasil*. 2 vol. [1957]. São Paulo: Pioneira.

_____(1952). *A cozinha dos deuses*. Rio de Janeiro: Saps.

BENISTE, J. (2002). *Irun Aiyé:* o encontro de dois mundos. Rio de Janeiro: Bertrand.

_____ (2001). *As águas de Oxalá*. Rio de Janeiro: Bertrand.

_____ (2000). *Jogo de Búzios, um encontro com o desconhecido*. Rio de Janeiro: Bertrand.

BERKENBROCK, V. (1998). *A experiência dos orixás* – Um estudo sobre a experiência religiosa no candomblé. Petrópolis: Vozes.

BERNARDO, T. (2003). *Negras, mulheres e mães* – Lembranças de Olga de Alaketo. Rio de Janeiro: Pallas.

BIRMAN, P. (1995). *Fazer estilo criando gêneros*. Rio de Janeiro: Relume Dumará/Eduerj.

BONFIM, M. (1935). Os ministros do Xangô – Estudos afro-brasileiros. Rio de Janeiro: Ariel, p. 233-238.

BRAGA, J. (2006). *A cadeira de Ogã e outros ensaios*. Rio de Janeiro: Pallas.

_____ (1992). *Ancestralidade afro-brasileira*: o culto de Baba Egum. Salvador: Ceao/Inamá.

_____ (1988). *O Jogo de Búzios* – Um estudo da adivinhação no candomblé. São Paulo: Brasiliense.

_____ (1980). *Contos afro-brasileiros*. Salvador: Fundação Cultural do Estado da Bahia.

BRUMANA, F.G. (1994). *Las formas de los dioses – Categorías y clasificaciones en el candomble*. Cadiz: Servicio de Publicaciones de la Universidad.

BRUMANA, F.G. & MARTINEZ, E.G. (1991). *Marginalia sagrada*. Campinas: Unicamp.

CABRERA, L. (2004). *Iemanjá & Oxum*. São Paulo: Edusp.

CACCIATORE, O.G. (1977). *Dicionário de Cultos Afro-brasileiros*. Rio de Janeiro: Forense.

CAMARGO, M.T.L. de A. (1988). *Plantas medicinais e de rituais afro-brasileiros*. São Paulo: Almed.

CAPONE, S. (2004). *A busca da África no candomblé*. Rio de Janeiro: Pallas.

CARNEIRO, E. (1988). Situação do negro no Brasil [1934]. In: *Estudos afro-brasileiros*. Recife: Massangana, p. 237-241.

_____ (1981). *Religiões negras* – Negros bantos [1937]. Rio de Janeiro/Brasília: Civilização Brasileira/INL.

_____ (1961). *Candomblés da Bahia*. Rio de Janeiro: Conquista.

CARYBÉ (1980). *Iconografia dos deuses africanos da Bahia*. São Paulo: Raízes.

_____ (1980). *Mural dos orixás*. Salvador: Banco da Bahia.

CASSIRER, E. (1972). *La philosophie des formes symboliques*. 3 vol. [1927]. Paris: Minuit.

CAVALCANTI, P. (1988). As seitas africanas do Recife [1934]. In: *Estudos afro-brasileiros*. Recife: Massangana, p. 242-257.

COSSARD, G.O. (2006). *Awó: o mistério dos orixás*. Rio de Janeiro: Pallas.

_____ (2004). A filha-de-santo [1981]. In: MOURA, C.E.M. de (org.). *Culto aos orixás, voduns e ancestrais nas religiões afro-brasileiras*. Rio de Janeiro: Pallas, p. 133-156.

COSTA, B.M. [Mãe Beata de Yemonjá] (2004). *Histórias que a minha avó contava*. São Paulo: Terceira Margem.

_____ (1997). *Caroço de dendê:* a sabedoria dos terreiros. Rio de Janeiro. Pallas.

COSTA E SILVA, A. (2003). *Um rio chamado Atlântico* – A África no Brasil e o Brasil na África. Rio de Janeiro: Nova Fronteira/UFRJ.

COSTA LIMA, V. (2003). *A família-de-santo nos candomblés jeje-nagós da Bahia*. Salvador: Corrupio.

_____ (1981). "Os obas de Xangô". In: MOURA, C.E.M. de (org.). *Olóòrisà* – Escritos sobre a religião dos orixás. São Paulo: Ágora, p. 87-126.

DANTAS, B. (1988). *Vovó Nagô e Papai Branco* – Uso e abuso da África no Brasil. Rio de Janeiro: Graal.

DION, M. (2002). *Omindarewá: uma francesa no candomblé* – A busca de uma outra verdade [1998]. Rio de Janeiro: Pallas.

DOUGLAS, M. (1976). *Pureza e perigo* [1966]. São Paulo: Perspectiva.

ELIADE, M. (1979). *Ferreiros e alquimistas*. Rio de Janeiro: Zahar.

_____ (1978). *L'epreuve du labyrinthe*. Paris: Pierre Belfond.

_____ (1976). Mythe et pensée mythique. In: ELIOT. L'univers fantastique des mythes. Paris: Connaissance, p. 12-29.

_____ (1973). Fragments d'un journal. Paris: Gallimard.

_____ (1970). Traité d'histoire des religions. Paris: Payot.

_____ (1962). Méphistophélès et l'androgyne. Paris: Gallimard.

_____ (1959). Naissances mystiques. Paris: Gallimard.

_____ (1952). Images et symboles. Paris: Gallimard.

Encontro de Nações-de-Candomblé (1984). Anais do encontro realizado em Salvador, 1981. Salvador: Inamá: UFBA.

Estudos Afro-brasileiros (1988). Trabalhos apresentados no I Congresso Afro-brasileiro, realizado no Recife, 1934. Recife: Massangana.

EVANS-PRITCHARD, E. (1978). Bruxaria, oráculos e magia entre os Azande. [1951]. Rio de Janeiro: Zahar.

FERRETTI, M. (1996). Querebentã de Zomadônu – Etnografia da Casa das Minas do Maranhão. São Luís: Edufma.

FICHTE, H. (1987). Etnopoesia – Antropologia poética das religiões afro-americanas. São Paulo: Brasiliense.

FREITAS, D. (1978). Palmares: a guerra dos escravos. Rio de Janeiro: Graal.

GLEASON, J.I. (1999). Oyá: em louvor a uma deusa africana. Rio de Janeiro: Bertrand.

GOFFMAN, E. (1975). A representação do Eu na vida quotidiana. Petrópolis: Vozes.

GUIMARÃES, R. (1973). Breve esboço sobre a vida e obra de Manuel Querino. Revista Brasileira de Folclore, XII (35), p. 15-26.

GUSDORF, G. (1968). Ethnologie et métaphysique. In: POIRIER, J. (org.). Ethnologie génerale. Paris: Gallimard, p. 1772-1815.

HERSKOVITS, M.J. (1973). Antropologia cultural. 3 vol. São Paulo: Mestre Jou.

_____ (1943). Pesquisas etnológicas na Bahia. Salvador: Museu da Bahia, p. 3.

HOLAS, B. (1976). *Civilisations et arts de l'Ouest Africain*. Paris: PUF.

HOUIS, M. (1974). Matériaux et problèmes de l'anthropologie linguistique. *Ethnopsychologie*, 29 (2/3), p. 155-161.

_____ (1971). *Anthropologie linguistique de l'Afrique Noire*. Paris: PUF.

HUBERT, H. & MAUSS, M. (1968). Essai sur la nature et fonction du sacrifice. In: MAUSS, M. *Les fonctions sociales du sacré*. Paris: Minuit, p. 193-324.

HURBON, L. (1987). *O Deus da resistência negra – O vodu haitiano*. São Paulo: Paulinas.

JOAQUIM, M.S. (2001). *O papel da liderança religiosa feminina na construção da identidade negra*. Rio de Janeiro: Pallas.

KI-ZERBO, J. (1972). *História da África Negra*. 2 vol. Viseu: Europa América.

KING, S.S. (1990). *A mitologia dos orixás africanos*. São Paulo: Oduduwa.

LANDES, R. (1967). *A cidade das mulheres* [1947]. Rio de Janeiro: Civilização Brasileira.

LEGENDRE, P. (1978). *La passion d'être un autre*. Paris: Seuil.

LEWIS, I. (1971). *Êxtase religioso*. São Paulo: Perspectiva.

LIMA, T. (org.) (1996). *Sincretismo religioso o ritual afro*. Recife: Fundação Joaquim Nabuco.

LINS, A. (2004). *Xangô de Pernambuco: a substância dos orixás segundo os ensinamentos contidos no Manual do Sítio do Pai Adão*. Rio de Janeiro: Pallas.

LODY, R. (2003). *Dicionário de Arte Sacra & Técnicas Afro-brasileiras*. Rio de Janeiro: Pallas.

_____ (2001). *Jóias de Axé*: fios-de-contas e outros adornos do corpo – A joalheria afro-brasileira. Rio de Janeiro: Bertran.

_____ (1993). *Tem dendê, tem axé*: etnografia do dedenzeiro. Rio de Janeiro: Pallas.

_____ (1988). *Espaço, orixá, sociedade:* arquitetura e liturgia do candomblé. Salvador: Ianamá.

_____ (1979). *Santo também come.* Recife: IJNPS/Artenova.

LODY, R. (org.) (1983). *Coleção Culto Afro-brasileiro* – Um testemunho do Xangô pernambucano. Recife: Funarte.

LODY, R. & SÁ, L. (1989). *O atabaque no candomblé baiano.* Rio de Janeiro: Funarte.

LUZ, M.A. (2002). *Do tronco ao Opa Exim* – Memória e dinâmica da tradição afro-brasileira. Rio de Janeiro: Pallas.

MAGGIE, Y. (1992). *Medo do feitiço*: relações entre magia e poder no Brasil. Rio de Janeiro: Arquivo Nacional.

_____ (1975). *"Guerra de orixá":* um estudo de ritual e conflito. Rio de Janeiro: Zahar.

MARS, L. (1962). La possession rituelle en Haiti. *Revue de Psychologie des Peuples,* 17 (1), p. 5-22. Le Havre.

MARTINS, A. (2004). *Lendas de Exu.* Rio de Janeiro: Pallas.

MARTINS, C. & LODY, R. (org.) (2000). *Faraimará, o caçador traz alegria* – Mãe Stella, 60 anos de iniciação. Rio de Janeiro: Pallas.

MAUSS, M. (1978). *Sociologie et anthropologie* [1950]. Paris: PUF.

MEDEIROS, J. (1957). *Candomblé.* Rio de Janeiro: O Cruzeiro.

MÉTRAUX, A. (1978). *Itinéraires I.* Paris: Payot.

_____ (1958). *Le vaudou haitien.* Paris: Gallimard.

MÉTRAUX, A. & VERGER, P. (1994). *Le pied à l'étrier* – Correspondance 1946-1963. Paris: Jean-Michel Place.

MONTERO, P. (1985). *Da doença à desordem:* a magia na *umbanda.* Rio de Janeiro: Graal.

MORIN, E. (1978). *Un paradigme perdu* – La nature humaine. Paris: Seuil.

_____ (1969). *Le vif du sujeit.* Paris: Le Seuil.

MOTTA, R. (1993). Le métissage des dieux dans les religions afrobrésiliennes. *Religiologiques,* s.n., p. 17-33. Montreal.

_____ (1980). *Cidade e devoção*. Recife: Piratas.

MOTTA, R. (org.) (1985). *Os afro-brasileiros* – Anais do III Congresso Afro-brasileiro. Recife: Massangana.

MOURA, C.E.M. de (1982). *Bandeira de Alairá* – Outros escritos sobre a religião dos orixás. São Paulo: Nobel.

_____ (1981). *Olóòrisá* – Escritos sobre a religião dos orixás. São Paulo: Ágora.

MOURA, C.E.M. de (org.). (2005). *Somàvó:* o amanhã nunca termina – Novos escritos sobre a religião dos voduns e orixás. São Paulo: Empório de Produção.

_____ (2004). *O culto aos orixás, voduns e ancestrais nas religiões afro-brasileiras*. Rio de Janeiro: Pallas.

_____ (2000). *Candomblé*: religião do corpo e da alma. Rio de Janeiro: Pallas.

_____ (1998). *Leopardo dos olhos de fogo*. São Paulo: Ateliê.

_____ (1994). *As Senhoras do Pássaro da Morte* – Escritos sobre a religião dos orixás. São Paulo: Edusp/Axis Mundi.

_____ (1989). *Meu sinal está no teu corpo* – Escritos sobre a religião dos orixás. São Paulo: Edicon/Edusp.

_____ (1987). *Candomblé:* desvendando identidades. São Paulo: EMW [Novos escritos sobre a religião dos orixás].

NINA RODRIGUES, R. (2006). *O animismo fetichista dos negros baianos*. Rio de Janeiro: Uerj [Edição fac-símile dos artigos publicados em 1896/1897 na *Revista Brasileira*, comentada por Y. Maggie e P. Fry].

_____ (1977). *Os africanos no Brasil* [1906]. São Paulo: Cia. Editora Nacional.

_____ (1900). *L'animisme fétichiste des nègres de Bahia*. Salvador: Reis.

Novos estudos afro-brasileiros (1988). Trabalhos apresentados no I Congresso Afro-brasileiro, realizado no Recife, 1934. Recife: Massangana.

NÓBREGA, C. & ETCHEVERRIA, R. (2006). *Mãe Menininha do Gantois:* uma biografia. Salvador/Rio de Janeiro: Corrupio/Ediouro.

NUNES PEREIRA, M. (1947). *A Casa das Minas*. Rio de Janeiro: Sociedade Brasileira de Antropologia e Etnologia.

OLINTO, A. (1969). *A casa da água*. Rio de Janeiro: Bloch.

OLIVEIRA, W.F. & COSTA LIMA, V. de (org.) (1987). *Cartas de Édison Carneiro a Arthur Ramos*: de 4 de janeiro de 1936 a 6 de dezembro de 1938. São Paulo: Corrupio.

ORTIZ, R. (1999). *A morte branca do feiticeiro negro* [1978]. São Paulo: Brasiliense.

PIERUCCI, A.F. & PRANDI, R. (1996). *A realidade social das religiões no Brasil*. São Paulo: Hucitec.

POIRIER, J. (1968). Histoire de la pensée ethnologique. In: *Ethnologie Générale*. Paris: Gallimard, p. 5-179.

PORDEUS, I. (1993). *A magia do trabalho* – Macumba cearense e festas de possessão. Fortaleza: Scec.

PRANDI, R. (2005). *Segredos guardados:* orixás na alma brasileira. São Paulo: Companhia das Letras.

_____ (2001a). *Mitologia dos orixás*. São Paulo: Companhia das Letras.

_____ (2001b). *Os príncipes do destino* – Histórias da mitologia afro-brasileira. São Paulo: Cosac & Naify.

_____ (1996). *Herdeiros do Axé* – Sociologia das religiões afro-brasileiras. São Paulo: Hucitec.

_____ (1991). *Os candomblés de São Paulo* São Paulo: Hucitec/Edusp.

PRANDI, R. (org.). (2001). *Encantaria brasileira*: o livro dos mestres, caboclos e encantados. Rio de Janeiro: Pallas.

QUERINO, M. (1955). *A raça africana e os seus costumes*. Salvador: Progresso.

RAMOS, A. (1988). *O negro brasileiro* – Etnografia religiosa e psicanálise [1934]. Recife: Massangana.

_____ (1935). *O folclore negro no Brasil.* Rio de Janeiro: Civilização Brasileira.

_____ (s.d.). *As culturas negras.* Rio de Janeiro: Casa do Estudante.

REGO, W. (1980). Mitos e ritos africanos da Bahia. In: CARYBÉ. *Iconografia dos deuses africanos.* São Paulo: Raízes, p. 269-277.

_____ (1968). *Capoeira Angola.* Salvador: Itapoã.

REIS, J.J. (1986). *Rebelião escrava no Brasil* – A história do levante dos malês [1835]. São Paulo: Brasiliense

REIS, J.J. (org.) (1988). *Escravidão e invenção da liberdade* – Estudos sobre o negro no Brasil. São Paulo: Brasiliense.

REIS, J.J. & GOMES, F. dos S. (orgs.) (1996). *Liberdade por um fio* – História dos quilombos no Brasil. São Paulo: Companhia das Letras.

RIBEIRO, R. (1982). *Antropologia da religião e outros estudos.* Recife: Massangana.

_____ (1978). *Cultos afro-brasileiros do Recife* [1948]. Recife: MEC/IJNPS.

RIO, J. do (2006). *As religiões no Rio* [1906]. Rio de Janeiro: José Olympio.

RISÉRIO, A. (1996). *Oriki Orixá.* São Paulo: Perspectiva.

_____ (1981). *Carnaval Ijexá.* Salvador: Corrupio.

ROCHA, A.M. (1998). *Caminhos do Odu.* Rio de Janeiro: Pallas.

_____ (1994). *Os candomblés antigos do Rio de Janeiro* – A Nação ketu: origens, ritos e crenças. Rio de Janeiro: Topbooks.

SALAMI, S. (King) (1990). *A mitologia dos orixás africanos.* São Paulo: Oduduwa.

SANTOS, D.M. dos (2003). *Contos negros da Bahia* [1961] e *Contos de Nagô* [1963]. Salvador: Corrupio.

_____ (1988). *Mestre Didi:* história de um terreiro Nagô [1962]. São Paulo: Max Limonad.

_____ (1982). *Por que Oxalá usa ekodidé* [1966]. Salvador: Fundação Cultural do Estado da Bahia.

_____ (1981). *Contos de Mestre Didi*. Rio de Janeiro: Codecri.

_____ (1976). *Contos crioulos da Bahia, narrados por Mestre Didi*. Petrópolis: Vozes.

SANTOS, D.M. dos & SANTOS, J.E. dos (1971). Esù Bara, Principle of individual Life in the Nagô System. In: *La notion de personne em Afrique Noire*. Paris: CNRS, p. 45-60.

SANTOS, J.E. dos (1976). *Os Nàgô e a morte*. Petrópolis: Vozes.

SANTOS, M.S. de A. (1992). *Meu tempo é agora*. São Paulo: Oduduwa.

SEGATO, R.L. (1995). *Santos e Daimone* – O politeísmo afro-brasileiro e a tradição arquetipal. Brasília: UnB.

SELJAM, Z. (1978a). *No Brasil ainda tem gente da minha cor?* Salvador: Sec. Mun. de Educação e Cultura.

_____ (1978b). *Três mulheres de Xangô*. São Paulo/Brasília: Ibrasa/INC.

_____ (1967). *Iemanjá e suas lendas*. Rio de Janeiro: Record.

_____ (1958). *Festa do Bonfim*. Rio de Janeiro: São José.

SERRA, O. (1995). *Águas do rei*. Petrópolis: Vozes.

_____ (1988). *Dois estudos afro-brasileiros*. Salvador: UFBA.

SILVA, V.G. da (2000). *O antropólogo e sua magia*. São Paulo: Edusp.

_____ (1995). *Orixás na metrópole*. Petrópolis: Vozes.

SODRÉ, M. (1998). *Samba, o dono do corpo* [1979]. Rio de Janeiro: Mauad.

_____ (1988). *O terreiro e a cidade* – A forma social negro-brasileira. Petrópolis: Vozes.

_____ (1983). *A verdade seduzida* – Por um conceito de cultura no Brasil. Rio de Janeiro: Codecri.

SODRÉ, M. & LIMA, L.F. de (1996). *Um vento sagrado:* história de vida de um adivinho da tradição nagô-ketú brasileira. Rio de Janeiro: Mauad.

STRASSER, S. (1967). *Phénoménologie et sciences de l'homme.* Paris/Lovaina: Béatrice Nauwelaerts.

TRAMONTE, C. (2001). *Com a bandeira de Oxalá!* – Trajetória, práticas e concepções das religiões afro-brasileiras na Grande Florianópolis. Itajaí: Univali.

TRINDADE, L. (1985). *Exu, poder e perigo.* São Paulo: Ícone.

VALENTE, W. (1977). *Sincretismo religioso afro-brasileiro* [1953]. São Paulo: Nacional.

VALLADO, A. (2002). *Iemanjá, a mãe africana no Brasil.* Rio de Janeiro: Pallas.

VAN DER LEEUW, G. (1971). *La religion dans son essence et ses manifestations* [1933]. Paris: Payot.

VAN GENNEP, A. (1978). *Os ritos de passagem* [1908]. Petrópolis: Vozes.

VERGER, P. (2002). *Verger-Bastide:* dimensões de uma amizade. Rio de Janeiro: Bertrand Brasil.

_____ (1999). *Notas sobre o culto aos orixás e voduns na Bahia de Todos os Santos, no Brasil, e na antiga Costa dos Escravos, na África* [1957]. São Paulo: Edusp.

_____ (1995a). *Dieux d'Afrique* [1954]. Paris: Revue Noire.

_____ (1995b). *Ewé:* o uso das plantas na sociedade ioruba. São Paulo: Companhia das Letras.

_____ (1987). *Fluxo e refluxo do tráfico de escravos entre o Golfo de Benin e a Bahia de Todos os Santos:* dos séculos XVII a XIX [1968]. São Paulo: Corrupio.

_____ (1985). *Lendas africanas dos orixás.* São Paulo: Corrupio.

_____ (1982). *50 anos de fotografia.* Salvador: Corrupio.

_____ (1981). *Orixás*: deuses iorubas na África e no Novo Mundo. Salvador: Corrupio.

_____ (1965a). Oriki et Mlenmen. In: DIETERLEN, G. *Textes sacrés d'Afrique Noire.* Paris: Gallimard, p. 241-256.

_____ (1965b). Les religions africaines traditionnelles sont-elles compatibles avec les formes actuelles de l'existence? In: *Les religions africaines traditionnelles*. Paris: Seuil, p. 97-118.

VIANNA, H. (1978). Nascimento e vida do samba. *Revista Brasileira de Folclore*, XII (35), p. 49-60.

VOGEL, A.; MELLO, M.A.S.; BARROS, J.P. de (1993). *A galinha de Angola* – Iniciação e identidade na cultura afro-brasileira. Rio de Janeiro: Pallas.

Leia Também

BRASIL, CIDADES
Alternativas para a crise urbana
Ermínia Maricato

É possível comprometer a gestão urbana com a prioridade aos territorialmente excluídos? Como implementar a participação social no planejamento da cidade? Este livro lança luzes sobres estas e outras questões, relacionando o pensamento crítico a novas práticas urbanísticas circunscritas na esfera do planejamento, gestão e controle urbanístico.

A CIDADE DO PENSAMENTO ÚNICO
Desmanchando consensos
Otília Arantes, Carlos Vainer, Ermínia Maricato

Com o título, os autores sugerem que o regime da economia real e simbólica da cidade é parte constitutiva deste novo senso comum, ao qual certamente não se pode chamar pensamento, e já não é mais ideologia, na acepção clássica do termo, que remonta à Era Liberal-Burguesa do velho capitalismo.

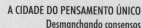

O CAMPO DA HISTÓRIA
Especialidades e abordagens
José D'Assunção Barros

Traz um panorama dos campos historiográficos em que se organiza a História hoje, esclarece em linguagem objetiva modalidades como Micro-História, História Cultural, História Política, História Econômica, História Demográfica, História das Mentalidades, História Quantitativa e outras.

O PROJETO DE PESQUISA EM HISTÓRIA
Da escolha do tema ao quadro teórico
José D'Assunção Barros

Instrumento essencial para que o historiador tenha em sua mente os caminhos que serão percorridos. Orienta não só na elaboração de um projeto de pesquisa, mas também o desenvolvimento da pesquisa em História. Assim, se pode compreender como se faz História hoje, através de um raciocínio lógico pautado em diversos documentos.

CULTURAL
Administração
Antropologia
Biografias
Comunicação
Dinâmicas e Jogos
Ecologia e Meio-Ambiente
Educação e Pedagogia
Filosofia
História
Letras e Literatura
Obras de referência
Política
Psicologia
Saúde e Nutrição
Serviço Social e Trabalho
Sociologia

CATEQUÉTICO PASTORAL
Catequese
　Geral
　Crisma
　Primeira Eucaristia

　Pastoral
　　Geral
　　Sacramental
　　Familiar
　　Social
　　Ensino Religioso Escolar

TEOLÓGICO ESPIRITUAL
Biografias
Devocionários
Espiritualidade e Mística
Espiritualidade Mariana
Franciscanismo
Autoconhecimento
Liturgia
Obras de referência
Sagrada Escritura e Livros Apócrifos

Teologia
　Bíblica
　Histórica
　Prática
　Sistemática

REVISTAS
Concilium
Estudos Bíblicos
Grande Sinal
REB (Revista Eclesiástica Brasileira)
RIBLA (Revista de Interpretação Bíblica Latino-Americana)
SEDOC (Serviço de Documentação)

VOZES NOBILIS
O novo segmento de publicações da Editora Vozes.

PRODUTOS SAZONAIS
Folhinha do Sagrado Coração de Jesus
Calendário de Mesa do Sagrado Coração de Jesus
Almanaque Santo Antônio
Agendinha
Diário Vozes
Meditações para o dia-a-dia
Guia do Dizimista

CADASTRE-SE
www.vozes.com.br

EDITORA VOZES LTDA.
Rua Frei Luís, 100 – Centro – Cep 25.689-900 – Petrópolis, RJ – Tel.: (24) 2233-9000 – Fax: (24) 2231-4676 –
E-mail: vendas@vozes.com.br

UNIDADES NO BRASIL: Aparecida, SP – Belo Horizonte, MG – Boa Vista, RR – Brasília, DF – Campinas, SP –
Campos dos Goytacazes, RJ – Cuiabá, MT – Curitiba, PR – Florianópolis, SC – Fortaleza, CE – Goiânia, GO –
Juiz de Fora, MG – Londrina, PR – Manaus, AM – Natal, RN – Petrópolis, RJ – Porto Alegre, RS – Recife, PE –
Rio de Janeiro, RJ – Salvador, BA – São Luís, MA – São Paulo, SP
UNIDADE NO EXTERIOR: Lisboa – Portugal